职业院校校企协同育人研究

刘世斌　著

北京工业大学出版社

图书在版编目（CIP）数据

职业院校校企协同育人研究 / 刘世斌著 . — 北京 ：
北京工业大学出版社，2022.1
ISBN 978-7-5639-8263-9

Ⅰ．①职… Ⅱ．①刘… Ⅲ．①中等专业学校－产学合
作－研究－中国 Ⅳ．① G718.3

中国版本图书馆 CIP 数据核字（2022）第 026804 号

职业院校校企协同育人研究

ZHIYE YUANXIAO XIAOQI XIETONG YUREN YANJIU

著　者：	刘世斌
责任编辑：	张　娇
封面设计：	知更壹点
出版发行：	北京工业大学出版社
	（北京市朝阳区平乐园 100 号　邮编：100124）
	010-67391722（传真）　bgdcbs@sina.com
经销单位：	全国各地新华书店
承印单位：	北京银宝丰印刷设计有限公司
开　本：	710 毫米 ×1000 毫米　1/16
印　张：	13
字　数：	260 千字
版　次：	2022 年 1 月第 1 版
印　次：	2022 年 1 月第 1 次印刷
标准书号：	ISBN 978-7-5639-8263-9
定　价：	60.00 元

作者简介

刘世斌，男，广西凤山县人。1998 年毕业于广西工学院工业自动化专业，2010 年获得桂林电子科技大学机械制造及其自动化专业在职研究生学历。现为高级讲师、维修电工高级技师，广西交通运输职业教育教学指导委员会委员，河池市职业教育集团汽车专业教学指导委员会主任委员。

主持或参与省级教改科研课题 10 项；获广西壮族自治区教育教学成果奖 3 项、广西职业教育攻坚先进个人奖 1 项；指导学生参加技能大赛获省级以上奖励 2 项；获国家专利局授权的实用新型专利 3 项；在省级以上期刊发表论文 10 篇，主编或参与编写汽车专业类教材 3 本。

前　言

当前，我国正在从制造业大国向制造业强国迈进，需要大量的职业技术人才。而"产教融合、协同育人"是职业教育高质量发展的必由之路。特别是在2021年《政府工作报告》中明确提出"增强职业教育适应性，深化产教融合、校企合作，深入实施职业技能等级证书制度"，这为新时代职业教育工作指明了方向。只有积极培育"产教融合、校企合作"；发展新动能，抢抓机遇，精准发力，才能为我国实施制造强国战略提供高素质人才支撑。在此背景下，我国职业教育迎来了新的发展契机。职业院校探索产教深度融合、校企紧密合作的新型人才培养模式已成为新常态。基于此，笔者特撰写此书。

全书共七章：第一章为绪论，对职业院校的校园文化与企业文化之间的融合情况进行论述，进而探究有效的融合方式；第二章从职业教育的性质决定校企合作的必要性、校企合作对现代化职业教育模式的支持性两个方面阐述了校企合作是职业教育快速发展的"助推器"；第三章首先通过对走在校企协同育人模式发展前列的德国、美国、日本等国的校企合作制度进行深度剖析，从中梳理出适合我国国情的校企协同育人的思路与方向，同时对我国校企合作的制度变迁进行了梳理，引出了校企合作的特征、意义与启示等内容；第四章为职业院校校企合作理论与实践探究，通过理论探索，引发了对于职业院校校企合作实践的思考，发人深思的同时提升了校企协同育人模式的针对性和实效性；第五章是职业院校校企协同育人机制的构建，通过校企协同育人动力机制构建、校企协同育人运作机制构建、校企协同育人保障机制构建、校企协同育人监督机制构建、校企协同育人评价体系构建"五位一体"的策略，为职业院校校企协同育人机制的搭建奠定了基础；第六章是校企协同育人环境下职业院校教师队伍建设。针对教师队伍建设的主要问题，提出要通过科学的培养与管理策略，进一步提升专业教师、兼职教师的专业能力，并且提出加强"双师型"和"一体化"教师团队建设，这是开展校企协同育人的有效路径；第七章对几所职业院校，如河池市职业教育中心学校、山东日照职业技术学院等在校企协同育人方面的工作进行了介绍，将校企协同育人的理论真正落地。

笔者在撰写本书的过程中参考查阅了大量的论文、期刊、著作和文献资料，吸收了国内许多资深人士的宝贵经验和建议，获得了有关部门和同事们的大力支持和帮助，在此表示诚挚的谢意。但由于撰写时间和经验有限，加之笔者能力有限，书中难免存在缺漏，恳请读者指出不足之处，以便修改和完善。

目　录

第一章 绪 论

在职业院校中引入优秀的企业文化，使校园文化与企业文化相融合，以构建具有鲜明职业特色的校园文化。同时，职业院校应模拟企业化管理环境，努力创设贴近企业、符合职业院校学生发展特点的的新型育人环境，这不仅有利于实现职业院校技能型人才的培养目标，促进学生"零距离"就业，提高学生的职业素养，还有利于培养出具有良好职业道德和优秀职业技能的高素质劳动者。

第一节 职业院校校园文化与企业文化的融合

在职业院校校园文化建设中融合优秀的企业文化，构建具有鲜明职业特色的校园文化，使学生从入学起就逐渐了解、熟悉并认同企业文化，有利于学生毕业后角色的顺利转换，而且对于实现职业院校技能型人才的培养目标以及学生毕业与就业"零距离"的衔接具有非常重要的作用。因此，职业教育工作者必须深入分析企业文化的特点，强化职业院校文化中的企业元素，研究优秀企业文化与职业院校校园文化融合的有效途径，创设贴近企业的新型育人环境，培养出受企业欢迎的高素质人才，从而提高职业院校的核心竞争力，实现职业教育的可持续健康发展。

一、职业院校校园文化建设的现状

（一）缺乏职业特色，个性不足

当今职业院校文化的薄弱环节是未能体现出职业院校的个性，专业特色不鲜明，未能凸显自身的职业性，学生的职业意识普遍不强。不少职业院校的校训是"勤奋、求实、团结、拼搏、刻苦"一类的内容，缺乏能够鲜明体现职业院校专业特色的内容。

（二）缺乏职业意识，与企业文化融合不够

在不少职业院校中，有关职业发展的动态现代信息较少，墙壁、橱窗上和黑板报上大多是传统的名人名言，如"我要把有限的生命，投入到无限的为人民服务之中""千里之行，始于足下""路漫漫其修远兮，吾将上下而求索"等。这与"时间就是金钱，质量就是生命""外树形象，内强素质""今天工作不努力，明天努力找工作"等企业文化相比，职业意识明显不足。当然，这并不是对传统名人名言的否定，而是指缺乏职业意识。

（三）融入的企业文化元素不充实、脱离市场

目前的职业院校校园文化还存在一个突出问题，就是忽视了校园文化与企业文化的融合。因此，职业院校应与企业密切联系，在教学过程中模拟与企业相似的环境，不应该闭门造车式地疏远企业。只有在校园文化建设与企业文化深度融合后，这样的职业院校校园文化才是完整的、有特色的。

职业院校校园文化建设方面存在的上述不足，其实质是教育工作者的教育观念、方式、手段落后于现代社会要求的具体反映。这些不足不仅冲淡了职业教育的特色，而且不利于学生成长为现代社会所需要的人才，更不利于职业教育培养目标的实现。

二、校企文化融合的重要性

职业教育必须以就业为导向，因为职业教育就是就业预备教育，其教育目标定位就是培养服务于生产一线的初级、中级、高级技能型人才。职业教育不仅要教会学生必要的专业操作技能，还要培养学生适应社会、企业以及在社会、企业中生存、发展的能力。因此，职业院校要逐渐缩小校园文化与企业文化的距离，使学生从入学起就逐渐了解、熟悉并认同企业文化，帮助他们今后顺利地从学生角色转变为企业员工角色，从而达到"零距离"就业的要求，即"下得去，用得上，留得住"。但从实际看来，不少职业院校的学生还达不到这种要求，在"2+1"培养模式的第 3 年，即在企业实习期间，面对全新的与职业院校差异很大的企业文化氛围，许多学生由于心理准备不足，不能适应一线的工作岗位——"下不去"，不能在工作实践中应用所学的知识——"用不上"，不能适应企业管理的方式方法——"留不住"，即学生角色不能立即转变为企业员工角色，导致毕业与就业的磨合期变长或被淘汰。

因此，校园文化建设应该顺应职业教育的发展方向，促使职业院校校园文化和优秀企业文化深度融合，使学生在思想上充分认识职业特点与企业要求，帮助学生毕业后快速完成角色转换，即职业院校应充分体现职业教育特色，着力培养学生良好的职业素质和职业能力。这不仅有利于职业院校培养出受企业欢迎的高素质人才，还能提高职业院校的核心竞争力，从而实现职业教育的持续健康发展。

三、校企文化融合的现实意义

（一）"零距离"就业的要求

多数企业需要的毕业生是能够立即投入生产的技术工人，同时这也是用人单位的普遍要求。事实上，之所以一些毕业生上岗不久就出现不适应企业环境的现象或者被企业淘汰，并不一定是他们没有胜任职业岗位的知识和能力，而是由于他们不能适应企业环境和人际关系，无法在企业环境里找准自己的位置，也就不能很好地发挥自己的专业技能。因此，职业教育不仅要教会学生必要的专业操作技能，还要培养学生适应社会和企业，以及在社会和企业中生存、发展的能力。

一般来说，学校管理育人的方法与企业管理的方法差别很大，学生没办法通过学校的管理领会企业管理的内容。学生在学校学习的过程中，所感受到的也是与企业生产活动完全不同的文化，也就是说，通常校园文化氛围和企业文化氛围有非常大的差异，学生难以通过校园文化感受到企业文化。比如，企业对员工的纪律和工作态度的要求是很严格的，这对于职业院校的学生来说，如果没有长期的职业教育，很难适应企业的这种制度文化。这些差异与限制导致一些毕业生不能顺利地从学生角色转变为企业员工，也就达不到"零距离"就业的要求。

为实现学生毕业后顺利迅速就业，学校要在校园文化建设中吸收企业文化的元素，从先进企业文化理念中汲取有价值的元素，使之成为校园文化的重要构成部分，并逐渐缩小校园文化与企业文化的差异，使职业院校的学生从入学起就逐渐了解、熟悉并认同企业文化，从而在毕业后快速完成角色转变。

（二）培养职业院校学生良好职业素养的需要

企业挑选学生往往是从长远和发展的角度来看的，企业看中的不仅仅是学生拥有的文凭和技能证书，更看重的是学生的职业素养，即个人基本素质、基本职业技能及职业精神。优秀的学生除了应具备必要的专业技能和心理健康素质外，还应具有爱岗敬业、恪尽职守的职业操守，严谨负责、一丝不苟的职业态度，以及顾全大局、团结协作的团队精神。良好的职业素养仅仅通过知识和技能的学习是无法形成的，必须通过一定的职业教育才能形成。因此，职业院校要让学生在校园文化生活中逐渐感受和了解职业文化，潜移默化地规范自己的思想和行为，接受良好职业素养的熏陶。显然，传统的校园文化已经不能适应这种需要了，因此就要求校园文化必须与企业文化相融合，构建具有鲜明职业特色的校园文化。

（三）职业院校的特色和品牌建设的需要

首先，引入企业文化可以强化教职工、学生的集体荣誉感、认同感和归属感。通过形成共同的理念、价值观、行为规范，不仅能充分发挥教职工、学生的创造性、主动性，还能使各部门的工作协调统一。此外，标准化、规范化、个性化的文化视觉设计，能给人耳目一新、朝气蓬勃的感觉，激发教职工、学生的士气，增加学校内部的凝聚力，从整体上提升学校的形象。这样的学校像一块磁铁，不仅能留住内部的优秀人才，而且能广泛吸纳社会的各类贤才（尤其是特色专业方面的人才），获得人力资源和发展空间，从而步入发展的良性循环。

其次，引入企业文化有利于提高学校的知名度、美誉度，创造良好的外部发展环境，促进招生、就业工作。职业教育是以招生为龙头、以就业为导向的教育，要想办好职业教育，学校除了要苦练内功、提高办学质量之外，很重要的一点就是要对外树立良好的形象。通过引入企业文化树立学校良好的形象，有助于家长对学校产生信任感，有助于增强企业对学校的认同，也有利于学生顺利就业。而广泛就业又如同无声的广告，会对招生产生积极的影响，并产生联动效应，从而提升学校形象，推动学校文化建设。因此，职业院校想要引入企业文化塑造良好的学校形象，必须依靠学校文化建设的直接成果，而学校良好形象的塑造又必然推动学校文化建设向更高的层次发展。

四、校企文化融合的有效途径

职业教育的培养目标决定了在职业院校校园文化中必须融入企业文化。帮助职业院校的毕业生在短时间内适应企业环境，融入企业文化，成为受企业欢迎的员工，不仅是职业院校教育面临的重要课题，也是校园文化建设面临的重要课题。下面介绍校企文化融合的有效途径。

（一）校园文化建设与职业指导工作相结合

加强职业指导工作是职业院校校园文化建设中的重要内容，校园文化建设则是加强职业指导工作的有效途径。教育部明确规定，职业院校的职业指导工作要"通过文化课和专业课教学、入学和毕业教育、班主任和学生日常管理工作、社会实践和课外活动等形式，实现职业指导工作的全员化、全程化"。学校可通过校园文化建设，利用校园文化活动的有效形式（如课外活动、社会实践活动等）来积极开展职业指导工作。同时，校园文化建设应当注重宣传先进的企业文化以及行业劳模和学校优秀毕业生的事迹。

职业院校应当将校园文化建设与职业指导工作相结合，引入先进的企业文化，并使之扎根于校园文化的土壤中，使学生更多地了解社会、了解企业，树立正确的职业观和就业创业意识，不断强化准企业化管理环境下育人模式的实践与探索。

（二）有针对性地引入先进企业文化

校园文化是一个开放的动态系统，因此，校园文化建设要主动吸收先进的企业文化。职业院校在引入和吸收企业文化的过程中，不仅要强调针对性，还应注重对企业文化的整合，找准校园文化和企业文化的结合点、切入点，使整合后的文化更符合学校的专业特点。这个结合点、切入点归纳起来主要包括以下内容：凸显职业院校的办学特点；大力倡导团队精神、吃苦耐劳精神，培养学生的协作能力；加强对学生的遵纪守法教育、诚信教育和职业道德教育。

职业院校应根据行业、企业的具体情况制订"以就业为导向"的校园文化建设工作的整体规划，不断拓展校园文化建设的内容和视野。

（三）注重培养学生的职业素养

当前一些职业院校学生缺乏责任感，很容易以自我为中心，欠缺合作精神，而企业所需的员工应具有全局意识、团队意识、竞争意识和吃苦耐劳的精神。不少学生由于年龄小、阅历见识浅、缺少吃苦耐劳的锻炼，导致只看到眼前利益，缺乏长远思考，不能先人后己。这就要求学校要强化对学生的职业定向教育，通过良好的文化氛围帮助学生形成正确的职业观；重视对学生的职业道德教育，以良好的校内外环境塑造学生的职业性格。胸卡、校服、校园网、宣传栏、标语牌、路牌、信封等都应力求精致、美观、有品位，突出职业院校的特点和企业文化的氛围。总之，学校要通过创设相应的文化环境，培养学生的操作能力和创造能力，以满足其就业的需要。同时，学校还要重视职业训练活动，努力营造职业氛围。例如，学校可把实训教室包装成企业的"工作间"，按照企业生产标准张贴安全标语、生产操作流程、安全操作规程等内容，让学生作为企业"员工"，统一穿上实训服，带上工具包，凭胸卡进工作间上岗。同时实训"工作间"要加强对"员工"的组织纪律性教育，严明时间观念，不得迟到、早退，严格按照安全操作规程和操作流程上岗，营造一个真实的企业文化氛围，从而加深学生对企业工作的认知。

（四）坚持"走出去，请进来"，加强校企合作

①学校可邀请企业人士、行业劳模和学校优秀毕业生进行就业、创业教育，举办讲座，介绍企业文化、企业精神、管理理念、行为规范、道德准则等。

②学校可通过"订单培养"的模式，定期组织学生到企业实习，让学生置身于企业生产第一线，融入企业，切身感受企业文化。

③学校可充分发挥校园文化活动的作用，利用各种校园媒体对先进的企业文化进行广泛宣传。

学校可通过以上校企合作的途径，将先进的企业文化融入职业院校校园文化建设中，渗透到学生的思想、行为中，实现培养目标。

实行校企合作，使职业院校校园文化与企业文化融合对接，有利于使培养目标同社会需求统一、专业教学同社会实践统一、学生学习同就业统一。实行校企合作，学生在校园就可以接受企业文化的熏陶，感受市场的脉搏，较早地形成职业素养。实行校企合作，可促进职业院校办学模式的改革，使学校的教学内容与社会的需求保持同步。同时企业可适当参与教学改革，帮助学校优化课程设置和更新教学内容；学校可定期邀请企业管理人员来校对学生进行企业文化和规章制度教育，也可以从一线生产单位直接聘请一些具有丰富实践经验的技术人员参与学校实训教学；此外，学校可组织学生到企业参观实习，进行工学交替。以上措施能真正实现企业与学校、企业文化与校园文化的融合对接，使融合后的校园文化在教育教学的各个环节中得到体现，从而营造出准企业化育人的环境。只有这样，职业院校培养出来的学生才更加符合企业的需求。

第二节　从深化校企合作看校企文化的有效融合

校企文化融合是推进我国职业院校工学结合、校企合作的这一人才培养模式建设过程中的重要课题。河池市职业教育中心学校（国家示范中职学校，位于广西壮族自治区）通过校企合作创设职业化人才培养体系，构建"双元"培养模式，完善校企合作机制，在校园文化建设过程中充分融入企业文化，为新时期职业教育改革创新提供了新的思路。

产教融合、校企合作是当前我国职业教育改革与发展的方向。现代职业教育

办学的新模式就是要建立紧密的校企合作关系,实现学校与企业一体化建设运营,调动学校与企业职业教育的积极性,建立高效的校企合作运行机制,携手共同培养高素质技能型人才。由于学校和企业是两种完全不同的社会组织,具有不同的组织文化和运行体制,因此,校企合作过程中的文化冲突和矛盾是当前非常普遍和紧迫的问题。创设一个准企业化的育人模式,实现校企文化的有效融合,是落实《国务院关于大力发展职业教育的决定》中"大力推行工学结合、校企合作的培养模式"的有效措施,也是提升职业院校的核心竞争力、实现职业教育跨越式发展的重大课题。

一、基于校企合作的创新人才培养体系建设

校园文化建设的目的在于促进学生成人成才。具体到职业院校教育领域,校园文化建设的重点则是促进高技能职业化人才培养,提升学生的职业能力、职业精神,降低培养成本,提高学校在职业化人才培养方面的核心竞争力。

下面以河池市职业教育中心学校为例介绍相关校企合作的情况。

2008 年,河池市政府整合河池市机电工程学校、河池民族中专学校、河池财经学校和河池经贸学校 4 所中专学校,成立河池市职业教育中心学校。该校以政府的主导和推动为内驱动力,积极探索"政行企校、四方联动"的校企合作路径,通过政府搭桥引企入校,建设"校中厂"和校企合作利益共同体,实现校企合作共赢。除引进资金外,学校还增设校外实训基地、开办校内企业、建设校内创业园。典型的"校中厂"主要有以下几家:

①河池市泰禾教育用品有限公司(校内服装厂)。服装厂于 2010 年 5 月成立,总投资 2 000 万元,是服装专业学生的校内实训基地。

②电子焊接装配(烙铁手)实训室。学校与纬创资通(中山)有限公司合作开设"纬创订单班",投资 40 万元在校内开设"烙铁手"实训室。

③博世汽车诊断实训中心。2012 年 12 月,经国家发改委牵线,博世(中国)投资有限公司投入 45 万元在学校开设博世汽车诊断实训中心。

④河池市泰安职教中心汽车服务有限公司。2013 年 10 月,学校与河池市泰安汽车配件有限公司合作,在校内开设河池市泰安职教中心汽车服务有限公司,对外提供汽车维修服务,对内解决学生实习实训问题。

⑤河池市加多利电子电器设备维保有限公司。企业投资 50 万元,在校内创办永丰源电子电器 4S 维修中心。

⑥河池市职业教育中心会计服务有限公司。学校会计专业与河池市会计师事

务所在校内联合开办会计服务有限公司。

⑦河池市职业教育中心学校机械加工中心。学校与企业合作开办机械加工中心，对内解决学生校内实训问题，对外承接配件加工业务。

⑧河池市职业教育中心机动车驾驶员培训学校。与广西现代职业技术学院联合开办河池市职业教育中心机动车驾驶员培训有限公司，有固定资产400多万元，成为国家一级驾校。

⑨开办"爱童幼儿园"。学校将原河池民族中专学校老校区改造成学生创业园，引进资金，开办河池市爱童幼儿园，成为学前专业学生校内实习实训基地。

在此基础上，河池市职业教育中心学校紧密联系区内外相关企业，依托产业特点设置相关专业，按照教学规律和人才市场需求进行教育教学改革。

（一）结合行业发展需要和本校实际设置专业

根据企业岗位的需求情况，河池市职业教育中心学校从2001年起，开设了以电子信息、汽车、模具、机电技术和计算机等为主的特色专业，既保障学校所在地企业对人才的需求，又确保学生就业的需求。

（二）紧密联系企业，深化教学改革

根据人才培养规律和企业对人才的需求，河池市职业教育中心学校在教学内容、教学模式、教学方法、教学管理上不断进行探索和改革，大胆突破以学校和课堂为中心的教学模式，建立以学生职业技能训练为核心的教学体系。学校将以理论课程为主的教学形式转换为以实训课程为主的教学形式，创建了专业实训室、创新实验室、理论实践一体化教室，并在校内引进企业生产流水线，以"实践—理论—实践"的认知规律为指导，引导师生在"做中学，做中教"，教学效果显著提高。

同时，河池市职业教育中心学校与合作企业积极开展学生顶岗实习项目。为保障实习效果，学校与企业一同制定了《顶岗实习工作制度》《顶岗实习指导老师工作手册》《学生顶岗实习管理办法》等顶岗实习的管理制度，保障学生在顶岗实习过程中的学习和生活，以及学生专业化、职业化能力的提升。在顶岗实习过程中，学校安排专业教师专班定点入驻企业，进行跟班教学指导，稳定学生思想，促使学生职业技能快速提高；同时，教师也积极了解企业最新的人才理念和人才要求，促进学校人才培养工作更好更快开展。由于顶岗实习学生的优秀表现，2010年广东省深圳市政府赠予河池市职业教育中心学校"培当代新人，育企业骄子"的锦旗，同时河池市职业教育中心学校被深圳富士康集团评为"优秀合作

院校"。据了解，这是富士康公司首次认定某一职业院校为"优秀合作院校"。

目前，河池市职业教育中心学校与深圳国泰安信息技术有限公司（以下简称"国泰安"）、东莞智通人才公司、美的集团、丰田、纬创资通（中山）有限公司、比亚迪（深圳）有限公司、珠海格力电器有限公司、美芝制冷设备有限公司、博世（中国）投资有限公司、东风柳州汽车有限公司、九牧王股份有限公司等多家企业签订了顶岗实习协议，所有毕业生在正式毕业前都可以接受企业生产一线的培训和检验，真正做到"合格毕业就能上岗"。

（三）紧跟企业实际，大力建设实训场地

紧跟时代发展潮流、密切服务企业既是职业教育的特色，又是职业教育持续健康发展的基础。工业制造领域新技术、新材料的快速发展，新工艺的快速运用，生产线更替周期的快速代谢，对职业院校人才培养提出了新的要求。为此，河池市职业教育中心学校深入企业进行调研，在原有实验实训设施的基础上，大力建设和完善了汽车整车、新能源汽车、电子产品装调、数控加工、光机电一体化、会计、市场营销、学前教育、无人机等20多个实验实训室，完成了汽车美容、汽车涂装、焊接技术、家政服务、民族美食等10个高标准实训中心以及高速宽带校园网的建设，并优化教学培训管理制度，实现职业院校人才培养机制的高效率、全负荷运行。在实训场地的建设过程中，河池市职业教育中心学校积极开展校企合作，先后引进了多家企业的一线生产线，实现教学培训与企业生产的无缝对接。例如，2010年5月，学校联合泰禾教育用品有限公司设立校内服装厂，总投入2 000万元，为服装专业的学生提供校内实训基地；2015年，学校引进"爱童幼儿园"，为学前专业的学生提供校内实习实训基地。与企业共办实训基地的模式极大地缩短了人才培养周期，提高了河池市职业教育中心学校人才培养水平，降低了企业的培养成本，对于学生职业理念的养成起着积极的作用。

（四）按照行业、企业标准，探索新的教学质量标准和评价体系

教学质量标准与教学质量评价体系是学校教学活动的重要组成部分。为深化校企合作，河池市职业教育中心学校积极引进先进企业的管理理念和管理模式，整合教学资源。同时，为了使学校教学内容更好地贴近企业、贴近行业实际，在坚持教学规律的基础上，学校聘请企业工程技术人员和高层管理人员参与教学全过程。在"工学结合，校企合作"方针的指导下，河池市职业教育中心学校积极进行教学模式创新，根据行业和企业发展现状，与企业共同修订新的教学计划，制定教学质量标准和教学评价体系，形成职业化的教学内容、教学过程和教学评

价体系。在此基础上，河池市职业教育中心学校与深圳国泰安、东莞智通人才公司、美的集团、丰田、纬创资通（中山）有限公司、比亚迪（深圳）有限公司、珠海格力电器有限公司、美芝制冷设备有限公司、博世（中国）投资有限公司、东风柳州汽车有限公司、九牧王股份有限公司等多家企业签订了人才订单培养协议，开设企业订单班。根据企业对人才的需求，河池市职业教育中心学校邀请企业共同参与教学全过程。

二、职业素养培养体系的建设

职业化教育是现代职业教育的核心和关键，主要包括职业技能的掌握和职业素养的培养。职业教育的特征要求职业院校的学生必须"下得去，留得住，用得上"，必须具备良好的职业技能以及优良的道德品质和心理素质，能够成为一个真正的"职业人"，为企业和社会所尊重。尤其在当今时代，企业生产实现了大规模协作和精细化分工，做一个"职业人"是企业对员工的基本要求。为此，河池市职业教育中心学校从师生职业技能、职业素养着手，积极培养学生和教师的职业化能力，努力打造良好的职业化校园文化氛围，使学生具备良好的职业技能和优良的职业精神，成为"立得起，站得稳"的"职业人"。

河池市职业教育中心学校是全国中职学校德育活动课示范学校、全国国防教育特色学校，学校长期开展学生职业素养教育的研究和教学实践。从2010年开始，该校率先在全自治区大规模启动学生职业素养的强化训练。通过"师生到基地，教官进校园"的循环互动培养，河池市职业教育中心学校逐渐构建了贯穿中职培养全程的学生职业素养培养体系，开发了配套的课程和教材，为中职学生职业化教育提供了系统的教育教学理论和方法。在中职学生的培养全程中深入开展职业素养养成教育和职业能力提高训练，通过相关措施，学生职业素养和职业技能得到快速提高，学生进入企业后的适应能力和竞争力得到明显提升。

在职业技能培养方面，河池市职业教育中心学校以产教结合、校企合作、工学交替、订单培养为抓手，与企业紧密合作，以学生技能培养为本位，全面推进实践性教学体系建设。在培养学生职业素养和提升学生职业技能的同时，河池市职业教育中心学校还提出教师职业化的理念，以更好地指导教学实践，促进学生职业能力的培养和职业化校园的建设。在培养职业化教师过程中，河池市职业教育中心学校涌现出了多位优秀的教师，包括多名特级教师、骨干教师、技术能手、学科带头人和优秀青年教师等。为了进一步强化教师职业素养的提升、完善职业化校园文化建设，从 2017 年开始，河池市职业教育中心学校与广西现代职业技术学院联合开展专业教师技能培训提升和考核工作。

三、基于共建共赢的校企合作机制建设

校企合作的核心是共同促进人才培养，优化人才结构，降低培养成本，提高培养效率。由于企业和学校的运行体制和组织结构存在差异，因此双方只有建立实质性的联系，着眼未来，共同谋划，才能够快速提升人才的培养水平。河池市职业教育中心学校在长期的教学实践过程中，通过与企业的深入接触、坦诚交流，从体制和组织架构上建立了校企合作的新机制。

（一）校企合作联席会

为了及时高效地开展校企协商对话，河池市职业教育中心学校分别与深圳国泰安、东莞智通人才公司、美的集团、丰田、纬创资通（中山）有限公司、比亚迪（深圳）有限公司、珠海格力电器有限公司、美芝制冷设备有限公司、博世（中国）投资有限公司、东风柳州汽车有限公司、九牧王股份有限公司等企业组成了校企合作联席会，建立了密切配合、职责明确的校企合作管理新机制。

（二）专业指导委员会

河池市职业教育中心学校积极坦诚地与企业开展合作，成立了由河池市职业教育中心学校专业课骨干教师、外聘专家以及企业技术人员组成的专业指导委员会。专业指导委员会负责河池市职业教育中心学校的专业建设论证、教学计划审批等核心教学环节。同时，学校引入企业岗位职责和标准，由企业专家定期到校进行专业指导，建立校企一体化运作机制。

（三）校企合作保障机制

为了保障校企合作的长期高效运行，河池市职业教育中心学校与河池市泰安汽车配件有限公司、深圳国泰安、东莞智通人才公司等企业签订校企合作协议，明确双方的责任和义务，规范协议实施，保障工作进度，使校企合作能够高效有序地运行。

（四）校企资源共享

根据学校和企业的资源现状，河池市职业教育中心学校分别同深圳国泰安、东莞智通人才公司、深圳新起点技术培训有限公司、广西现代职业技术学院等单位进行基地共建，共同选聘有企业生产管理经验的人担任负责人，实行企业化管

理，开展对外服务和培训业务，积极承担学生的实训任务。以此能在校企合作中，实现资源共享，达到共建共赢。

四、开展校企合作推进教育教学创新

职业教育的教学改革创新是校企合作深入长远发展的应有之义。河池市职业教育中心学校在推进校企合作、促进职业化人才培养的过程中，狠抓教育教学改革和创新，在课程开发和教材编写、教师职业化建设、教学模式创新以及教学标准评价体系建设方面与企业进行全面合作，最终取得了丰硕成果。

（一）专业课程和教材的合作开发

校企合作开发专业课程和教材是共促职业教育教学改革的重要组成部分。河池市职业教育中心学校与纬创资通（中山）有限公司合作开发了"烙铁手"专业项目式课程，引入企业最新的技术工艺流程和质量控制体系，构建了从学校到企业、从学生到技术工人的无障碍、全程化人才培养体系。从 2009 年开始，河池市职业教育中心学校将"纬创订单班"专业课程的学生全部对口安置到企业相关的技术岗位工作，此举深受企业好评。除此之外，河池市职业教育中心学校其他专业教学部门都与各知名企业联合组建理论与实践一体化教室，联合开展最新职业技能课程开发和教学工作，使得河池市职业教育中心学校教学水平和教学质量在职业化教育方面得到显著提升。同时，河池市职业教育中心学校还与企业技术人员共同开发完成了一批国家级精品教材，包括汽修专业的中职课程教材《电机拆装与维护》（王甦主编）、《混合动力汽车结构与维修》（刘世斌主编）、《动力电池管理及维护技术》（罗泽飞主编）、《混合动力汽车结构与维修》（吴杰主编）、《新能源汽车概论》（黎敬东主编）等精品教材，体现了"边教、边学、边做"三位一体的中职教育特色，深受广大师生喜爱。

（二）教师职业化的合作培养

教师职业化是职业院校人才培养的保障。校企合作培养"双师型"（教师 + 中级以上技术职务或职业资格，如"教师 + 会计证"）教师，提升教师职业化水平是校企合作的重要课题。为此，河池市职业教育中心学校制订了《"双师型"教师培养计划》，积极构建校企人员双向交流机制，加快推进教师职业化培养工作。一方面，河池市职业教育中心学校积极邀请企业技术人员进学校参与教学教改，或直接由企业高层管理技术人员对河池市职业教育中心学校的青年教师进行培训。目前，河池市职业教育中心学校聘请了以全国技能大师贺玉兵为代表的大批企业工程技术人员（包括企业生产总监、项目主管、品质部经理等）为学校专业课程的主讲教师。另一方面，学校有计划地安排青年教师参加由企业组织的理论和实践培训课程学习，如果理论和实践技能考核合格，企业会颁发技能合格证书，同时企业还与河池市职业教育中心学校合作制订了《兼职工程师培训计划》。通过合作培养，河池市职业教育中心学校青年教师的职业技能和素养得到迅速提高，目前河池市职业教育中心学校"双师型"教师已超过教师总数的 60%，教师职业化培养逐渐步入正规化、制度化阶段。

（三）教学模式和教学方法的校企合作创新

为加快学生职业技能的培养步伐，在大力建设校内实训场地的同时，学校和企业还根据人才培养的实际需求，充分结合学校场地资源和企业实训技术优势，合作建立具有专业特色的实训基地。学校提供场地，企业独立进行生产经营，同时免费承担学校学生实训任务，共同创建了一条校企共建共赢的合作办学新路子。目前，河池市职业教育中心学校与深圳市新起点技术有限公司和深圳市钣喷协会合作共建了钣喷实训基地，与广西现代职业技术学院共建汽车服务创新创业实训基地。在企业技术人员的指导下，实训基地按照企业生产工艺流程组织教学，根据企业岗位规范培养学生，真正实现了教学过程与生产过程的对接。学生实习的合格产品则由企业回收，实现了"教、学、做"一体化。校企合作教学模式的创新极大地提升了河池市职业教育中心学校学生的职业技能。在历年各级各类竞赛中，河池市职业教育中心学校的学生取得了优异成绩。在 2013、2014、2015 年的自治区级学生技能大赛中，河池市职业教育中心学校的学生连续 3 年在汽车空调、汽车电气、汽车维护 3 个大项的比赛中获得一等奖，并代表广西壮族自治区参加全国大赛，获得国家级三等奖两项。

（四）教育质量控制和评价体系的合作建立

教育教学质量控制和评价体系建设是校企合作建立职业化教育体系、确保高素质职业化人才培养的基础。在校企合作办学、共建实训基地的基础上，河池市职业教育中心学校与企业共同制定课程标准，完善质量评价体系，实现了教育标准、企业标准和行业标准的统一，同时也积极推进专业课程内容与职业标准对接、学历证书与职业资格证书对接。在建立和实施评价标准、考核制度、质量监控体系过程中，学校联合企业充分发挥"双主体"的作用，以规范教学过程和教学评估为目的，合作制定了《校企合作教学管理规范》《实践性教学管理规则》《学生实习成绩考核制度》《实习教学质量评估考核办法》等规章制度。

13

综上所述，密切校企联系，深化校企合作，全面实现职业教育全流程对接和合作，共同探索高素质职业人才的培养模式，逐步解决校企深层次合作的障碍，在准企业化管理环境下促进校企文化的有效融合。河池市职业教育中心学校以产教结合、校企合作、工学交替、订单培养为中心，在准企业化管理环境下着力构建职业教育教学改革创新体系，使校园文化与企业文化充分融合，为培养现代职业教育高素质劳动者和技能型人才做出了有益探索。

第二章　校企合作与职业教育发展

近年来，职业教育发展的趋势就是要逐渐加强办学机构和用人市场的联系，建立以需求为导向的职业教育体系，而这种模式离开校企合作的支持是无法运转的。本章分为两节，分别介绍为何职业教育的性质决定了必须进行校企合作以及校企合作对构建现代化职业教育模式的重要性。

第一节　职业教育的性质决定校企合作的必要性

一、职业教育的性质

职业教育不仅是教育事业的重要组成部分，而且是社会发展的重要基础，是促进就业、经济发展和提高国家竞争力的重要途径。

职业教育是培养技术型、技能型人才的教育和培训服务，它的本质是帮助学生获得职业技术和职业技能，它的目标是在不断变化的劳动环境下，通过规范的教育传授从事职业活动所必需的技能、知识和能力，从而获得必要的职业经验。

职业教育是为从事社会职业所提前进行的教育活动。联合国教科文组织2001年修订的《关于技术与职业教育建议》中提出："为进入职业领域做准备的技术与职业教育应为工作能力强、愉快的职业生涯奠定基础。"技术与职业教育应该：①使学习者获得某一职业领域内所需要的广泛知识和核心技能，能够在选择职业时不受限，且能较容易地从一个职业转向另一个职业；②为初次就业，包括自谋职业及就业后的培训，提供充分的专业准备；③在知识、技能和态度诸方面提供基础，以便在任何时候都能接受继续教育。

职业教育的目的是使人们（尤其是青年人）获得职业技能，可以在某一领域顺利就业并有所发展。当今快速变化的经济环境和劳动力市场对人们技能的要求

15

越来越高，对职业教育的期望也就越来越大。职业教育承担着就业、创业、减贫、促进经济发展、减少不均衡等重任。

二、职业教育的作用

职业教育除了在技能人才培养方面具有特殊作用之外，还对解决失业问题、培养创业人才有直接贡献，因此，职业教育产生的社会效益和个人收益是不可忽视的。任何国家在社会和经济发展进程中，都离不开职业教育的发展。

（一）青年就业形势较为严峻，职业教育是解决途径之一

经济全球化加剧了国际间的竞争，在促进技术进步的同时，也导致了一些行业人才的短缺，尤其是缺少技术工人。同时，伴随经济全球化而来的还有较为严重的青年失业问题。首先，大部分正规劳动力市场对青年人的基本学历要求越来越高，已提高到高等教育水平；其次，大部分正规劳动力市场对青年人的实际操作技能提出了较高要求。

调查发现，职业教育和高等教育可以帮助青年人实现成功转换。在成功从学校转换到职场的青年人中，75% 是由教育培训机构帮助实现转换的，其中中等职业教育、大专和本科学历的人员所占比例最高。

（二）职业教育有利于培养创业人才

在有关创业活动与经济增长关系的研究中发现，创业可以促进经济增长。创业活动对经济增长的促进作用不是表现在当期，而是表现在未来。

职业教育在国内的创业教育中是发展得比较充分也相对有成效的。而创业教育在解决职业院校毕业生的就业问题上具有很深刻的现实意义，各省市职业教育都很注重创业教育，也取得了成效。各职业院校积极创新，通过举行一系列具体活动，如模拟人才市场招聘会，举办创业演讲比赛，举办创业模仿周、生产实习，以及设立创业基地、设置创业基金、开设相关课程，来帮助和辅导学生创业、就业。

（三）职业教育有利于增加个人收益并带动社会经济发展

研究表明，职业教育与培训对宏观经济增长是有贡献的，对提高人员竞争力和社会凝聚力具有重要作用。具体来说，人员技能短缺确实阻碍经济增长、生产力发展和技术革新。低技能既约束着技术革新速度，也约束着劳动组织发展。而职业教育与培训能够有效改善高技能人才短缺的状况，能够对经济增长做出一定

贡献。

　　有学者认为，中等和高等职业教育可以带来 3 种显著收益。首先，行业的差异化要求毕业生具有一定的职业技能，而职业教育是提供职业技能学习的最佳方式之一。其次，职业教育可以提高在实习中就业的机会，并通过鼓励创业来提高进入劳动力市场的机会，进而降低失业率，增加个人和社会的经济收益，降低对社会福利制度的依赖。最后，职业教育发展有利于社会公平。职业教育的对象主要是低收入家庭的子女，职业教育的发展可以为弱势群体提供受教育的机会，对缩小收入差距具有重要作用。

　　研究显示，部分发展中国家的职业教育显著提高了个人收入。例如，对泰国的研究表明，与未接受职业教育的劳动力相比，职业教育将女性的年收入提高了50%，将男性的年收入提高了 64%。对越南的研究也显示，教育年限的增加（包括职业教育在内）能显著提高个人收入。在其他条件相同的情况下，每一年的额外教育平均可以提高 5% 的个人月收入。知名教育专家钟宇平在对发展中国家中等职业教育收益率的研究中表明，在分析的 27 个国家和地区中，有 12 个国家和地区中等职业教育的收益率高于普通中等教育的收益率。在印度全国教育规划和管理研究所专家提拉克研究的 7 个国家中，职业教育也具有显著的个人和社会收益率。但职业教育社会收益率的变化范围很大，例如塞浦路斯职业教育的社会收益率为 5.5%，而我国台湾地区职业教育的社会收益率能高达 27.4%。

　　对于那些参加职业培训的农村流动人口而言，参与职业教育后他们的收入显著增加。在对农村流动人口的调查中，接受过普通中学教育的人的平均收入，比那些仅仅接受过初级教育或没有接受过学校教育的人的平均收入高 14%，而对于 7.5% 的接受过中等职业技术教育的农村流动人口而言，这一收入差距高达31%。城镇居民接受普通中等教育和中等职业技术教育后都存在显著的收入差异，更不用说职业和技术教育引起的收入差异将会更显著。

　　世界银行组织的调查显示，对于来自农村的流动人口而言，多学习几年会增加毕业后再培训的机会，进而提高其收入。数据表明，那些受过初中教育的人和仅仅受过小学教育或更少的教育的人相比，前者在毕业后获得工作技能培训的机会更多。数据还表明，接受普通高中教育的人毕业后获得培训的机会比受过初中教育的人增加了近 36%，而接受中等职业技术教育的人会有 78% 的机会，甚至比受过大学教育的人获得的机会还要多。一般情况下，当培训的概率用受教育年限来衡量时，如果学校学习年限增加 1 年，毕业后再培训的机会就会增加 9%。

而且，农村的青年人在接受中等职业教育后，毕业后参加工作技能培训的机会将会更高，并且参加技能培训的青年人的收入比未参加的收入平均高出 4%。

三、各国都重视职业教育的发展

正因为职业教育对经济、社会的宏观贡献以及对个人收入和就业的作用，各国都非常重视职业教育的发展，努力使之成为提振经济的重要手段。

（一）我国职业教育发展迅速

职业教育是我国教育事业的重要组成部分。我国正处于市场经济体制的完善时期，面临着经济结构的战略性调整。因此经济的发展更依赖于科学技术的发展，而要把科学技术成果转化为现实的生产力，需要大量能够掌握先进技术的熟练工人。在这种情形下，职业教育面临着新的挑战和发展机遇。只有加大职业教育建设投入，积极推进体制机制的改革创新，激发职业教育的发展活力，才能够培养出建设社会主义所需要的应用型人才。教育部原副部长鲁昕曾撰文指出：职业教育决定着国家和地区产业竞争力；职业教育反映了产业的素质和能力；职业教育决定着产品的质量和水平；职业教育是调整教育结构的切入点；职业教育是教育改革的战略突破口；职业教育是保障人民群众实现尊严和体面劳动的教育。因此，鲁昕认为，"要站在国家层面的战略高度来看职业教育"。

在 2002、2004 和 2005 年，我国先后 3 次召开全国职业教育工作会议，相继颁布了《国务院关于大力推进职业教育改革与发展的决定》《教育部等七部门关于进一步加强职业教育工作的若干意见》《国务院关于大力发展职业教育的决定》等系列文件，把职业教育确立为经济社会的重要基础和教育工作的战略重点，明确了新时期改革发展职业教育的指导思想、目标任务和政策措施，要求各级人民政府采取强有力措施，大力推动职业教育快速健康发展。

改革开放以来，我国职业教育改革不断取得突破，大规模培养技能型人才的能力得到显著提高。2007 年，全国中等职业教育和高等职业教育招生总规模达到 1 100 万人，在校生超过 3 000 万人。2001—2008 年，中等职业院校累计培养近 3 000 万名毕业生，高等职业院校累计培养近 1 000 万名毕业生，共为国家输送了 4 000 多万高素质劳动者和技能型专门人才。2001 年中等职业教育的就业率为 88.6%（抽样测算值），到 2008 年达到 96%，同时高等职业教育的就业率也显著提高，到 2008 年达到 84%。职业院校毕业生已成为我国社会主义现代化建设的生力军，年均有 1.5 亿人次的城乡劳动者接受了职业培训。

（二）国际社会重视职业教育的发展

研究报告表明，除德国、瑞士、英国这些职业教育一直比较发达的国家外，美国、欧盟和亚太经合组织（APEC）近些年也很重视职业教育的发展。

1. 美国敲响了未来合格劳动力短缺的警钟

2006 年 10 月，美国经济咨商局、工薪家庭的代言团体、面向 21 世纪技能联盟以及人力资源管理协会 4 个组织对美国 431 家企业进行了一项调查研究，并发表了题为《他们是否真的做好工作准备了？企业对美国 21 世纪职场新人的基本知识和应用技能的看法》的研究报告。该报告对"基础知识"（Basic Knowledge）和"应用技能"（Applied Skills）做出了界定。基础知识是指从学校习得的理论知识和能力。应用技能是指那些能使职场新人应用学校所学完成工作的能力，包括认知的能力（比如批判性思维能力/问题解决能力）以及社会行为技能（比如工作态度/职业道德），还包括其他综合认知能力和社会技能等应用型技能（比如口头交流能力、团队协作等）。报告指出，美国正面临着经济全球化的市场竞争，也承受着人口和经济变化给劳动力市场、企业和经济竞争力带来的压力，工人和雇主都需要经历从工业经济向知识经济的转变。报告还认为，在美国，职业院校毕业生的现状与企业的要求相去甚远，要保持美国在全世界的竞争力，保证职业教育的质量是当务之急。该报告具有重要的时代意义，为美国企业界敲响了未来合格劳动力短缺的警钟。同时，实施调查的 4 个组织鼓励商业界积极参与制定培养下一代劳动者职业技能的发展策略，以使美国商业在全球经济中始终保有竞争力。

2. 欧盟视职业教育为发展竞争力的政策杠杆

为提高欧洲各国在全世界的竞争力，创造更多更好的工作机会，欧盟将职业教育与培训视为一种有力的政策杠杆。因此，欧洲理事会号召各成员国努力实现本国教育与培训体系的现代化。职业教育与培训在追求卓越和和谐的探索中担当着基础性角色，它与教育、改革、就业、经济和社会政策之间有着紧密的关联，或者说，它其实是上述几个方面的共同界面。

在欧盟各成员国试图扩大欧洲在世界范围内的竞争力时，人口变化（如人口年龄结构的变化）对社会凝聚力、产业变革、科技发展、经济全球化的生产与分配流程等方面均产生了重大影响，因此急需做出应对措施。当前，无论是在高度技术密集的岗位还是在初级岗位，就业和人口统计都显示出了劳动力短缺的趋势。然而，科技的变革和更新使得所有职业都提高了对高技能人才的要求，如果职业教育不能及时给人们（尤其是青年人）提供适当的技能学习机会，技能短缺将会持续扩大甚至愈演愈烈。

3. 亚太经合组织将职业教育列为优先发展领域

亚太经合组织认为，满足对技能人才的需求已经成为维持经济增长和消除贫困的关键。要在制造业和服务业获得高附加值和高收入的城市工作，接受生涯与职业技术教育正越来越成为切实可行的途径。

为此，在 2008 年于秘鲁召开的第四届 APEC 教育部长会议上，参会成员一致通过将职业教育列为 2008 至 2012 年间亚太经合组织的 4 个教育优先发展领域之一，并由中国和菲律宾作为领头国。会议还提出，生涯与职业技术教育在帮助人们进入工作领域方面扮演着特殊的角色，即能够提高知识储备和各种技术能力，获得一份还算拥有满意收入的工作，以此提高生活水平，改善生活质量，同时，还能提高企业的生产效率。

四、职业教育面临的挑战

如何培养出足够数量并具有合格质量的技能人才，是各国职业教育面临的共同问题。

（一）21 世纪劳动力市场对能力的要求更高

进入 21 世纪以后，针对经济全球化、知识经济和技术进步带来的新的劳动力市场需求，各国普遍感到传统的职业教育技能标准已经不能满足市场的需求，需要重新界定职业教育技能标准。亚太经合组织在 2008 年 4 月的一次会议上定义了 21 世纪技能标准：21 世纪劳动力市场需要的不再是遵守纪律的生产线工人，而是有主见、独立的公民，能承担风险的企业家，以及在经济全球化和技术进步的背景下能不断掌握新的专业技能的技术人才。在对技能的需求方面，劳动力市场对常规及非常规动手能力、常规认知的需求降低，而对非常规解析和交互的需求增加。

欧盟在一份报告中指出，欧盟在 2006 年有 30% 的适龄工作人员或者说 24% 的在职人员，并没有达到劳动力市场需要的相应任职资格。职业的变化显然使那些高技能劳动力受到欢迎，而低技能劳动力却面临继续失业的困境。同时，产业变革使农业与工业中的就业岗位大量减少，无疑这一情形未来将不断恶化。因此，这对职业教育提出了更高的要求。

亚太经合组织认为，进入 21 世纪，劳动力市场对新的以知识为基础的技能需求不断上升，而对传统的技能需求正在下降。因此，所有国家都需要评估、重新思考和调整其教育、职业培训和劳动力市场政策，帮助学生完成从学校到工作岗位的过渡，为青年人开启职业生涯提供一个良好的开端。当然，这也需要青年人掌握一整套"核心工作技能"，如沟通、解决问题、团队合作、领导技能等职业能力，提高自己的竞争力，为在以知识和技能为基础的社会中工作做好准备。然而，当前学生在学校所学到的知识和技能与他们进入职场所需的知识和技能之间仍存在不小的差距。面对经济全球化环境下的劳动力竞争市场，亚太经合组织区域内的学校和机构应当改进生涯与职业技术教育，在教学中注入 21 世纪的新技能，将课堂与工作环境相结合，以此来应对挑战。

在 2008 年第四届 APEC 教育部长会预备会上，美国在对 431 家企业的调查报告中指出，新入职者不仅需要最基本的技能——读、写和算术，而且在 21 世纪商业世界中，还应具备一系列与工作直接相关且对获得成功至关重要的应用技能。按照在工作中的重要性对这些技能排序，专业能力、团队协作能力和语言交流能力排在前三位，除此之外，创造力和创新技能、批判性思维／真实世界中解决问题的能力、信息和通信技术能力、交流与合作能力、价值观和社会责任态度是 21 世纪就职者应当具有的新能力。

（二）我国职业教育面临的挑战

在我国，职业教育为建设和谐社会、培养技能人才、实现教育公平做出了贡献，但是面临的挑战依然很大。

为了推动经济向知识密集型产业发展，投资于教育和培训是至关重要的。我国已经基本实现了九年制义务教育的普及，并且开始关注基础教育之外的教育，包括学前教育、高中教育、中等职业教育和高等教育。

为了保持经济增长并维持竞争力，我国需要从劳动密集型、资源密集型增长转变为以知识为基础的增长。此外，我国人口老龄化的问题日趋严重，人们对提高年轻一代人的生产力和创新能力愈发关注。因此，教育在改善生产力和创新、促进经济增长方面将会比以前扮演更加重要的角色。这就要求各阶段的教育发展均要取得全面的显著效果，要求学前教育、高中教育、中等职业教育以及高等教育的覆盖面均要扩大，并提高教育质量。

2002—2004 年，历经了 3 年时间，世界银行关于"投资环境评价调查"的研究在我国展开，共调查了 120 个城市和 12 400 家企业。调查列出了 14 个经济增长的潜在制约因素，包括通信、运输、税、进口税、融资、成本、地方保护、经济和管理不稳定、员工技能和受教育程度、犯罪、不正当竞争、法规、水、电。报告指出，在我国范围内，融资是最重要的制约经济增长因素，其次是员工技能和受教育程度。而企业则认为，改善工人技能是首要任务。

职业教育是提高人员技能的重要手段。我国职业教育目前的规模还不够，结构还不甚合理，质量还有待提高。虽然我国中等职业教育和高等职业教育为提高教育普及率和人员职业技能水平做出了贡献，但这仅仅是职前学历教育的指标，大量在职培训、转岗培训的覆盖率还比较低且主要集中在城市、大中型企业。而我国农村劳动力的教育程度和技能水平普遍不高，这严重制约了农村经济社会发展、农业产业结构的调整和农民收入的提高。总之，我国的职业教育与培训事业任重而道远，作为职业教育主力军的中等职业院校和高等职业院校正承担着艰巨的历史使命。

一些其他问题也困扰着职业教育的发展。比如，行业、企业对职业教育的参与和指导还非常不到位；职业教育的质量和市场需求的吻合度还有比较大的差距；职业教育的体制、机制和模式不适应经济社会发展和劳动力市场对人才规模、结构和素质的要求等。

面对上述挑战，职业教育必须坚持走校企合作之路，这一点已经由大量的国际经验得到证明。

第二节　校企合作对现代化职业教育模式的重要性

一、需求导向的现代化职业教育模式

近年来，一些国家（尤其是一些西方国家）将职业院校教育从以前的中央集权、供方为导向的模式转变为自主管理、需求为导向的现代化职业教育模式。这一转变是以市场为导向的，因为劳动力市场的需求是推动改革的主要力量。

现代化职业教育模式具有以下特点。

（一）管理层面

1. 利益相关者参与职业教育机构管理

职业院校和培训机构是职业教育体系的基础部门。在这些部门，如果想要对劳动力市场的需求做出迅速、高效的反应，核心问题是谁来计划、组织、实施与企业的合作方案。在一些经济发达地区，管理者的角色已经渐渐地从以统筹招生和就业为目标的行政管理人员转变为利益相关者（企业人员）。

建立职业教育机构理事会是实现这一管理模式的方法之一。在应用此管理模式时，理事会全面负责机构的管理，包括职业教育产出的效益、财务以及人力资源的管理。理事会在完成教学任务和满足劳动力需求上承担很大的责任。对院校管理、年度业务和财务计划的监督和评估由理事会主席（而不是校长）直接向上级主管部门汇报，理事会机构章程条例中对该责任有明确要求（需经审批）。校长由理事会任命，或由理事会提名后经地方当局最后决定。理事会一般是由区域当局、雇主协会、地方雇主和行业协会选出的代表组成的，校长只是理事会秘书，并没有表决权。

2. 以年度发展计划实施院校管理

年度发展计划是规范日常机构管理的关键性的文件。通常情况下，这样的计划包括 SWOT 分析、市场和竞争对手的分析，以及工作人员发展计划和实际收入与支出的详细计划。在保证体系有效运转（或质量管理）的情况下，对机构的评估（或认可）和资助是以该计划为基准的。

年度发展计划实际上应作为机构中每个人应承担的责任，而且每个人都应该"拥有"该计划并深入理解其内涵。在应用职业教育机构理事会管理模式时，校长每年要提交年度计划和报告，并得到机构理事会的认可，理事会则会将计划和拨款申请一起呈交给上级主管部门。

（二）师资层面

提高教师教学能力是职业教育改革的关键要素。一些西方国家在过去二十几年间在教师培训方面做出了很大改变，强调应不断加强职业能力，而不是强化传统学术知识观念；同时，教学方式也有了很大转变，课堂活动不仅仅是知识和技能的传输过程，学生也没有被教师指挥着被动学习，从原来以教师为中心的教学模式转变为以学生为主体的学习模式。在我国，传统的在职职业教育教师资格和继续培训体系应更多地转向与当地企业的合作，教师应基于对现代职业需求的了解，本着终身学习的原则，引导学生自主学习。

在对教师的评价方面，"以工作表现为主进行管理"是先进职业院校的基本特征，是学校发展计划的必要组成部分，也是评测及提高员工表现、明确在职教师培训需求和生涯发展的基本机制。

（三）教学层面

在教学层面，根据国际职业教育体系改革，引进了能力本位课程这一模式。

和传统的职业教育教学体系相比，新的职业教育体系在课程发展、学生评价和教学方法方面呈现出全新的方式。能力本位的培训（Competency Based Training，CBT）实际上是一个评估制度，注重明确的学习成果，重视毕业生质量，强调对实操标准的重视和对就业者的期望等方面，而不是对学习过程本身和入学要求的关注。

区分能力本位的培训和传统课程开发以及评估学生学习效果的原则是用人方或终端用户在标准开发和鉴定学习成果上所起的作用。最重要的一点是能力本位的培训是以市场为导向的，而不是按负责人的指示（供方）和所期望的结果来定义的。

从表 2-1 中可看出传统职业教育与能力本位职业教育的区别。

表 2-1　传统职业教育与能力本位职业教育的比较

比较项目	传统的职业教育	能力本位的职业教育
内容	系统知识为主	能力目标为主
形式	时间为主	表现为主
对象	群体需求	个体需求
主媒介	课本	培训材料和模块
实践程度	有限的实践	以实践为主
强调方面	理论	"做中学"
目标	一般目的	学习目标
评价	最后考试成绩	学生能力评估
中心	以培训者为中心	以学生为中心
重点	知识	技能
师生角色	指导	互动
课堂教学	课本为主	多媒体
考试	书面考试	操作测评
教室	普通教室	车间实验室

（四）用人方（企业）的作用

尽管政府的主要职责是推动职业教育改革，但改革的主要动力其实来自行业和企业。事实上，行业、企业对熟练技工持续不断的需求，推动形成了一个以行业、工会和企业等社会伙伴关系为主的用人体系。

用人方（企业）可以参与制定职业教育和劳动力市场政策与发展战略，参与制定职业标准和其他质量标准，参与课程开发以及确定考核内容（能力为主），可以以职业教育机构理事会主席或会员身份对学校发展计划提出建议，提出技能需求预测，协调地方当局以及时提供劳动力市场信息，提供实习计划和实习场地，为职业教育提供经费或直接为职业教育学校基础设施和设备的建设进行投资等。

二、一些国际案例

在以下一些国际案例中，均可看到行业、企业对职业教育的支持与参与。

（一）澳大利亚案例

澳大利亚技术职业教育体系是一个现代高效的制度体系，这种体系把英式传统教育和与企业合作的方法相结合。该体系由国家、地方共同管理，而且会由业界领先的企业与雇主、工会和专业协会共同制定培训的标准和成果。

在该体系中，由教育、就业与工作场所关系部（DEEWR）制定国家培训战略并监测和评价国家战略的实施成果。职业技术教育联合机构理事会则全面负责国家培训体系，包括确定战略决策，确定优先次序及其规划和实施，并处理跨部门间产生的问题，如预测技能需求、人力规划（包括技能需求）以及协调高等教育、技术职业教育与培训之间的关系。产业技能委员会将为工业部门提供特定的技术需求信息并根据这些需求制订培训计划，发展和评估受训者的能力。

该体系主要还包括以下四个方面的内容：①澳大利亚质量培训框架（AQTF）。框架标准由国家确定，以确保培训和评估服务的高质量和一致性。它由2套培训机构必须坚持的标准——AQTF2007注册的基本标准、AQTF2007国家和领土注册机构的标准组成。②注册培训机构（RTO）。培训机构注册时必须符合2007年的AQTF标准，只有注册培训机构可签发AQF资格，并提供经认可的培训和评估服务。③国家和地方注册机构。注册机构在每个地区负责培训机构的登记和监测，并确保其遵守AQTF标准。④国家认可规定。国家认可规定是澳大利亚质量培训框架的基石，所有地区必须承认在国家和地方注册过的培训机构，而且所有注册培训机构必须承认由其他注册培训机构签发的AQF资格和声明。

（二）新西兰案例

新西兰2008技术战略行动计划主要提出了4个目标：第一，有效利用和保留技能以改变工作和工作场所；第二，明确雇主和工人对职业技能质量的需求；第三，打破技能培训的制约并创造一个响应迅速的职业教育和培训制度；第四，确定统一的评价和监测技能的办法。这一战略有效的把政府、商界、工会理事会和行业培训联合会等伙伴关系汇集到了一起。

实施行动计划的两个重要的机构是新西兰学历评估委员会（NZQA）和行业培训组织（ITO）。新西兰学历评估委员会的主要职能是协调管理和保证国家职业资格的质量。在国家资格框架（NQF）下，由新西兰学历评估委员会注册和监测所有的国家职业资格。建立国家资格框架的目的是构建以能力为标准的、取代常模参照的评估制度，从而实现教育体系的现代化，促进采用新形式的职业课程模式。新西兰学历评估委员会是由教育部及教育和科学委员会组成，对议会负责，其大约有一半的资金来自中央政府，另一半来自费用收入和税收。行业培训组织则是按照政府认可的行业技术标准制定的机构，主要由行业组建，资金来自行业和政府。行业培训组织主要担任3个角色：一是设置行业和职业教育技能标准和资格；二是安排实习和行业培训；三是通过确定技能需求、设计战略培训计划、改进学习模式来满足行业需求，从而保证该行业在业界的领先地位。行业培训组织本身不提供实习和培训工作，而是为雇主和学员制订计划并安排教育和培训，满足其职业需求。学员一般可以在工作场所学习，或在职业高等教育机构脱产学习。新西兰目前有40多个不同行业领域的行业培训组织。

（三）英国案例

近些年，英国职业教育培训体系进行了彻底改革，而且处在不断评估、修改的过程中。改革政策涉及增加雇主/行业参与制定的职业标准，建立由雇主领导的部门技能理事会，以此进一步完善国家资格框架。政府应创新实施由大学和技能部门制定的教育和培训政策、国家技能战略，并提供教育经费。该体系的其他权利应进行下放。课程和教学的主要监管机构是课程与资格委员会（QCA）和学历管理委员会（SQA），主要负责管理国家职业资格（NVQ）制度（5级范围内的资格），并负责认证和质量保证体系。英国还通过了一项以能力为基础的评估体系，用以衡量知识、理解力和技能等水平的高低，以保证某一行业的工作按确定的标准得到有效执行。在英国，提供职业技术教育和培训的是一些拥有理事会和管理团队的公立或私立院校等法人机构，由其负责进行有效的教育培训和提交均衡财务报告。培训机构费用由国家和私人共同承担，其中包括学费和行业捐赠。

（四）德国案例

德国职业教育与培训系统称为"双元制"，即同时提供职业教育和职业培训。理论方面的培训费用由公共经费和中等职业学校财务支出提供，实践方面的培训费用由企业提供，并在一定程度上给学徒提供经费资助。

　　联邦政府和教育部的正式协议规定了教育和培训的程序。联邦职业教育与培训研究所（BIBB）可以建立或改革培训条例、制定规则以及实施法律、标准或课程培训（当课程已经被雇主协会、工会和国家政府审议并通过后），同时还会监测培训成本和效益，并通过全国性的调查和联邦政府倡议改革职业培训。由雇主支付职业培训的部分直接费用，其中包括学徒的工资。所有雇主都是区域雇主协会或商会的成员。

　　该体系在现代德国是非常受欢迎的。2001 年，22 岁以下约 2/3 的德国人开始学徒，约 78% 的人完成学徒，也就是说，22 岁以下的年轻人中约 51% 已完成学徒。2003 年，约 1/3 的公司提供学徒机会。2004 年，政府与行业工会签署了一份承诺，声明除了非常小的公司，其余公司必须提供学徒机会。

　　其他运用德语国家的职业教育体系和德国非常相似，从一个国家获取的职业资格一般都会被这一领域的其他德语国家承认。

第三章　职业院校校企合作的制度与特征

职业教育校企合作是当今发达国家职业教育的主要形式，而职业教育校企合作的法治化是世界职业教育的发展趋势。目前，德国、美国、日本等国的实践已经证明了在职业教育发展中校企合作的重要性。因此，认真研究国外职业教育发展的动态，从中找到一些规律性的、前瞻性的、理念性的经验，对探索我国职业教育的发展之路具有深远的意义。本章分析了德国、美国等国家校企合作的法治化进程，并对我国校企合作的制度、特征、意义等进行了阐述。

第一节　发达国家校企合作的制度

一、德国的职业教育校企合作制度

德国的职业教育为德国经济的健康发展培养和训练了大批劳动力。长期以来，德国一直把高技能人才的摇篮——职业教育作为立国富民的秘密武器，德国制造业的成功也归功于高水平的职业教育以及高薪资待遇。

德国的职业教育是世界上职业教育成功的范例之一。德国职业教育校企合作模式为"双元制"，构建了以《联邦职业教育法》为基本法，囊括《企业基本法》《劳动促进法》《青少年劳动保护法》等职业教育法律，以及《手工业条例》《实训教师资格条例》《职业培训条例》《考试条例》等规章和各州的相关法律在内的职业教育法律体系，对"双元制"模式下的企业资格、经费来源、管理制度、培养目标、学制长短、专业设置、课程安排、教师资格、考试办法等提出了明确且操作性强的要求。同时还建立了一套职业教育实施监督系统，以完善"双元制"职业教育模式。

（一）"双元制"模式

　　"双元制"模式强调的就是校企合作，以法律的形式确定了职业教育的两个主体，即学校和企业。学习者具有双重身份，既是学生，又是学徒。虽然学生与企业签订培训合同，但依然是职业学校的学生。学生既在企业接受职业技能和相应知识的培训，这在企业的实践教学占70%，又在职业学校接受专业理论和普通文化知识教育，这在职业学校的理论教学占30%。学校教育与企业培训的费用分别由各级政府与企业全额负责。"双元制"模式下的师资为企业的实践指导教师和职业学校的理论教师。企业的实践指导教师由企业提供，一般是完成"双元制"职业培训后具有5年以上职业实践经验的毕业生，或者是经"双元制"职业培训后具有2年以上职业实践经验的毕业生；职业学校的理论教师是经过4年专业学习及2年师范学习，再经过教学实习并通过国家考试的大学毕业生。德国职业教育"双元制"模式如图3-1所示。

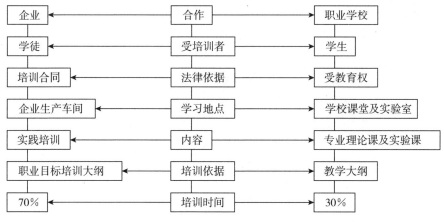

图3-1　德国职业教育"双元制"模式

　　"双元制"模式有以下特征：第一，该培训体系的组织结构是双元的，由按市场规律活动的私人经济培训组织（企业）及其自我管理机构行会，以及国家教育体系里的职业学校共同构成；第二，私人企业作为最重要的培训场所对培训起决定性作用，"双元制"职业学校是国家专门设置的职业教育学校，在国家教育的框架里实施职业教育，青少年在学校的身份是学生，在企业中是特殊身份的雇员——受培训者；第三，培训内容首先由企业和企业的利益集团组织（如行会）来决定，总的培训条例由企业行会、工会以及国家管理机关按照法定程序决定；第四，"双元制"的培训费用由企业和学校两部分组成，企业实践教学费用一般由企业自己承担,用于培训的费用可以作为企业成本在纳税时扣除,国家承担职业学校的费用;第五,传统的手工业培训的两大原则——职业化原则和自我管理原则,仍在"双元制"职业培训中得到非常明显的体现。

构成"双元制"的两个决定性因素如下:一是根据自由市场经济规则构成的培训体系;二是国家颁布的职业教育相关法律框架下的国家干预,包括统一的培训职业名称、培训内容、考核标准、职业教育研究和预测等。

"双元制"模式将企业与学校、理论知识与实践技能紧密结合起来,以职业活动为核心,同生产紧密结合。这样的模式更强调对立法的要求,以保障合作双方的权益。

(二)相关法律制度剖析

德国职业教育实行的是"双元制"模式,强调以校企合作为核心。在"双元制"模式下,德国职业教育校企合作法律关系的主体——学校与企业,其中企业为校企合作的中心。德国职业教育的法律基本都涉及学校与企业的责权利。图3-2所示为德国职业教育校企合作法律制度概况。

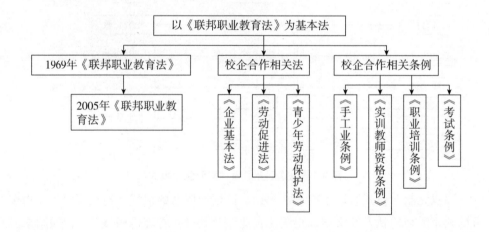

图3-2 德国职业教育校企合作法律制度概况

1.基本法

1969年8月14日颁布的《联邦职业教育法》是德国职业教育最基本的法令,在1981年和2005年德国先后对该法进行了合并和修订,此法对德国的职业教育及校企合作做了较全面和原则性的规定。《联邦职业教育法》最重要的贡献在于确立了"双元制"职业教育的法律地位，使"双元制"成为德国职业教育的重要形式，为各州的职业教育确立了广泛而统一的法律基础，为职业教育的校企合作提供了法律保障。该法规定，职业教育包括初始职业教育、职业继续教育和职业改行培训（或称职业专业训练），内容包括职业培训合同的签订、企业实施职业教育的资格、职业教育实施方及受教育者双方的责任和义务、受教育者享受培训津贴的权利、职业教育场所的必备条件、考试要求、考试证书的等值、违法行为及惩罚等，其中对学徒的文化及专业理论学习时间、学徒享有的休假时间、学徒的报酬比例等做出了非常具体的规定。依据《联邦职业教育法》，职业教育的学习者具有两种身份，既是学生，又是学徒。学习者在培训前须与企业签订培训合同（作为学徒），才能到职业学校接受职业教育（作为学生）。企业和职业学校对学徒的培训都必须遵守该法中规定的全国统一的规章条例。

以职业教育基本法为依据，1981年德国颁布了《联邦职业教育促进法》，并于1982年开始实施。该法是对《联邦职业教育法》的补充和完善，为职业教育规划、职业教育统计和联邦职业教育研究提供了法律基础，明确联邦职业教育研究所的成立及其目标、权利、义务、工作任务等，明确职业教育应作为公共事业承担相应责任和义务，保证职业教育在质量和数量上稳定持续地发展。《联邦职业教育促进法》规定，德国所有国营和私营企业必须向国家缴纳一定数量的职业教育基金，国家再依据培训的职业、年限、规模、培训企业所处区域等，按照一定的标准为培训企业和跨企业培训中心分配和发放基金。不同的职业教育培训企业之间所获的培训经费是存在很大差别的。一般情况下，企业可获得占其净培训费用50%—80%的培训补助，当所培训的职业符合发展趋势时，企业可获得100%的培训补助。

2. 校企合作相关法

《企业基本法》于1972年通过，主要针对企业的职业教育做出了相关规定，明确界定了企业在职业教育校企合作中应有的权利和义务；企业和企业管理委员会应联合负责职业教育的部门和机构共同担负促进学徒职业教育的任务，在企业内的职业教育问题上给予建议、咨询和顾问。同时，该法明确指出，职业教育技能人才的培养是学校与企业双方的共同诉求，参与培训的企业对职业教育负有完全责任，不允许把学徒当作单纯劳动力使用。此外，该法规定，在德国的任何一个企业、商会、个体经营者或者工商界的法人单位，都必须参加本地相应的行业协会。行业协会行使对培训企业的资格审定及运行监督的职责。在行业协会的监督下，企业与学校一起承担职业教育的责任。

1969 年颁布的《劳动促进法》规定了职业教育以及职业教育不同的形式，通过各种职业培训使就业者达到较高技术水平，从而改善就业结构，促进经济发展；规定企业至少应有 5 名工人代表参与职业教育的实施，企业对学徒的培训必须达到统一规定的培训标准；并对失业人员的培训、经费、培训机构、咨询服务做出规定，对在职进修人员的收入、待遇及提供的帮助等问题也做出了具体的规定。同时，该法律明确规定，企业委员会需共同商定企业职业教育的实施、培训设备、所采取的相关措施以及参加跨企业培训的时间安排，如果企业能为经过培训的失业人员提供工作岗位，国家将向企业支付最多 12 个月的"熟悉工作补贴"。

《青少年劳动保护法》于 1960 年通过，1976 年又通过其修订法案。《青少年劳动保护法》对正接受职业培训的青少年从工作时间、报酬、休假等方面做了特殊的保护规定，通过立法保障了青少年在 18 岁以下所享有的法律规定的完成职业义务教育的权利的同时，还有接受职业培训的义务。同时，该法律还规定，青少年在获得国家承认的培训职业的培训结业证书后，可以同中学毕业生一样进形下一步学习深造，并且通过满师考试的满师培训生有机会进入职业院校继续学习。1976 年修订的《青少年劳动保护法》规定了企业在职业教育中的主体责任，企业必须保证青少年在规定时间内完成法定职业教育培训。同时依照《联邦职业教育法》中对企业培训合同条款的详细规定，在青少年接受职业培训期间，企业要支付学徒一定比例的报酬。

3. 校企合作相关条例

《手工业条例》于 1965 年颁布，它是针对在《联邦职业教育法》中未做规定的手工业行业的职业培训的专门规定，在规定雇主应对在企业接受职业培训的学员提供一定比例时间进行职业学习的同时，对手工业行业的职业培训也做了详尽而具体的规定，包括培训企业资格、培养目标、培训内容、培训时间、培训企业与受培训学员的责任和义务、考试内容、考试与培训的监督等。

1972 年颁布的《实训教师资格条例》，是由联邦劳动和社会秩序部通过，是根据《联邦职业教育法》第 21 条规定而制定的。它明确了企业职工委员会和企业在职业教育上的义务，对"双元制"职业教育中的师资问题做了具体的规定，包括工商企业实训教师的基本资格条件、资格考试规则要求、职责范围、具体工作任务等。

《职业培训条例》是企业实习培训课程的设置依据。它是由联邦教育与科学部在全国范围内针对各类职业培训制定的统一标准和内容，企业职业培训必须严格按照条例所规定的标准和内容进行。在德国，所有职业类型都由工商协会依据产业结构变化、新技术的变更进行调整和制定，并定期向社会公布。"双元制"职业教育中的学校和企业只能进行专业课程的实施，无权自行设置新专业。目前规定的职业大类约 90 种，对应的职业（专业）约 370 个。《职业培训条例》对每一种职业培训都有严格的规定，对国家承认的培训职业从职业名称、职业描述、培训大纲、培训计划、培训时限、考试要求（中间考、结业考）等各个方面进行了规定，并从原则上规定不允许未进行正规职业培训的人员直接从事职业工作。《职业培训条例》还规定了统一的考核机制，以及每一职业考核必须达到的最低标准，并且规定考核由行业协会组成的考试委员会负责实施，企业和学校无权自行对学生进行考试。学生必须参加相关职业大类的统一考试，取得相关职业资格证书后才能在相应的职业岗位上岗工作，成为企业的正式员工。

《考试条例》由各个行业协会根据《联邦职业教育法》制定。行业协会按《考试条例》规定的考试标准和内容组织实施考试。《考试条例》经州最高主管当局批准，对考试资格、考试安排、评价标准、考试证书颁发、违反考试条例的后果及补考做出规定。条例规定由行业协会跨地区或通过命题委员会制定或选定考题，只要是命题委员会制定或选定的考题，相关机构和人员就必须予以接受。同时由联邦职业教育研究所主管委员会颁布《考试条例》的相关准则，其中规定了每个职业考试的最低标准，将考试分为中期考试和结业考试两种，中期考试在学习一年半的时间点进行，结业考试在学习结束后按全国统一要求在统一时间内进行，成绩分别占总成绩的 40% 和 60%。考试由考评委员会主持进行，考评委员会成员包括学校代表、雇主代表及雇员代表三方，三方代表人数各占 1/3。学生在行业协会的监督下进行两次考试，经考评委员会审核同意后发给结业证书和职业资格证书。这种教考分离的考核办法和严格统一的管理机制，非常有利于教学质量的保障。

（三）德国职业教育法律监督

德国的职业教育立法监督系统完备，便于操作。众所周知，以评促改，以督促建，是完善职业教育立法的一个基本思路。德国职业教育立法，除了对其发展的各个环节、各个方面所涉及的不同层次的法律受用者提出详细而具体的要求以外，还建立了一套完善的监督系统。这一完整而独立的体系为职业教育的发展提供了体系性保障。例如，"违反《职业培训条例》就是违法"是德国相关法律的硬性要求，当出现与条例相悖的行为时，可被"判处关押"或"处以罚金"。基于此，德国职业教育的运行和监管都以法律的形式确定了下来，为职业教育的稳步发展保驾护航。

1. 学生持证上岗受行业协会监督

在德国，培训由学校和企业负责，而考核由行业协会负责。按照《企业基本法》的规定，学生在学校接受理论学习，在企业进行岗位培训，完成所学的课程和实践操作任务后，要到行业协会进行资格考试。一般情况下，行业协会指派5人担任考官，对学生进行理论和实践的全面考核，考核合格后，发给学生资格证书。这种考核办法更公平更公正，岗位证书更具权威性。

根据德国法律法规，持职业资格证上岗对劳资双方均有法律效力，求职者通过职业教育获得的由行业协会考试认证的职业资格是有效证明。据统计，大约有60%的德国人通过"双元制"或全日制职业教育在20岁时就取得有关的职业证书。因而，德国政府、企业组织（商会、行业协会等）和学校三方实际上是围绕全国统一、业内公认的职业认证开展职业教育的。国家职业资格认证具有透明性、统一性和确定性，不仅促进了学生职业技术的积累，也为政府、企业和社会提供了稳定的职业预期。由此，教育者可以确保他们所提供的教育具有经济价值，雇主可确保现有职业教育与职位的匹配，学员可以确保其教育投资得到雇主认可。

2. 工会代表学徒利益，对企业和教育机构进行监督

工会代表学徒利益，对学徒进行社会保护，对企业和教育机构进行监督，同时工会也是职业教育最高委员会、地方性委员会、考试委员会的成员。因而，工会可以代表学徒向各级委员会提建议，参与企业培训标准开发，监督企业培训，共商学徒生活津贴金额，谈判职业资格证书等。培训合同中有关体检、福利待遇及假期、工作时间、合同终止等内容无不体现着工会对学徒的社会保护。

《联邦职业教育法》的第6部分为"罚款规则"，该部分对企业在实施职业教育中违反法律的行为做出惩罚性规定。德国对于教育机构资质的认定有严格的要求，对其监督也依法进行。该法第32条、第33条规定，主管机构对教育机构及其人员的品质和专业资质进行监督，一旦发现资质缺陷，如缺陷可弥补且对受教育者不造成伤害，则在期限内予以弥补；若资质缺陷不可弥补或对受教育者造成伤害，则取消该机构的资质并禁止其招收和教育受教育者。企业违反法律的行为包括没有规范地与受教育者签订职业教育合同、违背教育目标、没有让受教育者脱产参加职业学校学习和考试、在不具备教育资质的情况下招收受教育者、不

配合监督部门的监督工作等。主管部门对于教育机构和企业违反法律的行为给予相应的处罚,根据情况处以 1000—5000 欧元不等的罚金。

3. 行业协会受联邦部委监督

行业协会代表行业企业,是职业教育的组织者、主要监管机构和"质量守护者",接受联邦部委的监督。行业协会具体职能包括:登记和管理职业培训合同;评估和授予企业及员工培训资质;为企业和学员提供咨询培训,尤其是跨企业培训;监督企业职业培训及其准备;在地方组建由三方成员共同组成的考试委员会,并组织中期和结业考试;为通过考试的学员颁发全国认可的职业资格证书;等等。行业协会还定期开展行业调查,提供职业指导工资,进行行业培训经费统筹。通过对企业培训实施全过程的组织管理,行业协会代表企业保证培训的高质量发展,以获得更高的社会认可度,这与中世纪行业协会立法管理学徒的传统一脉相承。

(四)德国职业教育校企合作法律制度的可借鉴之处

德国的职业教育法律体系非常完善,不仅针对性强,而且层次完整。德国的职业教育校企合作法律体系由一个基本法、若干个单行法和相关法规组成。不论是基本法还是其他形式的职业教育法规,都为校企合作制定了操作性强的规范,极大程度促进了德国职业教育的健康发展。

1. 对职业教育主体的确定

虽然德国以立法的形式确定了企业与学校是职业教育的两个主体,但不是所有企业都能参与到校企合作中。法律规定参与职业教育的企业必须具备一定资格,通过资质认证才能开展职业教育,与学校一起合作进行职业教育人才培养。职业学校由各州教育部管理,遵循各州的《学校法》;企业与学校遵循《联邦职业教育法》;企业同时遵循《职业培训条例》,由联邦教育部管理。学员有两个身份,学习在两个地方进行,学习内容也是两种,其中学徒在企业的职业培训占主要部分,达到整个职业学习的 70%,而职业学校的文化课程及专业理论课程占 30%。

2. 对合同关系的详细阐述

在《联邦职业教育法》第 2 部分中,确立了职业教育合同关系,阐述了职业培训合同、培训合同的签署及无效协议。该法规定培训合同至少包含以下内容:职业教育的形式、内容、时间安排及职业教育目标;职业教育的起始时间和学制;教育机构外企业的相关措施;津贴支付与金额;休假期限;解除职业教育合同的条件；以通用形式指明适用于该职业教育培训关系的工资合同、企业和学校的公务协议。

3. 对受教育者的保障

在《联邦职业教育法》第二部分中，主要阐述了受教育者的义务，以及教育提供者的义务，其中从脱产方式、证书发放、津贴支付等方面对教育提供者的义务进行了界定。所界定的教育提供者的义务如下：为实现教育目标，向受教育者传授必要的职业行动能力；按照教育目标所要求的实施形式，有计划地从时间和内容上系统安排并实施职业教育，并在预定的教育时间内完成教育目标；亲自进行或明确委托企业教师进行教育；免费为受教育者提供参加职业教育中期考试和结业考试所必需的教育用品，特别是工具和材料，即使相关考试在职业教育关系结束之后进行，也应为其免费提供教育用品；督促受教育者去职业学校学习并开具职业教育所要求的教育证明，并对其进行检查；促进受教育者的个性发展，保障其道德和身体健康。《联邦职业教育法》还从津贴、假期等多个方面对受教育者的权益进行了保障。

4. 对双方责权利的规定

德国的职业教育校企合作法律对参与的主体企业与学校的责权利有明确的规定，特别是详尽规定了教育提供者的责权利。根据《联邦职业教育法》，职业教育培训企业必须遵守该法中对企业培训合同签订这一全国统一的规定，即必须在培训前与学徒签订培训合同，合同的形式和内容、企业的责任和义务、学徒在企业的学习保障等都须遵循相应规定。职业教育学习者与企业签订培训合同后，就有了一种全新的身份，即企业的学徒；同时还具有另一种身份，即职业学校的学生。学徒选择培训的职业必须是《职业培训条例》中所收录的全国统一的、国家承认的职业，职业教育企业对学徒的职业教育培训也必须按照《职业培训条例》中职业培训大纲、职业培养目标、职业培训内容、职业培训时限和考试要求等的统一规定进行。学徒的培训期一般为3年，在此期间，企业依据《联邦职业教育法》的规定要支付给学徒一定比例的酬劳，安排节假日休息以及到职业学校接受义务教育。除基本法外，《青少年劳动保护法》等相关法规也制定了保障学习者权益的内容。

5. 对违法行为的界定及处罚

在《联邦职业教育法》第6部分中，阐述了违反规则的行为，包括该行为违反了哪几款哪几条，并具体阐明了违反规则的罚金，内容非常具体且可操作性强。

界定的违反规则的行为举例如下：违反第 11 条第 1 款第 1 点规定，以及与此相关的第 11 条第 4 款的规定，没有、没有正确地、没有完整地、没有按照规定方式或没有及时将合同的重要内容或合同的重要改动写成文本；违反第 11 条第 3 款规定，以及与此相关的第 4 款的规定，没有或没有及时出具签字合同文本；违反第 14 条第 2 款规定，向受教育者安排不符合教育目标的工作；违反第 15 条的规定，没有为受教育者提供所需时间。对违反第 1 条第 1 款第 3 点至第 6 点的情况可处以最多 5000 欧元罚金，其他违反规定的情况可处以最多 1000 欧元罚款，以示惩戒。

德国职业教育通过法律制度保障"双元制"校企合作模式，规范企业参与职业教育，为我国校企合作提供了很好的借鉴，但这种模式也存在以下一些问题：首先，职业教育人才培养过分依赖企业可能会使职业教育缺失其教育属性。企业参与培养人才更多关注的是对企业的适用性，对学习者的人文素质培养难免会有所欠缺。其次，经济波动对"双元制"职业教育模式会产生较大的影响。"双元制"模式规定，学习者与企业签订合同，学习者既是学生又是学徒，在这种情况下，经济的波动给企业带来的影响也会直接影响学习者，进而直接影响职业教育。最后，"双元制"课程不利于学生职业发展能力的养成。企业对人才的培养往往根据企业自身发展的需要，如根据具体岗位的需要，有着高度的针对性，不利于学生职业发展能力的全方位养成，一旦因为经济的原因或出现岗位需求能力提升的情况，学生离开现有的岗位后，将会面临重新就业的困境。

二、美国的职业教育校企合作制度

美国教育立法最典型的特征是分权制，教育立法不仅归各州所有，也归联邦所有。判例法（注：判例法是指，由某一类法院的判决或由某一类法院法官的判决中所含有的法律原则或规则，对其他法院甚至本法院以后的审判具有作为先例的约束力或说服力）是美国教育法的主要表现形式之一。在立法中，各州享有独立的立法权，联邦主要运用法律制度及教育经费对教育进行宏观调控，实现对教育的干预，联邦还会根据适时的需要而制定相关法律制度。在职业教育校企合作法律制度方面，联邦制定了《职业教育法》《从学校到工作机会法》等全国性的法律；各州根据各自的经济发展状况、产业需求及各自教育实际情况，出台了州一级的职业教育法。在职业教育法制体系中，联邦和州的教育立法不是层级的关系，而是并行的关系，联邦教育法基本属于拨款法案，而州教育法非常全面、系统地对教育各方面的内容做出了详细的规定。联邦和州的教育立法在实践中主要体现为一种合作关系。美国已经颁布的职业教育法律以全国性的法律为指导，结合各州颁布的法律，构成了比较完善的美国职业教育法律体系。

（一）合作教育模式

合作教育模式是指工作经历与学校学习相结合的一种模式，是指学习者同时参与校内学习和校外工作，学校与社会紧密合作，共同开展职业教育。合作教育模式与德国"双元制"模式的不同之处在于，合作教育模式以学校为主，而德国"双元制"模式以企业为主。在合作教育模式下，学生的身份是单一的，仅是职业院校的学生，到企业只是为了进行实习或实践训练，即学生主要以接受学校教育为主，只是轮流或交替到企业进行技能培训。在合作方式上，或把同专业同年级的学生分成两部分，一部分在校学习，另一部分在企业接受实训，过一段时间再进行轮换；或让学生用一年时间到企业实习，其他时间在学校学习；或让学生基本在企业工作，利用工作之余进行学习，通过学习将理论与实践结合起来。

美国国家合作教育委员会对合作教育做出如下界定：合作教育是把课堂学习与通过在相关领域中生产工作经验学习结合起来的一种结构性教育策略，学生工作的领域是与其学业或职业目标相关的。合作教育通过把理论与实践结合起来给学生提供渐进性的职业经验。合作教育是学生、教育机构和雇主间的一种伙伴式的教育模式，参与的各方都有自己特定的责任。

合作教育计划有以下几个基本要求：一是，合作教育作为一种教育战略必须得到学校的正式确认；二是，合作教育采用的是通过特定形式和程序获得的多样化的工作经历与学习结合到一起的结构；三是，工作经历包括适应学习环境和生产性工作；四是，学生在受雇佣前应接受培训，在进行合作教育的过程中应该接受指导和咨询；五是，在学生档案记录中应有合作教育经历的正式认可；六是，在学校、雇主和学生之间有正式合同，主要涉及对工作的描述、新的学习机会、特定的最小工作期限、在受雇佣期间在学校正式注册、学生工作接受学校监督和雇主管理、学生被雇主确认为合作教育雇员、由学校和雇主做出评估、学生工作获得报酬等内容；七是，计划用于雇主和学校进行质量评估，并确保工作经历和课程之间的相关性；八是，计划设计要使学生、雇主和学校受益最大化。

（二）相关法律制度剖析

1862年美国颁布《莫雷尔法》中，联邦政府通过拨地的形式支持农工教育。该法案完善了大学的职能，在美国高等教育史上具有里程碑的意义，促进了美国高等职业教育的发展。1917 年通过的《史密斯—休斯法》奠定了美国职业教育制度的基础。1936 年通过的《乔治—迪恩法》提出为学校与企业合办职业教育进行拨款。1963 年通过的《职业教育法》将特殊群体以及弱势群体纳入职业教育范畴，保障其受教育的权利，强调职业教育没有对实施对象的限制，扩大了职业教育的范围，打破了职业对个体的局限要求。1974 年通过的《生计教育法》规定，将学校教育与受教育者未来意图从事的职业联系起来，教育需为个体未来生计需求及个体发展服务。1982 年通过的《职业训练合作法》规定，联邦政府资助职业训练计划，各州制订职业训练计划并参与职业培训协议与合同的签订，同时在职业训练课程的制订、修改及实施中强调企业的参与。1983 年通过的《就业培训合作法》进一步强调地方私人企业的参与，在职业教育培训中，联邦政府与州政府以及私营企业主共同参与实施，但联邦和各州的政府只起经费资助及指导、协调作用。1984 年通过的《卡尔·D. 帕金斯职业技术教育法》强调美国职业教育应为全社会服务。1990 年对 1984 年的《卡尔·D. 帕金斯职业技术教育法》进行修订，加快了美国职业教育现代化的进程。1994 年通过的《从学校到工作机会法》规定，学校与企业应建立合作关系并加强合作，在合作中，学校与企业都担负一定的责任，企业主要通过提供合作学习课程、实习职位、实地工作指导等与学校进行合作。1994 年通过的《2000 年目标：美国教育法》提出设立全国统一的职业技能标准，为职业教育技能培养提供法律保障。1998 年通过的《劳动力投资法》将联邦政府就业、成人教育和职业培训三者融为一体，创建了劳动力教育活动的一站式服务体系。

1.《职业教育法》

1963 年，美国国会通过了《职业教育法》。该法案规定将特殊群体以及弱势群体纳入职业教育范畴，提出要扩大职业教育的规模和提高教育质量。该法案最大的特点在于强调对职业教育的财政支持。该法案提出合作教育的模式如下：要求职业教育学校与企业相互合作；各州应为职业教育的合作提供财政资助；要求职业院校的学生在参与学校学习的同时，也要参加企业的实践工作，学校学习与企业实践交替轮换。1968 年，美国国会通过了《职业教育法》修正案。法案提出增加对职业教育的经费资助，避免因没有职业准备而导致失业，并提出要将学术教育与技能训练和工作实习有机结合起来，使职业教育不仅作为所有教育的一个基本目标，而且要成为一个终身教育的过程。1976 年，美国国会通过了新的《职业教育法》修正案，以立法的形式提出了包括职业教育规划、评价、统计及数据说明性等一套完整的要求。《职业教育法》及其修正案，对美国职业教育的发展产生了深远影响。

2.《职业训练合作法》

1982年通过的《职业训练合作法》在培训政策上给予各州极大的自由，规定由各州制订职业学校培训计划，企业参与职业教育培训课程的制订、修改及实施。法案要求职业学校与企业在职业教育培训体系中进行合作。在该法案的影响下，政府与私人机构之间形成了工作关系，其中有联邦政府对各州和地方服务领域提供资金支持，每一个受资助的私人机构都需通过私立工商业委员会来决定制定怎样的培训计划以及如何执行该计划。

在此之前，政府认识到公共服务就业计划并不是解决社会失业问题的有效方法，只有私有工商企业才能提供具有稳定前景和收益的就业机会。所以，1978年《综合就业与培训法案》修正案第7条中明确规定设立私立工商业委员会，作为地方和州"首要承办者"的合作伙伴需参与联邦资助培训项目的设计、管理和实施，同时私立工商业委员必须动员更多的企业参与政府的培训计划。但是，在工商业界人士看来，这种努力还远远没有改变私有工商企业被动参与联邦各类培训计划的角色。

在1982年《职业训练合作法》的立法过程中，关于设立私立工商业理事会的提议获得了两院的一致同意并最终体现在立法中。法案要求，每一个接受联邦拨款的项目区域都必须建立一个私立工商业理事会，理事会建立后，劳工部将为其直接划拨资金，以确保其能够与地方政府平等自由地进行协商，该法案在更大程度上给予了工商业组织平等的参与权和决策权。

3.《卡尔·D.帕金斯职业技术教育法》

从1984年开始，美国以《卡尔·D.帕金斯职业技术教育法》为依据，对职业教育进行了改革。此后，美国多次对《卡尔·D.帕金斯职业技术教育法》进行修订，分别形成了1990年的《卡尔·D.帕金斯职业与应用技术教育法》、1998年的《卡尔·D.帕金斯职业与技术教育法》、2006年的《卡尔·D.帕金斯生涯与技术教育法》，并于2017年提出一项新的修正案《加强21世纪的生涯与技术教育法》。卡尔·D.帕金斯系列教育法案内容的变迁可以被视为20世纪以来美国职业教育发展的缩影。

一是职业教育概念的变迁。从"职业教育""职业与技术教育"到"生涯与技术教育"等名称的发展变化，可以分析出职业教育的3个趋势：职业教育逐渐向终身教育趋近；从培养熟练的技术工人向培养高层次的职业人才发展；越来越重视学术教育和职业教育的结合。二是联邦政府财政资助的变迁。从联邦资助的总额和分配两方面的变化，可以分析出财政资助的 3 个特点：始终关注弱势群体的权益；各州和地方的管理地位不断上升；职业教育逐渐向全民教育方向发展。三是项目学习制度的变迁。从技术准备项目到学习项目的发展，可以分析出项目学习制变迁的 3 个特点：逐渐形成项目的合作开发模式；推动学术教育与职业教育结合、中学教育和中学后教育结合、学校学习和工作学习结合；通过认证来提高社会认可度。四是责任评估制度的变迁。从联邦政府、州和地方的地位、职责以及评估机构、指标上的变化，可以分析出责任评估制度变迁的 3 个特点：州和地方责任主体地位逐渐上升；评估指标不断扩展；越来越重视评估的客观性和公正性。

4.《从学校到工作机会法》

1994 年 5 月，美国时任总统克林顿签署了《从学校到工作机会法》。该法案提出，在高中阶段实施学校职业教育加企业培训计划，要求学校在提供普通学术教育的同时，还应教会学生进入工作岗位后所需的具体的职业操作技能；完成职业教育培训的学生不仅会获得高中毕业文凭，同时还能获得行业认可的职业技能证书。该法案强调，在培训计划中，企业负责提供合作教育学习课程，向学生提供实践岗位以及实践工作指导。该法案还规定，所有州都要建立一个全州范围的从学校至工作的教育体系，其中包括 3 项核心组成部分，即工作学习（注重实际的工作经历，有获得报酬的工作训练）、学校学习（强调学术性和实践性的结合）及联系活动（建立合作关系）。该法案将美国企业与学校之间的合作以法律的形式固定了下来。

首先，该法案规定，为所有在校学生提供参与实践项目教育训练的机会，使直观的工作场所教育成为学生学校教育经历的有机组成部分，同时，为基于工作情景学习的学生配备现场指导教师并制订相应的促进其发展的项目规划，以利于学生更好地将学校的知识和工作现场的经验连接在一起。最终通过以上两种方式的努力，帮助学生达到较高的学术水平和职业标准，使学生在更广泛的生涯选择机会的基础上，选择适合于自己兴趣、目标、能力和学力的职业，并最终顺利进入高技术和高工资的职业生涯或者进入 4 年制学院和大学继续深造。其次，该法案的实施，将建立更广泛和普遍的学习与工作之间的联系，以便中学、中学后教育机构、私立工商业、公共事业组织、劳工组织、政府、以社区为依托的机构、父母、学生、各州与地方的教育机构、培训组织和人力资源服务机构之间建立更为密切的合作关系，致力于实现共同目标。最后，该法案的实施将创建并进一步推动有广泛就业前景的学校与企业之间开展相互联合的教育培训活动，比如技术准备教育、学校与学徒合作项目、合作制教育、青年徒工项目、校办企业、工商业教育联合体等。这些活动将基于学校的学习与基于工作场所的学习联系起来，使青年人包括学业成绩不佳者、辍学者、残疾学生都能够留在学校或返回学校继续接受教育。

5.《2000 年目标：美国教育法》

1994 年，美国颁布了《2000 年目标：美国教育法》，确定了全国统一的职业标准，用以评估各州的职业教育水平，加强国家对职业教育的管理。同年，美国设立了国家职业技能标准委员会，其工作是促进产业界推出全行业的技能标准体系，负责确认 7 类职业的技能标准以供学校和企业采用。

6.《劳动力投资法》

1998 年 8 月 7 日，美国时任总统克林顿签署了《劳动力投资法》。法案鼓励更多机构和人员参与到法案的监督管理中，特别是工商业、私立团体的合作与参与。比如，法案授权在州和地方层次建立州、地方和青年理事会 3 个劳动力投资规划和监督机构。其中，各州劳动力投资机构中应包括来自不同机构的人员，而人员中必须包括政府官员、各州参众议员、工商业和劳工组织、青年团体、专门从事劳动力投资活动的团体、被推选出来的公务员、残疾人代表（或者专业从事残疾人服务的机构或团体代表）；地方劳动力投资机构的人员构成基本与州相同，但是法案规定，地方机构的大部分成员必须来自工商业团体；对于地方青年理事会，法案要求该理事会成员由地方劳动力投资机构中具备青年知识的专家、青年服务机构代表、地方公共住房机构专家、符合条件的青年人父母、工作团队成员、在青年活动中有经验的机构代表组成。通过创设以上监督管理结构，不仅扩大了社会的参与面，特别是工商业、私立部门等机构代表占据很大的比重，而且体现了劳动力投资项目在本质上更加符合当地劳动力市场的需求，促进了劳动力在私立工商业部门就业的倾向。

（三）美国的职业教育法律监督

从立法系统内部来看，美国三权分立的政治体制以及规模庞大的院外集团，奠定了国家机关、团体等依照法定权限和程序对职业教育进行监督的基础；从立法系统外部来看，当美国联邦政府全面干预国家职业技术教育发展，依照法案的要求成立职业教育评估机构、团体等也可以发挥对职业技术教育立法的监督作用。

美国联邦职业教育法律监督机制体现了如下的特点。

①在立法程序上确保不同利益集团的相互监督。

②在立法时限上确保联邦职业技术教育立法的常新机制。

③利用专门的职业技术教育评估机制对立法实施监督。

（四）美国职业教育校企合作法律制度的可借鉴之处

美国职业教育立法注重适应社会发展并不断进行改革。美国职业教育法案以社会需求立法，因此需要经常进行修订，前一次法案是后一次法案的前提和基础，后一次法案是对前一次法案的补充和修正。同时，美国职业教育有关校企合作法律制度的内容十分丰富，涉及职业教育参与各方的权利义务。这些都值得我国在发展职业教育时加以借鉴。

1. 以社会需求立法

美国的实用主义情结体现在很多领域，包括体现在美国的职业教育中。比如，美国的某些职业教育法案是根据工人、农民、制造商的生产、生活实际制定的。同样，美国的所有职业教育立法都体现了其典型的实用主义思想，即立法是为了解决现实问题，是为满足不同的社会需求，通过发展职业教育可以解决社会矛盾，促进经济发展。第二次世界大战后，为了解决退伍军人就业，以及促进社会经济快速发展，美国每隔几年就有一部职业教育法案出台，如为了适应教育的终身化与大众化，制定了《职业训练合作法》和《生计教育法》，《卡尔·D. 帕金斯职业技术教育法》也是为解决社会上存在的矛盾而进行的立法。

2. 强调经费支持

前文提及，德国从法律上确定了企业参与职业教育的地位，而在美国职业教育中，企业依然不是参与主体，其参与主体为联邦政府、各州、职业教育学校、社区学院及综合高中，学校根据市场需求自主办学。相比德国，美国参与职业教育的力量虽不同，作用的发挥也各有千秋，但主要还是通过法律进行宏观调控，以经费为杠杆调控各方力量的参与，特别是企业的参与，从而为职业教育的发展提供强有力的保障。美国 1963 年《职业教育法》以及 1968 年、1972 年修正案，1990 年《卡尔·D. 帕金斯职业与应用技术教育法》都大幅度增加了对职业教育的拨款。1990 年法案规定，联邦政府每年向各州提供 16 亿美元的职业教育专项经费。

3. 及时修正完善

美国经常对已有的法规进行修订，以适应社会需求的变化。1963年通过的《职业教育法》，在1968年、1972年、1976年先后进行过修订，并于1984年被《卡尔·D. 帕金斯职业技术教育法》替代。1990年美国颁布《卡尔·D. 帕金斯职业与应用技术教育法》，到1998年又出台了新修订的《卡尔·D. 帕金斯职业与技术教育法》，最终版本的法案《卡尔·D. 帕金斯生涯与技术教育法》于2006年出台。

4. 内容具体明确

美国职业教育立法条款具有浓厚的实用主义色彩，每一部法律的出台都是为了解决当下面临的社会矛盾，满足社会发展的需求，因此，每一部法律对需要解决的问题都有着详尽的条款解释，且内容都非常明确、具体。在美国的职业教育立法中，对各种职业都制定了不同的法规，且内容十分详尽，使职业教育的实施具有很强的可操作性。

通过梳理美国职业教育校企合作法律制度可以看出，美国在职业教育中更关注企业的参与，企业与学校之间的合作教育在相关法律中都有相关规定。美国职业教育中校企合作的教育模式是将学校理论课程与企业实践实习结合在一起，学校通过与企业合作可以更好地从实际出发调整专业体系，改变课程设置，完善教学内容，可以更契合经济发展的需要，从而使得培养的人才更能满足社会的需要。

然而，美国和校企合作模式也存在一些问题：①企业参与的积极性没有德国"双元制"模式中的企业高。这种模式没有以法律形式确定企业参与职业教育的主体地位，企业过多考虑自身利益且劳动者流动性较高，就可能导致缺乏与学校深度合作的兴趣。这就需要通过立法更多地规定企业在参与校企合作中能享受到的优惠政策，以吸引企业的参与。②职业教育师资力量相对薄弱。这种模式中的学生通常一半以上的时间都待在学校，而在设备的换代及技术的更新方面，学校的教师与企业的技术人员在实践经验方面通常有一定的差距，因此学生可能缺乏有经验的实训教师的指导以及最新资讯的获取。

三、日本的职业教育校企合作制度

日本的经济发展离不开企业职业培训。企业内的职业教育是推动日本经济发展、产业振兴的强大动力。日本的职业教育校企合作更多的是强调企业内部的培训，当然这是以日本企业用工的低流动性为基础的。

（一）企业内培训模式

日本职业教育的最大特点在于其发达的企业内职业教育。日本企业内培训模式是在企业与雇佣员工签订的工作合同的框架内实施，没有全国统一的职业教育标准。企业内培训模式，是基于日本长期以来实行的以终身雇佣制为主的职业模式形成的，职业能力是在工作中逐步形成的。企业内培训是为企业培训所需要的技能人才，为企业补充后备力量。企业内培训直接对接企业的某个岗位，其教学内容有着高度的针对性，因此由企业承担职业教育的经费。

日本企业实行的是家族式的长期雇佣制度，要求员工全身心地融入公司。日本就业体系的基石是长期雇佣、元老原则、对公司的绝对忠诚和维护工作小组中的和谐。日本企业的雇员一般可划分在两个圈子中，内圈是企业的核心员工，他们拥有各类特权，工资水平高，升迁机会大，而外圈则是部分时间制雇员、外借工、临时工等。大企业的核心雇员通常不是在自由劳动力市场上招募的，而是通过企业与学校保持联系，从学校（主要是高中或大学）招募并在企业里进一步培训而得到的。因此在通常情况下，超越企业的、以职业领域划分的职业劳动和培训标准会被单个企业劳动组织结构和培训标准所取代。

（二）相关法律制度剖析

第二次世界大战结束后，日本职业教育法律将"拿来主义"与"借鉴创新"成功结合起来，出台了一系列有利于日本工业发展的职业教育法律——将基本法与相关法相结合，建立起较完善的职业教育法律体系。日本职业教育的成功以及借鉴创新的模式对同是亚洲国家的中国具有较强的借鉴意义。

1947年，日本颁布《教育基本法》。该法第7条提出，将职业训练作为教育内容，国家应鼓励和广泛提倡在工作场所以及社会的其他机构所进行的教育。

1947年，日本颁布《劳动基准法》，对职业岗位的基本标准和职业训练的目的等做出规定，并明确提出，用人单位必须根据自身发展的需要对从业人员进行长期培训，其中涉及的培训资格与方法、合同期限与劳动时间等都必须遵守相关规章制度。

1947年，日本颁布《职业安定法》，规定为了使就业人员具备从事相关职业的技能，需对就业人员进行职业教育和技能培训，使其获得职业所需的知识，以满足职业岗位就业的要求。该法还规定，除政府举办的职业培训机构以外，其他组织通过审核也可以创办以营利为目的职业培训机构，虽放宽了对职业培训机构的限制，但对职业培训机构的资格做了限定。

在《劳动基准法》和《职业安定法》的基础上，1958 年日本颁布了职业教育的基本法——《职业训练法》，规定了应对进入职业岗位的就业人员进行相关技能的培训，提高就业人员的操作技能水平，以满足社会岗位需求；规定了政府和企业对培训的责任，并强调只有按法律规定的要求进行培训，才能够得到国家的认可并享受资助；对于职业训练的类型、职业训练认定、技能鉴定及具体实施办法也都做了详细的规定；同时还规定了培训企业的资格、企业培训的劳动时间和劳动强度等。《职业训练法》标志着日本企业职业培训制度的形成。该法是以企业的终身雇佣制度为前提的，最终目的是促进职业的安定和提高工人的地位，促进经济乃至社会的发展，并从法律上确定了国家公共职业训练机构的地位，即职业训练大学、职业训练学校、职业训练短期大学、技能开发中心和残疾人职业训练学校。

以《职业训练法》为依据，日本制定了一系列有关职业教育校企合作的法规，主要有 1962 年的《关于指定技能教育设施等规则》、1963 年的《失业紧急对策法》和 1966 年的《雇佣对策法》等。

1969 年，日本颁布了新《职业训练法》，明确了职业培训与职业学校建立校企合作关系的法律强制性，把企业内培训机构与社会职业训练所的培训标准统一起来，明确了公共职业培训和企业内职业培训的分工，对职业培训学员的资格、培训科目、培训时间及技能鉴定等都做出规定，规定企业培训必须与学校建立合作关系。新《职业训练法》有 3 个目标：一是为了培养操作和智力兼备的新型职业工人，要分阶段、系统地进行终身职业训练；二是改善技能鉴定的内容，整顿、扩大实施体制；三是为了提高技能工人的社会、经济地位，采取具有实效的各种措施。

1985 年日本颁布了《职业能力开发促进法》，取代了原有的《职业训练法》。《职业能力开发促进法》对原有基本法做了巨大改变，从法律名称到法律条款都与过去有较大的差别，主要强调企业内教育的重要性。同年，日本还颁布了《职业能力开发促进法实施细则》，将职业培训实施分成养成培训、进修培训及能力再开发培训 3 个阶段。它详细规定了职业资格的种类、各职业所应具备的职业能力、各职业对应的训练科目、培训教师资格条件等，主要目的在于突破传统狭义的职业培训的范围，强调职业教育培训应注重以下几个方面：一是促进人员职业能力的开发。职业能力开发是以职业生涯训练为主的人才培育，是为不同企业、不同岗位的工作人员培养必备的职业能力。二是强调企业内职业教育培训（针对大型企业）。因为，企业内培训能更好地在终身教育理念中发挥作用，使职业培训依据各职业岗位持续发展。三是提倡公共职业教育培训（针对中小型企业）。将公共职业教育培训与企业内教育培训结合起来，以满足职业教育培训的不同要求。四是对地方设立的职业教育培训设备的折旧费补助由原来的负担金形式改为交付金形式。

（三）日本的职业教育法律监督

日本职业教育立法须经日本国会（立法机关）通过。日本国会具有 8 项权限：制定及修订法律的权力、国家预算和决算权力、提议修改宪法的权力、监督内阁的权力、审议批准同国外缔结条约的权力、设置法官弹劾法院的权力、国政调查权、对国民提议的请愿的审查权。日本国会两院行使的立法权是平等的，所以两院议员都有针对职业教育发展的提案权，都可以提出自己的有关职业教育的议案。但是，如果涉及经费支出的议案，则要由众议院提出。由于职业教育立法的议案，往往需要经费来支持，所以其议案一般要先由众议院提出，通过审议表决批准后再移交参议院。

日本的职业教育立法体系中除有以"法"冠名的诸多法律外，还有许多与教育法律相配套的规章、命令，这些规章和命令是由内阁下属的行政机构或地方行政机关发布的，依其制定主体不同而有不同的称呼。

日本职业教育立法的程序与其他的法律立法相同，通常分为提案、审议、表决以及公布 4 个阶段。

（四）日本职业教育校企合作法律制度的可借鉴之处

日本的历史就是借鉴和学习外国经验的历史。近代日本通过学习和借鉴西方发达国家职业教育的经验教训，将自身的文化和组织结构提高到发达国家的水平，其学习和借鉴经历大致呈现出一个由"移植与模仿"到"消化与自立"再到"吸收与创新"的逐渐成熟的过程。我国可从中借鉴学习经验。

1. 强调企业职业培训的立法

日本强调用立法的形式保障职业技术培训的实施，以确保劳动者职业能力的提高。1947 年日本颁布《教育基本法》《劳动基准法》和《职业安定法》；1958 年颁布《职业训练法》，规定了政府和企业对培训的责任，标志着日本企业职业培训制度的形成；20 世纪 60 年代颁布《关于指定技能教育设施等规则》《失业紧急对策法》和《雇佣对策法》；1969 年颁布新《职业训练法》；1985 年颁布《职业能力开发促进法》及其实施细则。

日本职业教育培训重点是以学校教育的毕业生为对象，使其更好地将理论与实践结合起来，掌握职业岗位所要求的技能和知识。《职业训练法》规定，职业训练必须避免同《学校教育法》（依据日本宪法及《教育基本法》制定的）所规定的学校教育的内容重复，二者必须密切配合，因为普通学校的教育主要注重基础知识的掌握，而职业培训的重点在于教授基本的职业技能，两者相互联系又各有分工。

2. 善于借鉴与创新

第二次世界大战后，在美国的影响下，日本教育向西方现代教育模式发展。日本的近代教育制度是学习和借鉴的欧美的教育制度，主要移植了美国的教育制度。例如，美国为了适应形势的变化及社会的需求，经常对已有的法律法规进行适时的修订，而日本几乎所有的重要的职业教育法律都经历了多次的修订与调整，这体现了日本善于借鉴学习的态度。

日本职业教育立法是在借鉴与创新中并存发展的，日本职业教育法律制度历史不仅是一部借鉴发达国家的借鉴史，而且也是自身不断创新的一个过程。日本职业教育立法从借鉴移植中发展起来，在职业教育法律制度方面不断创新，逐步形成自身特色，也逐步成为其他各国效仿和学习的对象。

3. 内容具体

日本职业教育立法内容、法规法则是具体明确的。例如，日本颁布的《职业训练法》对职业培训企业所具备的资格、职业培训的具体形式、职业培训学生在企业实习的劳动时间和劳动强度等都做了具体的规定；又如，日本颁布的《职业能力开发促进法》及其实施细则，详细规定了职业资格的种类、各职业所应具备的职业能力、各职业对应的训练科目、培训教师资格要求等。

4. 关于企业内培训

从日本职业教育校企合作相关法律制度来看，日本一系列法律制度强调了企业内培训，将企业内培训作为日本职业教育的一种主要模式进行规范，使日本的职业教育在结合本国用工实际情况的基础上，形成了自身的特色，为职业教育发展寻找到一种新的模式。但这种模式也存在很大的弊端。企业内培训模式是以日本终身雇佣制为前提的，随着时代的发展变迁以及经济的进步，终身雇佣制逐步被打破，这种模式将面临发展的危机；另外，企业内培训基于具体的岗位需求进行教学，不利于个体自身的发展，当个体发生职业岗位变迁时，由于个体原来所受的狭窄的职业培训，个体将缺乏持续发展的能力。

第二节　我国校企合作的制度变迁

一、制度成本与管理体制改革

我国 1978 年以前的职业教育校企合作一直沿用半工半读模式。改革开放后，为适应当时的经济体制，国务院提出教育改革要突出教育结构与经济结构相适应，满足各行各业的用工需求并改善就业。当时的职业教育以中等职业教育为主，办学主要由各行业部门主管，呈现一种各自为政的状态。那时，受计划经济体制影响，职业院校成为行业或企业的一部分，但与 20 世纪 50 年代的学徒制、"招工即招生"等模式不同，国家职业教育政策变为"招工先招生"，行业部门继续垄断职业教育，招生双轨制、内部培养、分配处于行业或企业的控制之下。虽然当时我国形成了行业部门条块割据的封闭劳动力市场，但在城乡二元结构、严格的户籍制度以及国家对城市职工大量补贴的大背景下，中专教育成为当时身份转换、就业的主要途径之一，政策激励效果得到前所未有的放大。职业院校的雏形就在此时初步形成：一些中央部门直属的重点职业院校开设了中职班，经济发展较快的城市和大企业开办了高等专科学校和短期职业大学。

从 1978 年到 20 世纪 80 年代中后期，由于国家用工政策的变化，职业院校在形式上代替了企业原有的师徒制内训体系，成为技术工人的主要来源，但在校企合作方面上仍延续 20 世纪 50 年代的生产实习、校办工厂和半工半读等模式。生产实习为 20 世纪 80 年代主要的校企合作模式——学校作为行业内独立的技能人才培养单位，在行业部门的行政指令下，按照教学大纲、课程设计与指定的一个或多个企业进行合作，技能学习方面则沿袭了工厂师徒制。校办工厂是教育与生产劳动相结合的产物，主要功能是解决学校办学投入不足的问题，并采取师徒制进行技能传授。

值得注意的是，虽然职业院校取代了企业师徒制内训体系，但厂内技术熟练工人作为技能产权主体的属性没有改变。同时，职业院校仍然需要借助行政指令与企业建立合作关系，在实施层面上，还是需要通过实质化的师徒关系才能保证校企合作的效果。无论是企业内训制还是专门的职业技能教育制，"师徒制"始终是校企合作的核心。因此，这就需要一系列的产权制度安排来保障技能传授过程的完成。

　　传统观点认为，师徒制能够有效地克服人力资本投资的外部性，有利于企业技术积累和创新，使得企业愿意开展以师徒制为核心的校企合作。这种观点从微观上注意到了技能形成的外部性问题，但忽略了国家制度保障校企合作的有效性，即国家的产权秩序对激励校企合作的参与者所发挥的重要作用。现代产权经济学创始人阿曼·阿尔钦和著名经济学家哈罗德·德姆塞茨一致认为，任何组织的所有权经济性都体现在这种产权制度对应的剩余权激励作用上。具体到公有制经济，就是国家通过一次性的契约"买断"，独占了内部资产的所有权，从根本上消灭了剩余权。但由于技能的私有属性，迫使国家只能通过政治待遇（工人阶级、干部身份、行政级别）和经济待遇（等级工资、福利待遇）以及"终身制""铁饭碗"等方式激励内部成员提供技能服务。这种制度安排为校企合作的有效开展提供了可能。

　　在校企合作的管理层，行业割据的管理体制让职业院校的监管者通过党政等级制进行激励，办得好的学校，校企合作成果好，学校管理人员自然能够获得晋升、提拔等正激励；反之，则获得处分、降职等负激励。在校企合作的实施层，技术熟练工每多带一个徒弟，其在工厂内部的工资等级、评优评选等方面就较其他工人具有优先权。例如，湖北某造船厂的焊工因带徒弟成绩突出，连续两年获得行业劳动模范、个人先进代表等荣誉。而政治待遇和经济待遇又激励了职业院校学生参与到师徒制中。同时，主管部门赋了企业对学生的考核权，使得学生的技能质量得到保障。到1986年，由行业部门管理的职业院校成为这一时期我国职业教育的主体，数量达2 529所，占职业院校总数的70%，在郑州、武汉等地甚至出现了职业院校在校生比普通高中在校生多的局面。在这种行业割据的职业教育下，学徒入校（厂）后只专注于单一技能的学习和训练，虽有利于企业技能的提升，但不利于个体技能的全面发展。

　　当这种产权方式和激励形式所取得的效应达到一定规模时，制度安排带来的巨大的组织成本、冗员以及预算软约束则阻碍了国企的进一步发展。1986年，国务院发布《国营企业实行劳动合同制暂行规定》和《国营企业招用工人暂行规定》，要求自当年10月1日起，企业根据生产需求面向社会公开招聘和解聘工人，实行劳动合同制。也就是说，要从国家层面开始清理国企冗员，从此企业职工的"铁饭碗"保障被打破。随着全民所有制企业改革的进行，政企分开的制度对一些职业院校的隶属关系进行了调整，导致学校与企业之间的行政关系弱化，办学经费也无法得到保证。为此，同年国家教委、财政部出台了《关于中等专业学校经费问题几项原则规定的通知》，指出职业院校的经费渠道仍按现行规定执行，学校主管部门不要因经济体制改变或学校隶属关系的变化而影响或减少对学校的拨款。这实质上是强调行业主管部门依然对职业院校负有财政责任。尽管产权主体没有发生变化，但随着用工"终身制"的打破，技能载体——技术工人流动性增强，传授技能反而增加了师徒间的就业竞争。显然，当失去了制度激励后，通过师徒制传授技能的交易成本明显上升，职业院校的校企合作再次面临困境。例如，一些学校的学生到企业进行生产实习，甚至需要交纳一定的实习费用。

进入 20 世纪 90 年代后，我国社会主义市场经济体制确立，随着国企改制，各行业部门主管的职业院校面临生存危机。在 1991 年出台的《国务院关于大力发展职业技术教育的决定》中，提出了"产教结合"的理念，要求各类职业学校通过开展校办产业，办好实习基地，改善职业院校所面临的困境。职业院校也开始在政府的指导下，提倡联合办学，走产教结合的路子，更多地利用贷款发展校办产业，增强学校自我发展的能力，逐步做到以厂养校。这一时期校企合作的主要目的是以"企（厂）"养"校"，解决办学资金不足的问题。虽然职业教育发展普遍面临资金短缺的问题，所属行业部门大量国有企业面临改革和重组，失业率居高不下，有些地方的失业率高达 16.75%，然而与此对应的是一个开放式的劳动力市场的形成。尽管这个相对独立存在的劳动力市场增加了与产品市场的技能交易费用，但这一费用仍然要小于非市场化环境下内部技能管理的费用。为进一步降低内部技能管理的费用，国家于 1998 年着手调整行业或企业主导的职业教育的管理体制，将职业院校的管理权归口到地方政府。

高职教育的大规模发展起步于 1994 年全国教育工作会议提出的"三改一补"之后：部分成人高校、职业大学、高等专科学校改革发展为高职，归口各级政府和教育主管部门管理；而作为补充的是在国家级重点中专办高职班，归口行业部门管理。这加深了职业教育管理体制的复杂性，使得职业院校在校企合作上更具多样性。当时的校企合作形式主要有 3 种：依托行业开展生产实习；建设生产实习基地（校办工厂），以厂养校；学校自主与企业建立合作关系，对口开展学生实习工作。

到了 1999 年，国务院授权高职教育发展权利和责任归属于省级人民政府。在 1991 至 1999 年间，《职业教育法》于 1996 年获得通过，法律文本中"校企合作"在内涵上发生了变化：注重为本地区经济建设服务，与企业密切联系，培养实用人才和熟练劳动者。值得注意的是，虽然 1996 年校企合作实质性内涵发生了变化，但距离职业院校与部门行业正式脱钩（1999 年）尚 3 年有余。

二、市场机制与支付体系形成

若将管理体制变革后的职业教育当作一个独立的生产部门来看，首先需要解决的是内部管理、市场、生产、监督的问题，任何一个环节的缺失，都有可能导致职业教育的低效率。职业教育管理体制变革，并不意味着建立了一个开放的职业教育体系，只不过是国家将职业教育的监管转移给"专业的经理"，并向其支付相应的监管费用。两者的区别在于转移前由行业部门提供担保，国家并不对职业院校负直接财务责任，而转移后是由各级政府或机构提供担保，各级政府或机构将直接为其提供财政支持。

这点在 2002 年 8 月国务院出台的《国务院关于大力推进职业教育改革与发展的决定》中进行了详细阐述。文件对职业教育的管理体制、市场机制、校企合作进行了详细阐述，要求职业教育实行"分级管理、地方为主、政府统筹、社会参与的管理体制"，形成了"政府主导、依靠企业、充分发挥行业作用、社会力量积极参与的多元办学格局"。这种产权主体的变更自然引起了激励机制的变化，主要体现在职业教育的担保人资本规模发生了变化，同时担保主体的变化也带来了职业教育规模的变化。企业边界理论认为，担保资本决定组织规模。当职业教育的担保人由行业部门变更为地方政府时，担保资本扩增，将导致职业教育规模进一步扩大，直到其规模边界等于资本边界为止。这体现为中职学校总数由 2000 年的 184 所猛增至 2005 年的 921 所。

为积极开展校企合作战略，在国务院领导下，我国建立了职业教育工作部级联席会议制度，不定期召开职业教育专题会议，推动指导全国职业教育发展。这种联席会议制度或许能够降低教育部门获取市场信息的成本，但不能真正解决技能形成领域的"生产问题"，即"专业经理们"面对的仍然是以下两大难题。一方面，面对来自市场的效率要求和财政负担，"专业经理们"不得不放松对职业教育的垄断，出让部分控制权，允许职业院校"充分依靠企业"来解决基础设施、人才培养能力等方面的不足，企业也可以根据实际需要独自举办或联合举办职业学校和培训机构；另一方面，行业职业院校的存在，极大弱化了教育主管部门的控制权和垄断收益。要解决该问题，教育主管部门应加大对行业职业教育的协调和业务指导，防止行业对职业教育控制权的独占。但监管者的变化会带来另一个问题：如果技能产权不能够被充分界定，将为职业院校的"校长们"带来超出行政激励外的经济剩余权，只不过这种经济激励是在技能产权界定不充分的前提下以寻租的方式攫取的。这一期间，一些职业院校披露了个别学校管理者为获取额外报酬，以实习的名义，将学生视为企业的廉价工人进行压榨，从而引发学生抗议。而这个问题在行业割据时期是不存在的，因为一体化战略将技能形成过程中的产权以内部化的形式纳入行业部门的监督范围，并在行政等级、经济待遇等方面进行激励。但这些激励方式在职业院校改制后变成了单一的行政激励（经济激励并不显著），即使是行政激励，在达到一定级别后也会失去效果。

虽然制度设计为技能形成市场留下了"校企合作"这块"自留地"，但其产权归属却牢牢掌握在职业院校的"校长们"手中。当行政激励不起作用时，管理者往往会利用自身对技能形成过程中的控制权（非制度化的剩余权）谋求经济剩余，以补充行政激励的不足。由此可以看出，技能形成过程的产权边界划分成为当时职业教育校企合作的当务之急。

针对这种情况，教育部于 2002 至 2004 年，连续 3 年分别在永州、武汉和无锡召开了全国中职高专教育产学研结合经验交流会，对当时职业院校校企合作经验进行总结。按照当时会议材料和时任教育部主要领导的讲话内容，这 3 次会议主要从以下两个方面对校企合作的技能产权属性进行了细化和划分，以加强校企合作过程监控：①肯定了"工学结合""半工半读"对职业教育的历史贡献，顺势将"工学结合"与"半工半读"进行切割。"工学结合"作为人才培养模式予以保留，但"半工半读"则成为一种助学方式，并详细规定了"半工半读"的教学管理标准和考核方式，防止因产权模糊而出现的寻租空间。②明确了校企合作的主体与内容，首次在官方文本中出现了"校企合作"这一名称，阐明了面向市场培养技能人才的合作主体是学校与企业，而非"学校与劳动力市场"，而"工学结合"既为合作方式也为合作内容。这实际上划分了校企合作的实施主体与责任主体，细化了合作内容，加强了校企合作的过程监控。

根据以上措施，当时的校企合作主要采用以下两种方式。

一是通过校企合作吸纳社会资本，如采用 BOT（Build-Operate-Transfer，建设—经营—转让）、企业捐赠硬件设施等改善办学环境。在职业院校扩招背景下，国家及各级政府享有的垄断收益随着职业教育规模逐步扩大而增加。行业或企业可以依靠自身资源参与职业教育办学，如开展人力资源预测、建立理事会以及参与教材与课程改革等工作。事实上，职业教育面临因扩招而带来的办学机构与办学资源之间的矛盾，职业院校被划归各级地方政府，让地方政府垄断了职业教育的制度收益，但沉重的财政负担迫使职业教育的主办方出让自己对职业教育的部分控制权，以换取职业教育的发展。为解决这一矛盾，政府和教育主管部门引入产品市场要素资源来降低制度成本，从而换取职业教育发展效率，以满足劳动力市场对技术工人的需求。尽管有些办学资源丰富的学校开始探索校企合作这一模式以促进人才培养，但从大范围看，当时的职业教育整体上面临的难题依然是办学资源短缺。因此，各职业院校开始通过融资、土地置换、兼职教师以及 BOT 的方式改善基础设施，这些校企合作的方式在一定程度上改善了职业院校的办学条件。

二是多形式开展校企合作提升人才培养质量。其具体做法是推动具有行业办学基础的职业院校依托行业、企业建立理事会、职教集团，地方政府主管的职业院校通过与企业共建校内实训基地、实施订单式培养和创建校外基地等方式来推进校企合作和实践教学。不难看出，校企合作制度已成为劳动力市场与产品市场沟通的桥梁，能够有效缓解劳动力市场的信息不对称。

通过分析当时绝大部分校企合作案例可以发现，所有的校企合作都是基于市场对教育规模和未来人力资本升值的潜在收益预期而进行的。但实际上学校和企业面对的是一个充满制度风险和缺乏稳定回报预期的政策环境，单方面合作无法获得与产权（控制权）交易对应的剩余激励。只有地方政府作为第三方担保时，有效地校企合作才有可能开展，也就是说，校企合作是在主办方（地方政府）构建的一个制度保护空间内实施的。但是从合作内容上看，实际操作层面的合作内容与正式制度上的校企合作存在较大的区别。校企合作带活职业教育的原因来自外部资本进入，而非自身资本的积累与规模扩张，校企合作已成为一种商业组织结构与市场结构混合的产物。尽管如此，地方政府仍是担保体系中关键的一环，可以使合作企业在摇摆的政策环境中依然能够获得稳定的收益，收益来源主要是地方政府出让的部分办学控制权。

从这一时期的发展来看，尽管校企合作模式呈现多样化特征，但其发力点还是通过校企合作改善办学条件。校企合作的控制权经历了"一放就乱"的短暂局面后，国家全面加强对校企合作的控制权，即政府及主办方享有绝对产权。但是，现实封闭的职业教育体系使得人才培养质量与市场需求之间还有很大的差距，于是"技工荒"开始出现。对政府而言，这种政策调整从制度上明确了校企合作的市场机制，并确立了以学校为单元的校企合作机制。但教学环节的"校企两张皮""课程压缩饼干"等问题也开始出现，更深层次的问题是校企合作只解决了技能人力资本生产端——职业院校的投入问题，而未解决消费端——企业技能人力资本的交易成本降低问题。由此带来的矛盾演变为技能危机并最终影响到地区经济增长时，地方政府迫于市场的压力开放了人才培养过程。因此，"服务地方经济社会发展，以就业为导向，校企合作，工学结合"成为职业院校人才培养模式改革的核心内容。到 2005 年时，《国务院关于大力发展职业教育的决定》中首次以正式文本确立了"校企合作，工学结合"的职业教育改革方向。之前的校企合作更多关注的是改善办学条件，而此时的校企合作更加关注人才培养的细分过程，将人才培养质量和职业教育的整体效率提升作为校企合作的主要目标。

三、技能增值与校企合作组织

从技能体系形成的外部环境来看，在劳动力市场的剧烈变化下，我国于 2005 年颁布和实施了《国务院关于大力发展职业教育的决定》。这一时期，发展职业教育的主要有以下原因：一方面，随着制造业规模扩大，珠三角、长三角等制造业发达地区的"技工荒"问题进一步蔓延，企业纷纷高薪聘请技术熟练的工人，技能增值明显，企业吸引力增强；另一方面，国家同期启动了社会主义新农村建设，内容包括新农村居民素质提升和农村劳动力向城市转移，赋予了职业教育新的功能。因此，无论是从市场规模还是从产品价值来看，职业教育都面临一个有无限潜力的市场。

在宏观层面，教育部、财政部联合启动了中央财政支持的实训基地建设（2004年）、国家级示范校建设（2007 年）项目，通过专项资金引导职业院校为区域经济社会发展服务。这些竞争性专项对专业建设、校企合作和对口帮扶中西部地区提出了特别的要求，体现了国家对职业教育的重视，具有很强的导向性。与此同时，各地开始建立县级职教中心（农村职业高中），主要面向本县农村居民进行技能教育，该政策主要有两个目的：一是向城市提供优质、高素质劳动力；二是提升农村劳动力技能水平，促进农村经济发展。

之后，我国成立了全国行业职业教育教学指导委员会（2009 年），通过与国家发改委、工信部、人社部、农业部等建立联动机制，实现劳动力市场信息的跨部门、跨行业交流，降低职业教育获取技能的信息成本，指导职业院校的专业、课程、教材建设［注：以上工作内容被写进了《高等职业教育发展规划（2011—2015 年）》］，同时要求各职业院校从体制机制改革入手，建立校企合作长效机制。同期启动的第二批国家中职示范院校的建设，要求各建设院校把校企合作体制机制改革作为重点建设内容之一。

2010 年后，校企合作进一步演变为"校企合作，产教融合"，从职业教育与产品市场两个层面突出学校与企业的全方位融合。在此基础上，宁波、厦门等地方政府相继制定了《校企合作促进条例》。实践证明，从 2004 年至 2010 年，中央财政就累计投入约 40 亿元立项建设 2356 个国家级实训基地。

值得注意的是，这一时期无论是国家层面，还是分管职业教育的领导层面，均要求制定符合产业发展规律和教育发展规律的职业院校建设标准、国家专业人才培养标准、实训基地标准、信息化标准等，以促进职业教育关键要素标准化。从这些措施可以看出，在一个技能不断增值的市场中，国家层面希望构建一个以职业院校为主的面向市场的校企合作机制，以便获取更多的技能垄断收益。在政策上，各级政府都采取加大职业教育投入（专项资金）、扩大职业教育规模（面向农村市场，各地建立县域职教中心）的方式以带来"产量"的提升。但是当市场通过已有的机制将人才培养质量的信息反馈到职业教育领域时，这种收益又是有限且不具备持续性。很多企业反映职业院校培养出来的学生动手操作能力不强，所学专业技能不符合市场需求。例如，2008 年，广东某企业退回了与学校协议接收的 37 名学生；2010 年，浙江有几家企业联合起来要求当地政府责成学校按照企业要求培养人才。

众所周知，教育产品的生产与监控是增加内部管理成本的主要来源。在治理结构不变的情况下，唯有改变人力资本培养过程中资产的专有属性，通过"标准化生产"增强培养过程的通用性，才能在维护国家技能垄断收益不变的情况下，节约产品市场与人才培养机构的交易成本。为此，教育部实行了"模块化课程""标准化课程""标准化教材"以及"标准化实训基地"等工程。这些标准化工程，一方面在国家层面形成了统一的检测、监控方案，以有效降低内部监控成本，增加职业教育的垄断收益；另一方面，对所开发标准的审批与施行本身也是一个集权和扩大垄断收益的过程。

在减少技能交易费用与提高市场效率这一共同的利益下，政府为校企合作提供制度保护和信用担保。学校与企业围绕人才培养和技能形成进行合作，通过"标准化生产"等方式降低人才培养的专有性，完成个人技能增值。因此我国形成一个由地方政府（主办方）、学校、企业及个人构成的职业教育校企合作组织。

在微观层面，这一组织结构深刻影响着各职业院校的内部治理结构和办学行为。基于校企双方的共同利益点，职业院校成立了专门的校企合作部门来协调校企合作事宜。这种协调让市场与教学达到了内部的政治平衡：校企合作部门代表了市场一方，企业通过学校内部的校企合作部门将利益需求反馈到学校；而学校的教务处则维护学院、学生的教学利益；当生产与教学发生矛盾时，校企合作部门与教务处的相互掣肘保证了内部平衡，从而实现人才培养与市场需求的统一。与此同时，面对来自市场的压力，国家对职业院校内部的人才培养模式提出了更多的要求："以服务为宗旨，以就业为导向，走产学结合发展道路，提高高等教育质量，并适当控制高等职业院校招生增长幅度，稳定招生规模。"各职业院校以校企合作为办学模式，以工学结合为人才培养模式，以就业为人才培养的目标，开始进行各自的探索。与此同时，各种办学模式也丰富起来：前厂（店）后校、校企合一、各种类型的职教集团、实训基地、生产性实训校区都在这一时期开始建立，部分学校还与企业共同成立了二级学院。

从表面上看，这样的校企合作模式似乎一劳永逸地解决了技能人才培养的市场通道问题，但教学活动毕竟与生产活动不一样，在协调过程中难免产生冲突。因而，大多数学校和企业形成的是一种松散的合作关系，合作时间取决于企业接纳实训学生的收益与预期。若企业从校企合作中得到的收益低于预期，企业会更早地结束合作关系，特别是当企业面临繁重生产任务时，更不愿意将更多的生产资源用于实践教学。因此，一旦企业的生产活动受到教学活动干扰并影响到收益时，企业便可能退出。

这种治理结构的变化为微观产权带来了一系列的改变，即重点改革以学校和课堂为中心的传统人才培养模式，将教学控制权移向企业，这会对教学各主体要素产生了以下影响。

首先，治理结构的改变将会导致学习时间的分割。技能形成的控制权由学校向学生个体和市场主体转移，中等职业院校在校学生最后一年要到用人单位顶岗实习，高等职业院校学生实习实训时间则不少于半年。职业教育工学结合一体化人才培养模式按组织主体分，有"政府、行业（企业）、学校"三方联动模式，"课堂、车间、社会"三位一体模式，"基地、招生、教学、科研、就业"五位一体模式，学校企业紧密合作订单培养模式，以及校企合一、一系一厂、集团化办学模式等多种形式；按组织方式分，有课堂实训一体化模式、工学交替模式、学期（年）交叉模式、半工半学模式和顶岗实习模式等具体形式；此外，还有集中与分散相结合模式、定期实训与不定期实训相结合模式、课内实训与课外实训相结合模式等多种途径。通过工学结合，不仅使学生真切体验工作实践，丰富工作经历，增强工作能力，培养学习兴趣，而且也使职业院校进一步了解社会、企业和行业的发展需要，增强了学校与社会、行业、企业的联系，响应了企业对高技能人才的呼唤，提高了学校对社会的适应能力和知名度。随着校企合作的深化，对于实习时长的规定，各学校按照实际教学情况进行了合理安排。

其次，转移控制权尽管降低了学校的控制收益，但在某种程度上降低了培养成本，这实质上就是成本转移。学生到企业进行顶岗实习，学校只需要付出一定的监管、考核成本。这就带来了另一个问题：企业为何愿意接受实习生，或者为何愿意和学校进行校企合作？按照当时职业教育的实际情况，这个问题分为2种情况：①学校与校外实训基地（校外企业）的合作。学校可以为校外实训基地提供廉价的劳动力和专用型人力资本（含技能、教师与企业科技合作），降低了企业劳动力的交易费用。但节约的费用并不会给企业带来盈利，因为不成熟的技能劳动力对生产原材料的浪费、企业管理成本增加、教育成本增加等都需要靠这种节约的成本进行弥补。②学校与校内实训基地（校内入驻企业）的合作。学校为入驻企业提供了一定的优惠条件，如水电费减免、基础设施建设以及协助企业申报政府奖补资金，以此换取入驻企业的相关岗位供学生进行顶岗实习。

最后，从人才培养机制上看，校企合作让职业教育的人才培养效率提高，降低了技能形成的信息成本和培养成本。如果衡量标准换成劳动力市场中技能价格机制对校企合作组织发生的配置作用时，则技能形成过程中对控制权的竞争将会大大增加。由于价格机制和市场不确定性，企业期望主导技能形成控制权，以进行专用型技能培养，进一步降低技能使用成本或直接获得盈利；学校在受到计划指令和预算软约束的同时，期望通过主导该过程控制权以按照市场需求改善教学资源、培养通用型技能和实现人的可持续、全面发展。另外，在校企合作内部构造上，若将校企双方在技能人才培养过程中的"计量与监督"抽离，也不会产生冲突。学校教学过程中的"计量与监督"主要通过考试、考核等方式改变学生技能形成过程中的不足与缺陷，而企业则按照成品率贡献值来甄别技术工人。但合作以后，技能形成的效率也会因为双方关于技能教育的度量与监督评价不一致，从而导致对学生技能形成的评价不足，降低合作效率。这种基于技能形成过程的产权博弈抬高了双方的合作成本，此时，合作成本也会发生转移：学校会将这一成本通过预算软约束向政府、学生（学费、学时）转移，最终导向人力资本价格；企业会将这一费用导向产品价格与人力成本，其结果必然是大大减少了校企之间基于产权收益进行等价交易的可能性。这种不对称的成本传导体系，反映了校企合作组织因依赖政府行政权力保护而无法约束双方产权交易费用的现象。从职业教育发展的经验来看，校企合作组织内部的竞争比合作来得更强烈、更现实。当产权博弈带来的租金耗散超出了最初成本预期，而双方对降低合作成本所采取的行为又具有导向性时，校企合作"一头热一头冷"也就在情理之中，这导致部分学校（学生）开始反思校企合作的必要性。因此，能否发动校企合作组织构造的深层次改革成为关系校企合作以及职业教育市场化发展的关键。

四、组织创新与校企合作制度创新

随着产业结构转型和企业技术升级，劳动力市场的"技工荒"进一步蔓延。在技能升值和其他外部因素的叠加下，企业劳动力成本愈发增大，而造成技能价格上涨的一个重要原因在于校企合作组织内部缺乏有效的治理结构来降低初始关系带来的交易费用上升的问题。

校企合作中的企业具有先天的退出权。除了"双轨制"带来的成本压力外，企业还会因市场环境、要素资源或经营问题行使退出权，这些都无形地为企业增加了谈判权。尤其是2008年金融危机后，地方债务规模膨胀，违约风险影响着地方政府对职业院校的投入。当职业院校从政府获得的预算软约束减少时，职业院校也同样会选择退出合作。因此，校企合作组织并不是一个内部紧密的组织，而是一个时刻面临解散的临时性组织，其解散的阈值在于双方对校企合作损益平衡点的判断。在校企合作发展的第三个阶段尽管出现了形形色色的校企合作组织，但这些组织基本上还局限于早期的校企合作组织形态，主要表现为"长不大""活不久"，即使稍有规模，也面临"分家""散伙"和"自立门户"的现象。可见，校企合作内部深层结构改革需要在产权制度和教学管理两个支点上进行，同时，也需要相关法律制度予以保障。

这一时期，组织创新的萌芽已开始出现。中西部的职业院校校企合作呈现多样性：部分院校开展PPP（政府和社会资本合作），学校的产权（法律上）主体也发生了变更；部分院校依托行业资源优势，在"订单制"的基础上进一步探索以企业为主体的人才培养模式。在东南沿海地区，由于产业密集度高，对技术工人的需求普遍比较旺盛，地方政府应鼓励各职业院校与行业、企业建立密切联系，通过集团化办学、生产性实训基地建设等校企合作模式，职业院校逐渐探索出"多形式参股"建设实训校区、"基于生产过程的教学模式改革"等方式，逐步改变学校的办学模式。

面对实践领域中校企合作模式的突破，国家基于"新常态"的考量，提出"加快发展现代职业教育，调动社会力量参与办学，探索混合所有制"的政策。同期，国务院对"构建现代职业教育体系建设，深化产教融合、校企合作"进行了进一步阐述，强调现代职业教育体系与区域经济社会发展密不可分，将产教融合、校企合作政策上升到校企协同育人，以此促进国家人才培养体系与产品市场的融合。这些政策的共同特点是在法律层面进一步确认了职业教育领域多种所有制形式的产权制度。而产权制度只是校企合作组织内部结构中的支点之一，它只是保证了企业在技能人才培养过程中产权的合法性。大规模降低组织内部交易费用还需要从教学管理体系改革入手，进行系统化的深层构造改革才能达到预期的效果。具体来说，应在早期职业院校实践的基础上，依托校企合作这一中介组织，进一步完善产教融合、协同育人机制，创新人才培养模式，强化行业对职业教育的指导，从教材开发、课程设计、专业建设、师资队伍、教学质量标准体系以及教学质量管理等方面进行全面改革。

从校企合作的初始组织到制度创新，职业教育校企合作制度变迁的核心是在一个不断增值的技能人力资源市场的背景下，通过节约技能形成的交易费用促进职业教育制度租金与效率的统一。职业院校校企合作制度的变迁和行为模式的选择并不仅仅是对一系列制度的集合、导入与实施，还需要社会对职业教育的认可与支持。因此，职业教育校企合作的成效应是正式制度与非正式制度协同演进的结果。

国家层面对职业教育的总体规划是，吸引企业在学校与当地劳动力市场之间构建合适的校企合作组织，通过降低技能形成的交易费用来换取职业教育效率的提升。但职业教育本身的产权创新并不足以支付技能市场增值的交易费用，因此需要政府、企业协同演进，以弥补资金不足的情况。

然而，在更广的范围内，校企合作的现实性远比制度条款复杂。部分地区的校企合作并没有取得预期的效果，地方政府投入不够，办学经费不足，校企合作依然是"一头热一头冷"。当职业院校热烈地"拥抱"企业时，得到的往往是企业"冷漠""迟疑"以及"多一事不如少一事"的消极态度，在这种背景下，校企双方始终无法形成有效的人才培养组织。此外，从调查来看，合作的紧密度与中国的经济阶梯具有密切的相关性。如产业发达的东南沿海和珠三角地区以及企业聚集的区域，校企合作开展得较为深入；在中西部产业相对不发达地区，校企合作的成效则更不理想，即使中西部职业院校与东南沿海地区的企业开展校企合作，其结果也不尽人意。

在一个区域市场内部，当技能需求为专用型时，小范围的市场交换就无法解决专属技能的问题，此时合作收益就不再是校企双方合作的制度障碍，地方政府提供的制度保护空间和足够的信用担保所构成的支付体系是有效开展校企合作的关键。当企业的技能需求为通用型或者对技能要求不高时，小范围的市场交易成本远小于校企合作，也就是说，小范围的校企合作失灵时，需要大范围和跨空间的校企合作模式才能解决技能形成问题。

在一个更大的市场半径下，地方政府提供的支付体系对开展跨区域校企合作就不再有效，此时更加依赖校企合作组织结构与市场结构的匹配程度。换句话说，跨区域校企合作的成败取决于国家支付体系与完备的法律、法规制度。国家层面的支付体系包含如何确立校企合作主体的权利体系和如何对待校企合作中产生的合作剩余。这两个问题相互依存，其核心在于按照不同阶段市场效率的要求，建立与各方主体控制权、剩余权和索取权相匹配的激励制度。对于远程的校企合作来说，完备的法律、法规的意义在于约束技能形成过程中各方主体对产权的攫取，减少租金耗散。例如，一些学校进行现代学徒制试点时，签署的三方协议对学徒的工资福利、工作时间、考核方式、考核标准等进行了明确的规定，有效地防止了产权攫取行为。

国家现代学徒制试点工作的出台，是市场、教育和社会相互协调的结果。通过其制定的相关协议发现，现代学徒制的合约隐含了企业、学校和家庭三者相互协调的关系。更为重要的是，现代学徒制指明了职业教育校企合作改革的一个方向，也就是把学生个体作为实习实训的基本单位，这在很大程度上节约了学校的监督费用，以降低规模经济换取劳动激励的增加。如果降低规模经济引起的效益损失，可以被劳动激励所增加的部分抵消并且还有剩余，那么把集体经济改革成家庭经营的模式就可以提高总生产率。

对于学校及其主办方来说，为防止技能形成过程中事实产权竞争引起的耗散，需要通过制度性安排来"保护"其剩余权。由于这种竞争超出了地方政府提供的制度边界，国家层面的制度安排就成为产权秩序重建及保护的有效措施。但校企合作发展到现在，其深层次的制度改革并不是仅仅通过产权改革就可以快速解决的，而是需要建立一个有效的执行和支付体系，才能形成一个更加有效的产权秩序。

可见，政府最初迫于压力而选择市场效率时，作为连通市场与学校沟通渠道的校企合作组织也在职业教育内部得到了全面而大规模的运用。在校企合作组织形成的初期，同时也是专用型技能形成的初期，"双轨制"带来的成本问题或许可以通过外部劳动力市场进行弥补。但随着整个国家阶梯式产业结构转型和企业技术进步，专用型技能交易费用的上升已无法通过劳动力市场进行弥补。当这种费用积累到一定的临界点时，校企合作组织结构变革就有了内部动力。此时企业往往通过扩张其最终生产边界，将校企合作组织纳入企业生产内部来降低技术人力资本的交易费用。本质上，市场的深层构造在于拥有独立的财产权和完备的契约，混合所有制和现代学徒制通过签订契约，根据校企合作组织内部财产权和完备的契约，最终实现产权结构的变革。

第三节 我国校企合作的特征

对上一节描述的近 40 年来中国职业教育校企合作的制度变迁，我们可以提取出以下特征。

一、职业教育治理：从制度成本降低到组织创新收益

著名经济学家道格拉斯·诺斯认为，经济组织对产权的有效安排是经济增长的关键，但这种产权秩序只是国家内部博弈结果中的一种，并不是相对要素价格变化的必要充分条件，国家在租金最大化与效率最优之间存在长久的冲突。诺斯悖论为我们理解职业教育体系的改革提供了一个逻辑起点，即，只有当国家租金最大化与有效节约交易费用（产权形式）之间达成一致，且国家为这种交易方式提供有效保护时，国家才能获得长久的发展。

从最初职业院校依附于各个行业和国有大型企业，到随着国企改制将职业院校划归地方政府主管，再到职业教育体系的形成，并最终通过校企合作这一制度组织形式完成了与市场的对接，我们可以清楚地看见一条交易费用不断降低的脉络。具体来说，首先，国家通过招生并轨、归口管理等方式将职业院校与国有企业剥离，这有利于降低国有企业运行成本和国家财政负担，而职业院校划归地方政府和教育部门管理，实质上是实现了优质资产的剥离与重组。其次，地方政府对职业教育管理的合法性是以职业院校的生存为最后边界的。当职业院校普遍面临办学资金不足时，校企合作在帮助职业教育体系渡过难关的同时，并不会增加政府财政负担（至少从当时来看）和削弱政府的控制力。再者，职业教育存在合法性是以服务区域经济社会为最后边界的。职业院校再次以校企合作作为一种人才培养模式提升市场效率时，进一步降低了技能交易成本，增加了政府的市场收益。最后，当整个国家的经济社会进入转型期后，国家层面采用了从产品市场引入要素资源来降低制度成本从而换取职业教育发展效率的方式，实现了职教体系与市场的对接，满足了经济社会发展对职业教育的需求，职业教育由此成为增加社会收益的方式之一。因此，政府对职业教育的治理是以校企合作为桥梁，以此达到降低劳动力市场技能交易成本和提升社会整体收益的目的。

二、技能产权特点：从私人所有到多重占有

技能人力资本的产权特征是否为私人所有，这直接关系到供给方式和供给主体的选择。经典人力资本理论认为，技能投资作为教育投资的一种，其资本存量不能以任何方式转赠他人。与经典人力资本理论不同，虽然新制度经济学也将技能人力资本赋予载体个人占有，属于载体个人的私有产权，但在其分析框架中，强调技能人力资本形成必须是在一个特定的制度环境下，由技能供给方、技能需求方以及一系列的产权束和租金组成，而且只有把技能连同其载体作为租金进行市场交易时，这种产权安排才具有激励作用，否则，"残缺"的人力资本产权制度安排将使整个技能体系变得低效甚至无效。但这并不意味着技能人力资本天然属于私人占有，因为技能人力资本的私人占有无法解释国家、市场等主体在技能形成中的投资作用。在此基础上，有研究者进一步提出，人力资本并非天然属于私人占有，而是在技能形成过程中，载体（个人）以投资主体的身份通过无偿转让和租金交易形式获得的。近40年的职业教育校企合作实践表明，我国职业教育的主体依然是公办学校，因此，在技能形成过程中，政府通过制度安排、财政支出、产权保护等方式，委托职业院校进行技能开发。但政府供给主体通常不主张或不直接主张技能产权的所有权，而是在技能形成后将所有权自动转让给个人。与政府不同的是，市场主体（如企业）在技能形成过程中和形成后期一般会以与接受投资者（技能个体）签订契约的方式来获得其部分使用权。个人作为技能形成的主要受益者，其行为具有完全的市场导向性，主要通过自愿供给技能形成的费用、时间和精力等，在个人技能形成的全过程中占有技能人力资本的产权。可以说，技能形成过程中的产权属于参与技能供给的不同主体。

产权理论认为，技能增值使得占有者在技能生成初期为了得到更加充分的潜在收益，会要求更加明晰的产权激励。校企合作之前，职业院校对技能形成初期的产权多为垄断占有，使得整个培养过程变得低效甚至无效。当企业参与到人才培养过程中时，由于同是技能供给的投资主体，也相当于参与了对技能供给产权的竞争，这样的竞争最终会带来产权租金的耗散。

三、供给主体行为：多元供给与多层影响

按照供给主体划分，技能供给主要通过3种方式实现：政府供给（由学校或教育机构行使相应职责）、市场供给（企事业单位或其他社会组织）和个人自愿供给组成。不同的供给主体分别从外部和内部影响着职业教育的技能供给效率（见表3-1）。

表 3-1　技能供给主体对技能形成体系治理的影响

技能供给主体		供给要素	影响方式
外部	政府	制度、经费	学校布局、资源、市场
	企业	技能（人）、设备、资金、场地	技能培养过程
	家庭	情感认知、学习者	规模、美誉度
内部 学校	管理层	多层委托—代理、组织管理架构	市场导向、运行效率
	教学层	师资、设备、教学组织空间	技能传递、创新
	知识层	培养模式、专业、课程、教材	技能产品
	在校生	时间、精力	获得技能、接受市场检验

　　外部方面，政府通过职业教育政策、学校布局和经费投入对技能供给产生影响，而企业则通过开放生产过程和投入生产资源对技能供给产生影响。我国政治经济结构中独特的财政体制和激励机制得以让地方政府与企业在职业教育治理上通过区域劳动力市场这一脉络高度关联起来，工业化水平和公司规模两个维度也分别影响着政府对职业教育的治理。一方面，工业在当地国民经济中比重越大，出于降低企业技能成本的考虑，政府的技能供给意愿越强烈；另一方面，公司规模赋予职业教育的治理结构以强烈的公司特征。如图 3-3 所示，公司规模越大，越容易形成一个以公司为主导的技能供给模式，公司可以通过自身话语权、资源投入来影响政府、学校的技能供给行为；公司规模越小，越有利于形成一个以政府为主导的职业教育治理结构，公司供给能力弱，对职业教育的影响程度也较弱。而家庭对职业教育的选择多出于理性考虑，多出于提高技能增值（工资增加）和社会地位的目的。

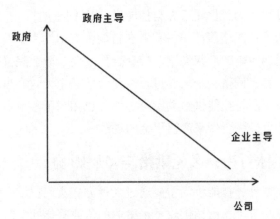

图 3-3　职业教育的外部治理曲线

　　内部方面，技能供给方由学校、在校生组成，分别根据自身属性影响职业教育的办学活动。职业院校居中心地位，对体系的影响按照功能可以划分为管理层、教学层和知识层。管理层是学校技能供给的基础层，从宏观上，通过多层委托—代理关系对人事安排、预算拨款、竞争性拨款、招生指标等方式进行干预，使办学行为充分反映委托者的意志；从微观上，学校内部管理层影响着学校技能供给的效率。教学层是学校技能供给的实施层，担负着技能转移、创新的职责，主要通过师资、设备和教学场地影响着技能供给的质量。知识层是学校技能供给的产品层，主要表现在培养模式、专业设置、课程安排、教材编写等技能知识产品的供给。在校生是技能供给的学习层，投入精力和时间习得技能和操作，其技能学习成果反映整个职业教育体系效率。在校企合作过程中，企业也进入职业教育体系内部，在各个层面影响职业教育。

四、校企合作组织：多元结构与复杂功能

从近 40 年的实践经验来看，虽然在不同时期每个地区甚至每个学校的校企合作形式不完全一样，如有的学校与企业共同组建职教集团或者生产性实训校区，有的学校与企业共同建设二级学院，但校企合作的目标与结构是具有一致性的。

技能形成初期，供给者为了获取更多的潜在收益，倾向于创造更多的产权激励。对学校而言，学校可以通过垄断的方式独享技能增值带来的潜在收益，但一个相对封闭的体系（半封闭），让学校无法独自完成技能增值的过程。通过校企合作要素共享，这一难题就能很好地解决。校企双方形成的以资本为纽带的耦合结构，不仅增大了与政府博弈的话语权，而且可以获得属地政府的制度保护。增值的技能、模糊的控制权、以及地方政府的制度保护，使得校企双方在一个受保护的制度空间内，围绕技能供给的潜在收益，在模糊的"公共区域"形成了一个基于合作的竞争关系。从目标上看，校企合作行为作为一种建立在劳动力市场和产权市场之间的衔接渠道和沟通机制，可以让市场的资本、技术、信息和人员通过这一机制进入职业教育体系，同时，也将职业教育技能进行了输出，如早期的学徒制、厂内培训制等。在结构上看，校企合作形成了一个由政府（主办方）、学校和企业构成的多元主体组织结构。首先，地方政府从校企合作外部空间的两个层面构建一套完善的支付体系：一方面是为校企合作提供制度空间，保护和监督双方在制度允许的范围内开展合作，如广东省中山市出台兼职教师津贴制度，如果辖区内的企业技术人员到职业院校兼职，可以给予政府津贴；另一方面，政府以制度承诺为双方合作提供信用担保，如 20 世纪 90 年代后期和 21 世纪初期，公办职业院校通过校企合作改善办学基础设施，若没有政府的制度承诺，企业是

不会参与学校基础设施建设的。其次，学校与企业构成了校企合作的内部主体：学校提供场地、师生、设备，企业提供学校缺乏的教学资源，双方的合作基础是将在规模化技能形成过程中所获得的潜在货币收益作为支付方式。从功能上看，不同时期的校企合作所承担的功能存在一定的差异。表 3-2 列出了不同阶段校企合作组织结构与功能。

表 3-2　不同阶段校企合作组织结构与功能

阶段		I	II	III	IV
目标		厂内技能培训	改善办学条件	提升人才培养质量	建立市场化人才培养机制
形式		—	办学基础设施	实训基地（校区）、职教集团	实训基地（校区）、职教集团、股份制学校、二级学院等
结构	政府	—	制度保障、信用担保		
	学校	—	提供场地、师生、设备		
	企业	—	提供资本、技术、设备、场地等		
功能		学徒制技术培训	改善办学条件	区域内人才培养与供给	全面对接市场、满足经济社会发展需求
学校与企业关系		学校是企业附属机构	商业合作	要素合作	资本层面：股份合作 业务方面：现代学徒制

第四节　我国校企合作的意义

校企合作是职业院校与企业在追求不同利益诉求的基础上，寻求利益交集、共同发展的一种组织形式，具体来说，校企合作就是职业院校与产业界在人才培养、科学研究和技术服务等领域开展的各种合作活动。它利用学校与企业的教育环境和资源，以培养学生的综合素质为目标，采取课堂教学与生产实践相结合的方式，培养适应生产、建设、管理、服务第一线所需要的高端技能人才。《国务院关于大力发展职业教育的决定》中明确提出：要依靠行业、企业发展职业教育，推动职业院校与企业的密切结合，大力推行工学结合、校企合作这一培养模式。《教育部关于全面提高高等职业教育教学质量的若干意见》中指出：要积极推行与生产劳动和社会实践相结合的学习模式，把工学结合作为高等职业教育人才培养模式改革的重要切入点。这些政策表明，校企合作是我国职业教育改革的重要方向，是我国职业教育发展的根本举措，同时也对企业发展起到至关重要的积极作用。

校企合作教育是一种"双赢"模式，其意义主要体现在以下 5 个方面。

一、推进职业院校的软硬件建设

我国对职业教育的投资主要依赖地方政府，经费欠缺是其发展的瓶颈。经费不足的不良影响是全方位的，最严重的将导致部分职业院校扩招后在校园建设、教学场地、实训设备和师资力量等方面存在严重缺陷，进而影响职业院校的教学质量和人才培养水平。校企合作可以有效地利用企事业单位的现有资源，优化整合校企双方的教育资源，有效地解决职业院校投入不足的难题，从而促进职业院校健康可持续发展。

二、推进职业院校人才培养模式改革

校企深度融合，行业、企业参与职业教育人才培养的全过程，共同与职业院校研究制定专业标准以及课程标准，深刻把握人才培养方案、人才培养目标、教学计划等，贴近行业产业的发展水平和职业岗位的需求，从而推进职业院校人才培养模式的改革，逐步实现职业教育人才培养的标准化和规范化，达到提升学生专业水平和就业质量的目的。

三、打造"双师型"高素质师资队伍

高素质的师资队伍是提高职业院校教学质量和人才培养水平的关键要素。通过校企合作，职业院校的教师可以定期以脱产或半脱产的形式到企事业单位进行跟岗实践锻炼，很好地弥补自身岗位能力和实操能力不足的缺陷。同时，企事业单位的专业技术人员和高级管理人员经过适当的岗位培训后也可以到职业院校进行兼职教学，从而解决实操教学师资不足的问题。因此，与企业深度融合能够为职业院校培养一支具有高素养和高技能的"双师型"师资队伍，从而优化师资结构，提高师资水平。

四、有效提升学生的综合素质

校企合作对学生的职业发展具有多方面的益处：①可以有效地提高学生的实际工作能力，提升学生的综合素质，帮助学生快速实现由学生向员工的角色转换；②通过岗位工作实践可以增强学生的自我判断力，提升学生的情商，从而帮助学生及早明确职业定位和岗位方向；③可为学生提供工作机会，增强学生对社会的认知和体验，帮助学生积累岗位工作经验，使学生更容易被用人单位录用，从而达到提高就业率的目的。

五、提高企业效益和社会声誉

校企合作不但可以促进企业率先在内部进行改革转型，承担起更大的社会责任，而且可以为企业提供人才支撑与技术支持，提高企业效益和社会声誉。一方面，职业院校对口专业教师可以为企事业单位提供员工培训、信息咨询、技术开发、产品设计、项目策划等服务，带动企事业单位积极改革创新，增强企业科技实力；另一方面，职业院校学生可以直接进入企业进行顶岗实习实训，从而为企事业单位提供季节性、调剂性的高素质劳动者，减少企业的用工成本，增强企业生产调剂的能力，从而达到增效增收的目的。

第五节　发达国家校企合作的特征及带来的启示

高等职业教育一直被视为发达国家经济腾飞的秘密武器，其高等职业教育的成功之处就在于走上了校企合作教育的办学之路。随着经济全球化及知识经济的到来，新一轮的校企合作表现出合作理念市场化、合作关系制度化、合作模式多样化的特征，政府职能的主导化、合作主体的多元化、校企合作目标的多层化是未来新的发展趋势。为适应新的发展趋势，这就在客观上要求我们必须建立起"三位一体"的合作协调机制、"双轨制"的人才教育机制、市场化的利益分配机制，以迎接校企合作事业发展中的新挑战。

一、发达国家校企合作的特征

（一）合作理念的市场化

随着市场经济在全球范围内的拓展，职业院校与企业合作的市场化特征清晰显现，首先表现在合作方式上的契约化。在发达国家，职业院校与企业之间基于市场契约在多层面上开展合作，包括职业院校学生教育的导师制、学生实习的工厂作业制，以及其他形式的合作培训、技能改造及技术成果的创新和成果转化等。

通过校企合作，企业为人才培养提供资源支持，提高了学生将理论联系实际的基本素质和工作技能，同时也使教师的"双师型"素质得以提升。此外，职业院校为企业提供人才、技术服务、职工培训等技术和人力支持，解决了行业、企业生产中的实际问题和人力资源素质提升问题。企业在为学校人才培养做出贡献的同时，实现了社会价值和企业效益的双丰收，实现了学校与企业的深度融合。这种职业院校人才培养与企业发展同步进行的"互惠双赢"的长效机制，有利于人才培养质量的提高。

（二）合作关系的制度化

在我国早期的校企合作过程中，职业院校对于企业的依赖性较为明显，这导致职业院校学生的职业教育缺乏稳定的保障，而企业也缺乏可信任、质量稳定的人力资源的输入来源。随着市场竞争压力越来越大，寻求稳定的校企合作资源成为开展校企合作新的态势，越来越多的企业把与相关职业院校建立稳定的制度化合作关系作为企业管理的重要内容。通过制度化的校企合作，职业院校能够进一步明确人才培养目标，而企业也能够及时获得其发展所需要的人力资源。

就发达国家实践而言，制度化的校企合作已经成为现代企业提高人力资源素质的基本途径。因此，日本的职业教育被称为"企业眼中的教育"，德国的职业教育被称为"企业手中的教育"。

（三）合作模式的多样化

职业院校与企业合作形式的多样化或本土化是目前世界职业教育的基本趋势。当前各国开展校企合作已摒弃了早期的简单模仿，而是紧紧围绕本国实际，结合职业教育的实际创建具有特色的合作模式。当前国际上校企合作模式中较为成熟的主要有 4 种，分别是美国的"合作教育"模式、德国的"双元制"模式、英国的"三明治"式教育模式、澳大利亚的"新学徒制"模式。

我国校企合作教育虽比西方校企合作教育起步晚，但是 20 世纪 90 年代以来得到了快速的发展，关于职业院校校企合作的理论研究也取得了丰硕的成果，形成了诸多具有中国特色的校企合作模式，如"订单型"模式、"互动型"模式、"冠名型"模式、"引资型"模式等。

二、发达国家校企合作带来的启示

（一）政府职能的主导化

在发达国家的早期职业教育中，校企合作最初起源于学校对于职业教育中对学生"理论与实践结合"能力的需要和企业获得"廉价劳动力"的双赢思维。在这一过程中，不少企业出于经济利益的需要，对学生的定位主要是"学徒工"，这导致学生无法习得实际的职业技能。这一境况也导致发达国家无法获得熟练的技术工人，影响了发达国家工业化发展的进程。这些问题引起了国家的重视，因此，政府开始由"旁观"转变为通过政策、法律手段进行"主导"。

在美国校企合作的过程中，美国政府通过其政策导向对校企合作发挥了积极的引导、协调作用。例如，1991 年 6 月，美国劳工部成立了获取必要技能部长委员会（SCANS）。该委员会强调学校必须通过教育让学生学会生存，为此发表了《职场要求学校做什么》的报告，要求学校、家长和企业要帮助学生获取职场上所必需的 3 项基础能力和 5 种基本能力。德国更是通过立法的形式规定了企业必须参与校企合作，其法律规定，企业和学校必须共同承担起职业人才培养的任务。英国通过颁布法律明确规定了企业与职业教育机构的合作关系，以及学生在企业实践中的内容、方法及监督评价体系等。

（二）合作主体的多元化

发达国家传统的校企合作更多地采用"双头"形式，职业院校与企业合作中的各自的职能相对独立。职业院校是合作过程的起点，承担人才技能培养职责，而企业并不参与职业院校的教学环节。另外，在传统的校企合作中，其应有之义在于企业为职业院校学生提供知识向技能的转化平台，但在实践中，由于在人才培养中缺失企业的参与，导致职业院校学生在企业中所用的设备、仪器等并非学校所学，即学生所学与企业所用是脱节的，因此合作效果并不理想。

基于"双头"合作形式的不足，21 世纪中后期以来，"双元制"的校企合作模式逐渐成为发达国家校企合作的主流趋势。虽然具体到各个发达国家其表现形式会存在一定的差异，但是企业参与职业院校人才培养全过程是其共同特点。企业和学校共同制订人才培养和教学计划；企业和学校联合进行专业的开发、课程的设置、设备的添加；企业和学校共同建立联合实习中心，学生在企业实际生产所用的设备上进行实训，从而学到企业真正需要的技能，并能在毕业后更快更好地融入企业的生产中。

具有"多元制"校企合作特征的国家有德国的"双元培训制"、日本的"产学合作制"、英国的"工读交替式培训制"和美国的"合作教育计划"。

（三）校企合作目标的多层化

在传统的校企合作中，培养目标简单、清晰，旨在为企业提供合格的职业人才。随着知识经济时代的到来，创新成为职业院校教育和企业发展的重要因素。同样，把创新融入校企合作中也成为校企合作的新方式、新目标。

在新的时代背景下，职业院校与企业合作拓展为两个基本层次：①人力资源培养的合作；②创新资源的合作。在这一合作体系中，职业院校不仅仅是企业技术人才的培养基地，同时也是新产品、新技术的培育孵化基地。

第四章　职业院校校企合作理论与实践探究

我国校企合作起步较早。从 20 世纪五六十年代开始，在相关教育和科技方针的指引下，职业院校积极开展教学和生产实践，迈出了校企合作的步伐，从组织形式和合作内容看，这一个由点到面、由低向高、由浅入深的发展过程。党的十一届三中全会（1978 年）后，随着改革开放，我国工作重点转移到经济建设上，职业院校与企业的合作进入了一个新的阶段，且创造了多种合作模式。由于职业院校和企业分别是社会系统中的科学教育子系统和产业子系统，因此各有自己的分工与优劣势。职业院校的优势在于拥有科学技术、信息资源、高层次的人才群体等，劣势是对现实市场需求不甚了解，偏重于研究，与经济建设联系不紧密，且易受限于教学资金不足，科技成果转化为生产力的能力不高等；企业的优势在于拥有实力雄厚的生产设施、众多的生产队伍和资金，劣势是缺乏适合本企业发展的技术成果与科技人才以及自主开发能力等。基于校企自身的优缺点及市场形势的变化，校企合作的模式也慢慢随之演变。本章分三节，分别介绍了职业院校校企合作的主要模式与内容、理论探索、实践思考。

第一节　职业院校校企合作的主要模式与内容

国内学术界对校企合作模式的研究很多，有学者把校企合作的模式总结为 10 种模式：一体化模式、高科技园模式、共用模式、中心模式、工程模式、无形学院模式、项目组模式、包揽模式、政府计划模式和战略联盟模式，也有文章提到了全面合作模式。还有学者将校企合作模式分为 7 类：大学的院、系、所向企业提供正式或非正式的顾问服务；企业提供资金作为职业院校研究的基金，企业拥有获取技术创新的权利，并对研究的课题进行有限的控制；职业院校接受委托进行实验室内的基础研究；交换研究人员；职业院校为企业培养所需的技术人才等。也有学者按照校企合作的界面不同，将我国的校企合作模式分为以外部市场交易为纽带的链接、以产权为纽带的链接、以政府计划为纽带的链接、以职业院校和企业之间自发产生的合作项目为纽带的链接，以及大学科学园区 5 种形式。除此之外，也有学者按照合作的紧密程度将校企合作模式划分为 3 类：内部化模式，即从产权角度将产学研合作创新活动纳入组织内部进行，如职业院校—企业共建企业；外部化模式，即职业院校—企业双方通过市场机制进行技术交易；半内部化模式，即存在一个松散式的组织，将合作双方联系在一起，如高科技园模式和技术联盟。

总之，目前我国校企合作的模式大致可进行如下划分：基于不同目标导向的模式分类、基于不同主体作用的模式分类、基于不同合作方式的模式分类。

一、基于不同目标导向的模式分类

研究者根据校企合作目标导向的不同，将校企合作模式分为如下 4 种。

（一）人才培养型合作模式

这一模式是企业根据自身的特点和市场的变化，同职业院校进行的"订单式"的人才培养。在人才培养方面，许多职业院校与企业已建立起了长期的合作关系。一方面，职业院校利用教学和科研条件，为企业定向培养技术人才和经营管理人才，这已成为企业解决人才匮乏和培养综合性人才的重要途径；另一方面，企业利用先进的生产设备和资金资源为职业院校提供实习基地和实验基地，这也成为职业院校人才培养的重要内容。采用这一模式，职业院校主要是为了提高学生的实践能力和创新能力，企业则是为了培养面向市场、面向生产和技术开发的应用型和创新型高素质人才。这种模式的特点是以合作教育为主要手段，通常采取定向委培招生、联合办学、共建基地、互相兼职等合作形式。

1. 校企合作人才培养的必要性

《高技能人才培养体系建设"十一五"规划纲要（2006—2010 年）》中指出，校企合作人才培养就是：紧密结合行业、企业对高技能人才的需求，建立学校和企业联合培养高技能人才的制度。2021 年，中共中央、国务院印发《关于推动现代职业教育高质量发展的意见》，提出到 2025 年基本建成现代职业教育体系。

（1）校企合作人才培养是我国当前就业形势的迫切需要

由于我国人口众多，就业成为一个亟待解决的重要问题，除此之外，劳动者整体素质不能适应就业需要的矛盾也长期存在。而且，随着经济的发展，职位要求越来越高，职位更新速度也越来越快，这对职业素质提出了更高要求。

我国要大力发展职业教育，这是建设人力资源强国的重要途径，也是更加充分实现社会就业的重要措施。

（2）校企合作人才培养是企业人力资源开发的迫切需要

加强高技能人才队伍建设是提高企业核心竞争力和国际竞争力的一项重要的基础性工作，因为高技能人才匮乏已经成为制约我国经济发展和产业竞争力提高的一个瓶颈。"中国制造"要走向世界，仅仅靠低成本劳动力是难以参与国际竞争的，更难以占领国际市场，因此，我国更需要高素质的劳动者，特别是大批高技能人才。

（3）校企合作人才培养是职业教育提高自身竞争力的迫切需要

完善以就业为导向的办学模式，工学结合、订单培养、产学研一体化等措施，都是职业教育在办学过程中，为促进就业、提高办学水平、提升培养质量所取得的成功经验，也是职业教育校企合作人才培养模式的重大突破。以就业为导向的办学模式，提出了将培养的学生与用人单位科学、有机地实行"产销"连接的要求，这也就是运用校企合作人才培养模式，充分发挥教育在人力资源开发中的能动作用，充分利用市场的力量使职业教育在促进人力资源开发中发挥更重要的作用。而职业教育也只有在促进人力资源开发的过程中认识自我、完善自我、发展自我，才能提高自己的核心竞争能力。

2. 校企合作人才培养的可行性

（1）职业教育的培养目标与企业人力资源开发的需求相吻合

职业教育以培养生产、服务一线应用型人才为目的，是培养高素质劳动者和专门人才的平台，与国民经济的各行各业迫切需要高技能人才和高素质劳动者的需求相吻合。

（2）职业教育是企业人力资源开发的重要途径和手段

职业教育是适应社会和经济发展的产物，与行业、企业、农村和社会用人部门密切相关。市场需求是职业教育最根本的切入点，与经济建设同呼吸、共命运，所以职业教育可保证更加直接有效地开发人力资源。

（3）国家出台的政策支持校企合作人才培养模式

2021 年，中共中央、国务院印发的《关于推动现代职业教育高质量发展的意见》中明确提出，要丰富职业学校办学形态、拓展校企合作形式内容、优化校企合作政策环境。

3.校企合作人才培养的具体实施途径

我国大力支持开展校企合作教育。职业院校可与企业开展合作办学，联合建设重点领域学科和专业，按照企业对人才的要求实行"订单式"培养；聘请行业主管部门和企业共同参与制定人才培养目标、进行课程设置、开展教学质量评估；加大人才培养模式和教学管理制度的改革，让工科在校学生到企业进行毕业实习和毕业设计，且时间不少于6个月；建立"双师型"教师队伍，积极邀请企业专家兼课，派教师到企业学习。

职业院校可通过与用人单位签订校企合作协议书，与用人单位就教学实习基地、冠名班、就业基地等事宜，经双方友好协商，达成合作意向。

校企合作协议书就是用人单位的"订单"，这张"订单"不仅是一张"用人"需求的预定单，还要包括从培养目标、课程计划到教学方法、评估方法等在内的订单培养计划。职业院校要在用人单位需求的前提下，充分发挥用人单位人力资源与物质资源在办学过程中的作用。

（1）教学层面的合作

企业可以参与学校招生和毕业生的就业。在学校招生阶段，可以选拔一个班作为"签约准员工"；企业可缺口岗位与校方达成培养协议，将每年所需专业人数通报校方，由校方负责招生、培养；企业选择优秀学生进企业顶岗实习一年；学校和企业共同签订高技能人才的就业协议；校企双方共同研究培养高技能人才的专业教学计划，使学校的专业教学计划能够与市场需求良好对接；把企业人力资源开发计划与学校的教学计划、课程标准对接，使企业人力资源开发和学校教学环节紧密结合，开展更具针对性的教学计划。

企业为校方提供实践基地，由企业指派人员对学生进行实训；加强学校教学与生产实际的结合，弥补学校教育与企业生产脱节的缺陷，培养和锻炼学生解决企业生产一线实际问题的能力；校企双方共同研究开发培养高技能人才的教材；将与企业生产密切相关的、直接从企业生产一线提炼出的生产性案例进行案例教学，或将学生直接放到企业，由企业工程技术人员或生产骨干，根据课题的内容和教学要求在生产现场实施教学。

学校根据企业需要对企业的在岗人员进行专业知识培训或取证培训。

（2）师资队伍培养的合作

校企共同选定培养高技能人才的师资；学校积极引导各专业教师深入企业生产一线顶岗进修，紧贴企业实际进行培训课题开发。同时聘请企业有丰富实践经验的技师、高级技师共同参与课题开发或直接从事教学活动。

（3）产学研合作

职业院校拓宽产学研一体化办学思路，在条件成熟时，积极承接企业加工难题，由教师带领冠名班学生进行技术攻关，成功后可将其开发成冠名班教学课题。

（4）文化层面的合作

职业院校应将企业文化与理念传输给教师和学生，每年可邀请企业有关部门人员为学生开展讲座。企业还参与对学生的评价、学生管理模式的制定，有针对性地培养学生的职业责任感和敬业精神。

搞好专业文化建设，通过引入企业文化，培养学生适合企业需要的专业文化素质：专业化的工作技能，包含技术、资质和通用管理能力；专业化的工作方式，包含形象、思维、语言；专业化工作操守，包含道德、态度、意识。

4. 校企合作人才培养的作用和意义

对国家来说，校企合作培养人才是加快国家人力资源开发，促进就业和再就业的重大举措；是全面提高国民素质，把我国巨大的人口压力转化为人力资源优势，提升我国综合国力，构建和谐社会的重要途径。

对企业而言，"订单培养"是快速造就人才的有效途径，开展校企合作能有效缓解企业对技能紧缺型人力资源的需求，可以较好地解决企业对人才标准的培养途径与质量要求等问题。在校企双方紧密合作的过程中，由于教学计划是校企双方共同制订的，所以学生在实习前初步具备了顶岗生产的能力，使企业感受到接受学生顶岗实习不仅不是负担，而是获得有效的劳动生产力的途径。同时学校让合作企业优先挑选、录用实习中表现出色的学生，使企业降低了招工、用人方面的成本和风险，获得了实惠与利益；在教学中充分体现"订单培养"模式为企业"量身订制"人才的功能，以满足企业对配套技能型人才的需求；注重工学紧密结合，加强学生对企业文化认同感与归属感，实现"订单"学生综合素质与企业岗位的无缝对接。企业可将校企合作作为营造"学习型企业"的重要组成部分，提高企业竞争力，亦可以通过对教育的支持，加强企业宣传，树立企业形象。

对学校来说，开展校企合作能有效地使学校了解企业对人才数量与质量的要求，从而确定人才培养目标，确立服务企业的办学理念，明确人才培养的质量标准，制定创新人才培养方案，变革人才培养的途径与方法，以满足企业对技能紧缺型人才的需求。在招生宣传方面，学校应注重突出订单企业及其合作的成效，让学生与家长更多地了解企业发展前景与岗位要求，使其对自身发展做到"心中有数"，这充分体现了"以学生为本，为学生发展考虑"的办学理念。在就业方面，学校人才培养结构应适应劳动力市场的变化需要，全面提高学生的就业水平与发展能力，提高合作企业及劳动市场对学生的认可度。

对学生而言，校企合作人才培养模式使学习内容与企业的需求相契合，使实践锻炼与职业岗位相符合，促进了学生实践能力和综合素质的提高。此外，实践锻炼还能使学生亲身领略企业文化并更好地融入其中，培养学生对企业文化的认同感与归属感，让学生更多地了解企业发展前景与岗位要求，从而对自身发展做到"心中有数"，提高就业水平与发展能力。

（二）研究开发型合作模式

这一模式是校企双方以科学研究和技术开发为"接口"，以促进科技与经济有效结合、提高企业技术创新能力为目标而进行的合作，是加速科技成果产业化进程、促进科技与经济紧密结合、快速提升企业技术创新能力的重要手段。通常研究开发型合作模式有：职业院校向企业转让科技成果或为企业提供技术咨询、管理咨询和信息服务；职业院校与企业联合承担重大科研课题或大型工程项目，联合开发新技术、新产品；同时职业院校也可接受企业委托研究项目，校企共建研究开发实体，包括联建实验室、研究所、技术开发中心、工程研究中心、产学研合作示范中心、中试基地等。

职业教育应坚持校企合作、产教融合、工学结合、知行合一的发展道路，这不仅是经济发展对职业教育提出的客观要求，更是职业教育可持续发展的必由之路。其中，职业院校开展科研工作是解决行业、企业人才需求，为地方经济和社会发展提供技术和智力支持的重要途径。

在校企合作方向的指引下，职业院校科研工作应该走出一条具有鲜明职教特色的发展之路。但目前许多职业院校科研方向仍紧跟本科院校步伐，走基础型、研究型研究之路，这样不仅失去了职业院校的特色，而且使职业院校科研的发展一直处于薄弱水平。职业院校在开展科研工作时应在校企合作的基础上，对企业、行业在技术攻关、新产品开发等方面开展应用型研究，这样才能充分发挥职业院校的优势，走出具有职教特色的科研发展道路。

1.校企科研合作模式

我国理论界对校企合作的研究通常将其融合在产学研中，研究人员从不同的角度分析了制约我国职业院校科技成果转化的原因，提出转化过程中关于制度环境建设等问题。目前把校企合作创新单独作为研究对象的比较少，理论观点较为分散，尚未形成完整的理论体系。

校企科研合作要经历 3 个阶段，即积蓄研究基础阶段、研究阶段和研究成果阶段，而且在每个阶段又有其具体的模式。山东技师学院副书记周峥在《加强校企科研合作提高高校 R&D 活动产出》中指出，校企科研合作有着广泛的形式，不同的形式适应不同的需要，形式是为合作目标服务的，面对广泛的合作需要，就必须不断进行科研合作模式的创新。当前，校企科研合作模式可分为 4 种：虚拟人才合作模式、项目合资模式、研究中心合作模式和创新网络模式。

职业院校与企业合作是应该大力提倡的一种合作形式，职业院校可以发挥人才和技术优势，企业可以发挥需求和服务优势。加强校企科研合作，必须根据校企双方的资源和需要，采取灵活的方式。较具代表性的企业与职业院校研发合作模式主要有技术协作、合作开发、共建研发实体、共建联合实验室和研究基金合作等。其中，技术协作、合作开发是企业与职业院校研发合作最基本的合作方式。所以，企业与职业院校的基于各自的组织目标和组织特征，对研发合作模式的态度并不相同。企业与职业院校合作模式决定了利益的分配方式和风险的承担比例，只有在双方做出一致的模式选择的情况下，研发合作才能找到结合点，因此，合作模式选择是决定合作成功与否的关键。

2. 校企合作开展科学研究与技术开发的必要性

（1）对职业院校教师"双师型"素质的要求

对于职业院校而言，师资队伍有着其自身的特点，开展校企合作、工学结合的人才培养模式，体现在对教师的要求上就是组建一支具有实践经验的"双师型"教师队伍。以三亚航空旅游职业学院为例，其教师主要来自企业一线和职业院校，来自企业一线的教师经过多年岗位磨炼，大多是经验丰富的"老师傅"，他们具备过硬的岗位技能和丰富的操作经验，擅长实践课程的教学；来自职业院校的教师大都是毕业即进入学院任教的青年教师，他们理论基础扎实、知识结构更具有系统性，擅长理论课程的教学。虽然这两种教师在教学方面各有所长，但在教学中容易造成理论和实践内容衔接不够紧密，甚至脱节情况的发生。科研项目是一个用理论知识解决实际问题的过程，所以必须将学科基础理论问题与实际问题研究紧密结合起来。教师在科研项目的推进中，应通过科研与教学的良性互动，提高青年教师的专业素质和解决问题的能力，提高"老师傅们"的理论知识和教学水平，以此促进学院"双师型"队伍的建设。另外，行业在发展，知识与技术在不断更新，教师也应通过科研项目主动到行业、企业去了解变化并收集信息，获得再学习和培训的机会。

（2）对实用型人才培养的要求

职业教育应当实行产教结合，为本地区经济建设服务，与企业密切联系，培养实用人才和熟练劳动者。因此，职业院校人才培养的定位，应立足当地，服务社会和企业。例如，三亚航空旅游职业学院地处海南三亚，为海航集团办学，所以在人才培养方面，其定位是依托海航、立足三亚、服务海南，以培养满足海南国际旅游岛建设和海航集团发展需要的创新型高技能人才和实用型人才。

科研项目的开展要求教师必须深入生产一线、走在行业前沿。教师通过开展科研工作，不仅能掌握行业发展中的动态和研究趋势，也为课堂授课积累了大量来自生产一线的鲜活素材和案例。教师由此及时补充和更新教学内容，使课堂内容更新、更生动、更贴近岗位，提高学生对岗位的认识以及解决问题的能力，并能够促使学生对所学知识产生浓厚的兴趣，进而提高课堂效果。所以，教师进行科研活动与人才培养之间的关系是相互支持、共同发展的，教师应以其在科研探索过程中获得的新知识，不断丰富教学内容，成为促进教育进步的源泉。

（3）服务地方、解决企业问题的要求

一方面，职业教育走校企合作、工学结合的办学道路，必须与企业建立合作融合的长效合作机制。如三亚航空旅游职业学院紧密围绕区域经济社会发展和行业、企业需求，构建了以"两航一游"为特色的航空、航海、旅游三大专业群；其在空中乘务、航空机电设备维修、国家船员教育和培训资质等方面填补了海南自主培养航空、航海人才的空白；旅游管理、酒店管理等旅游类专业的毕业生大部分作为中高级管理人才任职于三亚顶级品牌酒店、三亚免税店等，为海南发展旅游经济、海洋经济提供了强有力的人才支撑。另一方面，职业院校还应该利用专业教师这一智力资源做好"智囊团"，为企业的技术改革献力。以海南省举例，旅游是海南省的支柱产业，航空业是海航集团的优势板块，三亚航空旅游职业学院的航空、旅游等骨干专业应充分利用相关领域的专业师资，以科研为平台为行业发展助力。总而言之，职业院校教师在科研工作中才能够发现社会和企业发展中亟待解决的问题，因此，必须深入生产、科研一线，才能促进教育的可持续发展。

3. 校企合作开展科学研究与技术开发的实施途径

职业院校在开展科研方面存在的问题主要有：教师对科研工作的重要性认识不足，科研意识淡薄，进而造成学校整体科研氛围不足；缺乏科研团队，少数教师单打独斗，多数教师置身事外；科研深度不足、成果欠佳等。但其中很多问题在职业院校校企合作发展之路引领下能够得到较好的解决。

（1）建立校企合作平台，找准科研方向

职业院校的科研工作需要紧密结合区域经济和社会发展的需要，所以教师在进行科研选题的时候，应本着服务地方的宗旨，以解决现实问题作为出发点和落脚点。

（2）完善校企合作机制，营造良好科研氛围

很多职业院校科研工作很难推进，根源上的问题是很多教师思想上对科研的认识和重视程度不够。

通过完善校企合作机制，在校企合作、工学结合模式下，职业院校应有计划地安排教师到企业挂职顶岗，培养教师的实践能力和科研能力。同时国家应在政策上提供保障：一方面，职业院校要建立健全和完善的科研激励机制，充分利用科研工作导向作用来激励科研人员，营造良好的科研氛围。例如，在时间上为教师参与科研工作提供政策支持，或安排教师参加顶岗生产实习，让教师在生产过程中发现问题，以此设立研究方向；另一方面，在科研工作推广上，要体现技术要素参与分配的原则，对教师实行效益提成和技术入股，在职称、津贴和聘用方面向参与科研工作的教师倾斜。

（3）发挥中坚力量，组建科研团队

职业院校没有形成自己的科研团队，其中主要原因是对科研骨干的培养不足，导致高层次人才缺乏，因而未能形成高素质研究团体。在生产一线成长起来的老教师，理论知识相对薄弱，而青年教师则缺乏实践经验。因此，学校可以先从引进或培养学术带头人入手，通过引进外来教师或重点扶持校内科研能力较强的教师，使其成为科研团队核心。在此过程中，学校的制度保障也发挥着重要作用，各职业院校可启动学术带头人制度，通过"传、帮、带"的方式，带动其他教师共同开展科研活动，在科研中发挥各自优势，使科研项目成为职业院校应用型研究得天独厚的载体。

（4）深化校企合作模式，建立科研成果共享平台

我国职业院校校企合作形式划分为3个层次：浅层次合作、中层次合作和深层次合作。大部分职业院校与企业基本建立了浅层次合作。而从浅层次合作到中层次合作升级的关键在于校企之间师资互聘、订单培养，在人才培养方向上更加注重订制化需求，使人才培养更加贴近企业岗位需求；从中层次合作到深层次合作的升级则对学院的科研提出更高的要求，要求职业院校能够针对企业的发展需要确定科研方向，并对相应成果进行转化和应用，这样既能有力地促进教学，又能更好地服务企业。

很多职业院校存在科研成果欠佳、推广不足的问题，应通过校企合作模式，建立科研成果共享平台使科研成果得到更好的推广，以此产生更加理想的教学效益和社会效益。总而言之建立科研成果共享平台，是深化校企合作的要求，同时也为建立科研成果共享平台提供了保障。

建立校企双方共赢的利益驱动机制，可以充分调动和激发校企双方科研合作的积极性，能更好巩固和发展校企合作的成果，所以，校企双方应以科研项目为依托，实现双方利益的联结。从寻找符合发展要求的科研项目开始，职业院校就可以开始与行业、企业对接，通过联合调研确定方向，让科研方向符合企业的利益需求，以此促进企业的经营发展，使科研成果产生实际效益，增加企业收入。

（三）生产经营型合作模式

这一模式是校企双方围绕开发生产科技含量高、附加价值大的科技新产品，以满足市场需求、提高企业效益为目标而开展的合作。在这一合作模式中，职业院校一般以技术作价入股，参与企业技术开发、生产经营和日常管理，有的职业院校在技术入股的同时注入少量资金，使合作双方利益共享，风险分担，这样的合作关系会更加紧密。值得指出的是，随着我国科技体制和高教体制改革的不断深入，职业院校研究人员自带成果创办企业的现象日益普遍，这在一定程度上促进了我国科技型中小企业队伍的发展壮大。

在校企合作中，职业院校将以科学技术成果作价入股与其他形式的资产（如货币、实物、固定资产等）相结合，按法定程序组建新的高新技术有限责任公司或股份有限公司，有效实现资源、人才、资金、技术的优化配置，这是实现科技与经济结合的有效途径。技术入股在欧美等发达国家已经十分普遍，近年来，在我国也逐渐受到重视。但是，技术作为一种新的出资形式，与货币和其他有形资产存在很大差异，这种差异导致技术入股所涉及的经济、法律关系更为复杂，出资各方的权利义务存在许多新的特点，一些问题需要进一步探讨。

1. 职业院校技术作价入股的特点

相对其他校企合作模式，技术入股具有以下特点。

（1）主体利益的一致性

各合作方从自身的利益需求和发展目标出发，共同开发、生产、销售技术产品，变下游合作为全程合作，局部合作为整体合作，单纯技术合作为技术经济全面合作。这样既可以发挥各方主体的优势和积极性，又能保证合作的长期性。

（2）市场交易内部化

各方主体之间原有的市场交易关系被整合在所组建的高新技术企业内部，用制度和组织取代市场交易来实现资源的优化配置，有效节约了交易成本。

（3）投资主体多元化

这种校企合作形式，不仅有效结合各方投资，实现共同投资、共同经营，而且直接实现了与市场的对接，使投资风险、经营风险相对分散和下降。

（4）知识资本化

技术入股的方式赋予了技术与货币同等的资本价值，使股权更加平等。这种方式有利于实现知识资本与货币资本的有机结合，更好促进职业院校的成果转化。

2. 入股技术的评估

对技术入股的评估作价，是最重要、也是最难把握的因素之一。因为技术成果一旦进入市场，与货币发生对比，就要将技术成果进行货币化，以明确其市场交易的折算关系。虽然《中华人民共和国公司法》等相关法律、法规做了相应的规定，但由于目前国内没有成熟的评估标准，更谈不上统一的规范，从评估程序、指标设计、评估方法上讲，技术成果的实际情况并不能被准确反映，这使技术评估变得尤为困难。

不过，技术作为一种无形资产，不同于一般无形资产的评估和市场预测。首先，只有一套科学的方法才能公正、客观的对无形资产进行评估。其次，技术评估的重点是对技术成果的可行性和成熟性做出认定和判断，不能简单地认定"行"或者"不行"。再次，要对市场前景进行预测。一项技术成果，往往会受到支撑技术、市场容量、成本等多种条件的限制，所以对技术成果的评估往往涉及对市场的预测和评估。而且评估本身就强烈地依赖于市场信息的准确度，否则将造成不可逆转的损失。最后，要对入股技术的权利状态，即入股方式以及是否为高新技术等做出认定结论，脱离实际内容的评估是没有意义的。

技术的评估作价，是对技术未来获利能力的预测和估算。作价方式有：一是，由具有法定资质的评估机构评估作价，适合于系统性、全局性、风险高、市场前景大、收益可观的技术成果，这种作价方式是目前我国技术入股中普遍采取的方式；二是，投资各方协议作价，适合于小件、局部改良、单独性质的技术成果，如实用新型专利、外观设计等。

（四）主体综合型合作模式

在这一模式下，校企双方合作的目的具有多向性，即通过多方位、深层次的合作，达到既培养人才，又提升创新能力，同时也能达到获取最佳经济效益的目的。它不是单纯的一对一的合作，而是一对多、多对多的合作，其形式主要有共建高新技术开发区，共建大学科技园，建立松散型或紧密型的教学、科研、生产联合体等。

二、基于不同主体作用的模式分类

研究者根据校企合作的主体作用不同，将校企合作的模式分为以下 3 种。

（一）企业主导型校企合作模式

在该模式下，企业为满足市场竞争的需要，一方面致力于提升自身的研发能力，另一方面以委托开发、合作开发和共建研究机构等形式寻找职业院校的技术支持、咨询和服务。即在企业主导型的校企合作模式下，企业处于主导地位，并承担相应的研发和成果转化风险；而职业院校的技术创新活动围绕企业的需要进行，其研发活动的内容、形式和范围由企业决定，职业院校只是参与者的角色。

1. 企业主导校企合作的原因与方式

企业作为主体进行新产品开发和商业化发展的内生性原因引起了国外学者的关注和研究。研究发现，以企业为主体进行合作创新可以更好地对开发进行规划和研究，且更易获取更高的市场回报。而从另一个角度，通过对非政府组织（NGO）和联合国工业发展组织（UNIDO）的合作创新项目的研究发现，如果没有营利性的企业主导参与，即使职业院校具有相当的组织能力完成项目创新，却也无法获取相应的产出效应。

从现实情况来看，产学研结合必须以企业为主导，通过市场机制实现持续的技术创新，才能充分发挥出产学研结合这一技术创新平台的作用，这是新经济革命的基本结论。企业成为主导因素的原因主要有 2 个：一是，企业的经营目标是追求利润最大化，这一目标只有在市场竞争中才能实现。明确和强化企业在产学研结合中的主体地位，有利于在产学研结合中引入市场机制，实现研发工作的市场导向，从而在制度上保证持续进行技术创新。二是，企业由于贴近市场、了解客户需求，能够较为准确地把握市场现在和未来的技术需求，更有利于在产学研结合中正确把握研发方向，能迅速地把职业院校、科研院所和企业的科技资源整合起来，提供有市场前景的产品和服务，提高产学研结合的成功率和效益。

企业真正成为校企合作创新的主体主要表现在以下 4 个方面：

①企业要成为校企合作创新的决策、投资主体，这意味着企业在合作创新形成之前，应根据自身的利益和对市场的认识，自主选择适合本企业发展目标的合作创新项目，并对其进行筹资、投资且承担相应风险，此时职业院校、科研院所以及政府的专家应共同参与对项目的筛选和论证。

②企业要成为校企合作中研究开发的主体，并不是说合作研究开发工作一定要在企业进行，而是说企业在研究开发的整个活动中要把握其产业化方向，企业应参与其开发研究的每一个阶段，如产品设计、原材料选择、生产方式以及项目管理，以保证研究开发紧贴企业的产业化能力。

③企业要成为合作创新利益的分配主体，即如果合作研究一旦形成产品，企业就可以自己申请专利以对其进行必要的保护，同时在合作之初，应详细规定与职业院校等机构进行校企合作的主要模式、内容、利益分配的方式，合作成功之后在满足协议规定的利益外，有权对其收入进行自主分配。

④企业要成为技术转移的主体，即对于职业院校等机构因政府资助所取得的研发成果在进行技术转让时，企业应与职业院校等机构共同制订详细的技术开发计划书，确定能有效达成技术商业化目标的合理期限。

2. 企业主导型校企合作的几种典型模式

当前，校企合作创新的方式不断涌现，合作的领域、规模、期限不断扩大，从企业出题、职业院校和科研院所攻关的一次性短期合作，逐步发展到共建企业技术工程中心、开放型实验室和联合经济实体等多种形式的长期稳定的合作关系。本部分内容主要对近年来市场经济条件下出现的两种典型模式和亟须推广的校企合作模式进行分析，对于技术咨询、技术服务、技术转让、委托研究开发等传统模式就不再进行过多赘述。

（1）共建经济实体

共建经济实体是大型企业或企业集团以长远发展为需要，协调产学研各方的资源优势，以法律规范下的协议或合同为依据，按照现代企业制度组成长期合作的经济实体。其主要特征如下：企业以自己稀缺的资源为目标寻求合作伙伴，能有效实现资源的紧密结合、优势互补、风险共担，利益一体化；除了资源合作，还体现了组织、管理、市场等各方面合作；一般有比较完善的管理体制，产权明晰、责任明确、责权规范；利益分配按各方出资比例确定，其中高新技术的出资比例要根据技术的预期收益与风险性、市场的紧迫性、技术的独占性和稀缺性等因素确定。在实践上，合作形式可表现为有限责任公司、股份制公司、科研或生产联合体等；一种特殊现象是共建科研型经济实体，形式为研究开发中心、中试基地等，一般建立在企业内部或职业院校科研机构等机构内部。

在共建经济实体时，职业院校、科研院所等机构一般以其成熟的科技成果进行技术入股，或辅以适量的资本入股，与企业合资组建新的经济实体，有效促进科技成果转化或高新技术产业化。新的经济实体按《中华人民共和国公司法》独立运作，既独立于投资企业，又为企业的技术发展服务。新的经济实体建立之初，应该从产权角度保证发展方向的合理性和稳定性，促使科技成果产业化目标的实现。股份资本一般由职业院校、科研院所等机构筛选出的有市场化前景的科技成果作价，其他企业法人参股，且确立了明晰的资产组合方式。同时，为了保证发挥职业院校、科研院所等机构的优势，应设置"发展基金"用于科技开发、基础性研究、学科建设和优秀学生奖励，而且学生毕业后可留在公司任职。

（2）技术并购

从技术经营角度看，获取战略性技术的手段不必从研发起步，而可以从购买技术资源开始。企业在技术经营中，通过利用企业外部的技术资源实现企业自身的经营战略，而且在利用外部技术资源的同时，也会充分考虑企业自身的技术积累和储备。总体来说，技术并购就是企业以上游研发成果为目标，购进下一波崛起的中小型科技公司及相关原创技术或产品，从而进入新的产业领域或市场，即通过创新主体外部化、收购、投资或控股来完成产业创新。20世纪80年代以来，发达国家企业技术竞争力来源发生了巨大变化，在技术导入战略中，并购占据了相当重要的地位。通过并购、联合企业、研发联盟及技术搜索获取技术的重要性随时间的推移有所上升，而内部研发的重要性有所下降，并购获取研发资源成为企业获取技术的重要战略。另外，技术更迭催生了许多创新型公司，从而为技术并购提供了条件。

当前我国高新技术产业发展很快，但是企业规模总体偏小，规模经济效益不够显著，不利于进一步的技术升级和企业发展。如果有资源优势的大企业对掌握某一方面高新技术的中小企业进行技术并购，则可以形成资源和技术的良性互补，充分发挥出新技术的市场潜力，反过来也可以加强原被并购企业的研发，催生出更好的新技术。另外，集中在职业院校、科研院所等机构的科技资源，如校办、院办企业（多数为中、小企业）、科技园、创新基地和高科技孵化器，由于体制等原因，其经济效益还远未得到充分发挥。通过技术并购这种高级且紧密的结合方式，可以使具有高技术但市场能力不足的企业的技术更好地进入研发能力相对不足但是面向市场能力强的企业，以此促使并购企业的技术水平快速提高，也使产学研的结合更为紧密、有效。

一般来说，在进行技术并购前，可先将职业院校、科研院所等机构的研发工作交由中小科技创新公司来完成，然后企业再收购这些公司。先进行技术联盟，再实施技术并购，即先风险投资，再选择目标公司，既降低了企业自行开发的风险，又降低了单纯技术购买的风险。

以企业为主体的技术创新体系和企业主导型产学研结合机制是深化我国科研体制改革、构建国家创新体系的战略重点，是我国企业在严峻的国际竞争中校企合作的主要模式和在未来发展中应对挑战和危机的主要举措。

企业主导型校企合作创新模式有益于形成以企业为创新的主体，并以市场为导向，引导企业进行广泛的校企合作，以发挥各自优势和资源集成，完善创新产业化链条，以最快速度实现技术突破和产业化。

（二）职业院校主导型合作模式

职业院校凭借其技术和人才优势进行技术创新，成果成熟后以技术转让、专利出售等形式向需要该技术的企业特别是中小企业提供，实现技术从成果向市场和效益的转化。在该模式下，职业院校处于主导地位，决定研发内容和合作对象，并独立承担研发风险。

1. 职业院校主导型校企合作模式的内涵与特征

职业院校主导型校企合作模式以职业院校为主导地位，其内涵在于：职业院校凭借其知识、技术和人才的优势，联合科研院所等机构，为企业提供核心技术，并以技术转让、专利出售以及建立高新技术创业基地、孵化器、大学科技园等形式实现技术的产业化，以此更好地实现技术创新的社会价值。在该模式下，职业院校在推动创新以及处理与其他合作主体间关系时处于主导地位，研发创新的内容与目标、合作创新的方式、创新收益的分配、创新风险与责任的承担等关键任务均由职业院校主导。需要指出的是，在这种模式下，职业院校处于主导地位与企业的技术创新主体地位并不冲突，因为职业院校在主导各种决策时必须充分考虑企业的需求和利益，合作创新的根本目标是形成高质量创新成果以解决企业的技术难题，或者通过满足企业的技术需求而实现科技成果向现实生产力的转化。

职业院校主导型模式是从整个产学研的发展阶段确定的新的合作创新思路，它不仅仅是一种合作创新模式的选择，更是一种合作创新指导思想的变革和观念的更新。与其他校企合作模式相比，职业院校主导型校企合作模式具有如下几方面典型优势与特征。

（1）具有强劲的科技创新能力和产业研发实力

校企合作的首要目标是解决产业的重大技术需求问题，这就要求部分主体必须具有较强的科技创新能力，而职业院校尤其是研究型职业院校能较好地满足这一要求。职业院校是各种学术资源的聚集地，掌握着学术前沿知识，可以依托高素质的人才和高水平的实验平台从事各种新技术、新成果的研究与开发。同时，众多职业院校之间具有密切的学术联系和频繁的人才交流，这有利于职业院校之间进行创新资源共享，集成优势资源，开展合作创新。在职业院校主导的校企合作框架下，职业院校与企业在从基础研究到技术研发再到产品开发的整个创新链条中进行深度融合，这与协同创新的宗旨完全契合。特别是一些具有行业特色的研究型职业院校，可以依托所拥有的专业特色鲜明的关键实验设备和重大创新平台，面向特定产业链条的关键环节与核心技术，开展多层次的校企合作研发。而且相对于行业性研究机构和企业研发机构而言，此类职业院校在学科广度和深度以及人才积累方面具有更大优势和更强大的研发实力，而职业院校的公益属性又能淡化对于短期经济利益的追求，更加关注关键核心技术的合作研发。

（2）可促进产学研人才高频互动

校企合作的关键在于人才的合作与共享，而职业院校既是人才的集聚地，又是人才的培养和输出地，因而，在职业院校主导的校企合作中，人才的良性互动与精诚合作更容易实现。首先，职业院校能够为各类创新活动提供智力支持和人才支撑。其次，人才培养是职业院校的基本使命，每年输出大量毕业生，特别是其核心优势专业的毕业生，其大多流向特定产业，如与其有密切合作关系的企业和研究院所等机构往往是毕业生就业的主要去向，这为长期的校企合作奠定了重要的人才基础和人际关系基础。再者，职业院校是一种包容性和延展性极强的组织平台，既可以吸引来自企业和科研机构的优秀人才到学校深造、访学、工作，也可以搭建多种活动平台，促进不同领域人才之间的交流合作。最后，职业院校本身还承载特定群体的情感认同，在校友这种联系框架下，人才之间的交流合作更容易展开，而且这种联系效应还会持续不断地扩张下去。

（3）利于强化职业院校对企业的支持作用

校企合作的重要目的之一是发挥职业院校、科研院所等机构人才和技术的优势，以帮助企业更好地创新发展。在职业院校主导型校企合作模式下，职业院校对创新的目标方向、资源配置和收益分配起主导作用，这能够更好地了解企业需求，从而为企业提供更多更好的支持。主要表现为：首先，助力企业科学决策。在职业院校主导的校企合作中，职业院校对于未来的目标前景和现实的技术条件有着更为精准的把握，可以依托自身在知识、科技、人才、信息等方面的综合性优势，帮助企业围绕战略转型、产品升级、技术研发等重大决策组织专家进行论证，提高决策的科学性。其次，推动企业技术创新。在职业院校主导的校企合作中，职业院校会更加主动地向企业输出知识和技术成果，并且帮助企业解决人才和技术瓶颈，使企业更好地享受职业院校、科研院所等机构的知识与技术溢出效应，从而不断提升企业的技术创新能力与效率。而且职业院校还可以依靠自身的技术研发实力，与企业合作攻关重大技术，并结成战略联盟，长期为企业提供个性化、集成化的技术研发服务。最后，充当企业的"人才储备中心"和"技术支持中心"。人才培养和科学研究是职业院校的两大基本职能，在职业院校主导的校企合作中，参与其中的企业能够更好地获得来自职业院校的人才和技术支持。一方面，职业院校可以根据市场需求优化课程设置，不断培养高素质的创新型人才，而且也可以帮助企业培训技术与管理人才，从而成为企业的"人才储备中心"；另一方面，职业院校也会开展大量面向市场的技术研发活动，不断研究开发科技创新成果，特别是在国家大力扶持科技成果转化的政策背景下，企业能够便捷地从职业院校获取自身所需要的科技创新成果，而且处于同一产学研平台中的企业还会有一定的优先权，因此，职业院校也就成为企业的"技术支持中心"。

2. 新常态下职业院校主导型校企合作模式创新的动因

当前我国经济已进入新常态，经济发展的内在支撑条件和外部需求环境都已发生了深刻变化。新常态下，经济增长速度由高速向中高速转换，产业结构由中低端向中高端转换，增长动力由要素驱动向创新驱动转换，资源配置方式由市场起基础性作用向起决定性作用转换，经济福祉由非均衡型向包容共享型转换。而适应和引领新常态的根本路线就是依靠综合自主创新走创新驱动发展道路，因而这对促进科技创新的重要组织模式——校企合作提出新的更高的要求。从新常态对于校企合作的要求来看，职业院校主导型校企合作模式在实践中也暴露了一些问题，而这些要求和问题也构成了对职业院校主导型校企合作模式进行创新的综合动因。

（1）由于价值评价不合理导致的合作动力不足问题

在现行的职业院校主导型校企合作中，相当多的职业院校对科研成果的价值评价不合理，导致相关部门和科研人员与企业进行产学合作时动力不足。职业院校追求的是学术价值，在研究与开发方面的明显倾向是重基础研究、轻应用开发，把科技成果的社会效益看得比经济效益更重要。职业院校教师工作考核的指标侧重于承担基础性科研项目的数量、发表学术论文和出版著作的数量、理论成果的获奖档次与数量等，这直接导致职业院校教师更注重围绕着上述指标来开展科研活动。同时，由于缺乏对研究成果转化为生产力程度的认识以及对地方经济社会发展带动作用的评估考核，导致职业院校教师和科研人员参与校企合作的动力严重不足。为了有效解决这一问题，必须对职业院校主导型校企合作的体系架构和运行机制进行创新。

（2）由于企业不愿承担合作风险导致的合作意愿不强问题

在职业院校主导型校企合作中，相当多的企业不愿承担合作开发的风险，因而与职业院校进行校企合作的意愿不强。作为企业，在合作研发中关注的焦点在于科研成果能否带来良好的经济效益。相当多的企业都热衷于较为成熟、立刻能实现产业化的研发项目，认为与职业院校进行长期的校企合作投入大、风险高、回报慢，明显属于"得不偿失"的投资。造成这种情况的主要原因有3个：①由于知识产权保护不到位，合作创新的成果很容易被模仿，使企业难以靠合作创新的成果享受到丰厚的回报，这导致校企合作创新的投资与收益不相匹配。②进行校企合作的职业院校与企业之间科研水平和技术研发实力的落差过大。企业往往希望职业院校提供的科技成果能直接变成产品，自己没有意愿也没有能力承担一部分研发任务，这就使技术转化合作的成本大大增加。③企业希望在短期内看到校企合作的实际成效，但由于科研工作的不可预见性，职业院校不一定能在短期内满足企业的这一要求，因此就会导致企业在短时间与职业院校合作不见成效后不愿意再继续合作。因此，为了调动企业参与的积极性，必须对职业院校主导型校企合作模式进行创新。

（3）由于缺乏有效载体导致的合作效果不佳问题

合作创新的载体在促进职业院校与企业开展产学研合作方面具有重要作用。美国、德国等发达国家都注重通过构建产学研合作载体来推动职业院校与企业合作创新，政府对于研究型院校与新办企业、高新技术企业合作设立的研发创新载体给予较大力度的财政资助和政策扶持，引导其围绕行业共性技术和关键技术开展联合研究。这些国家的职业院校与企业之间的合作载体根据企业的需要不同，主要可分为2种：①职业院校针对企业的某些重大技术问题，与企业合作建立研发中心；②职业院校围绕企业全方位的技术需求，与企业成立联合研究中心。前者合作形式松散单一，虽然能够在短期内快速取得实际性成果，但质量、数量以及影响力都很有限；后者合作形式多样，合作内容涉及技术研发、产品升级、管理咨询、人才培养等多个领域，并且注重长期的战略合作，虽然回报周期长，但是总体效果较好，既有助于合作企业的发展，也会对整个产业产生比较明显的促进作用。目前，在我国职业院校主导型校企合作中，职业院校与企业之间缺乏有效的合作载体，因而影响了校企合作的效果。因此，为了解决由于缺乏有效载体导致的合作效果不佳问题，必须对职业院校主导型校企合作模式进行创新。

（4）由于合作层次不深导致的合作功能不良问题

当前，在我国职业院校主导型校企合作中，职业院校与企业共建研究开发机构、实验室、研发基地、战略联盟等形式的全方位、高层次的合作还较少，明显缺乏围绕重大产业技术的合作创新内容，也缺乏中长期的合作创新目标。一方面，职业院校的许多科研人员在与企业进行产学研合作时，缺乏长期合作打算，更多的只是想把现有的技术转移给企业；另一方面，与职业院校合作的大多数企业，其技术和资金实力有限，在选择合作项目过程中，既缺乏应有的气魄，也缺乏长远规划，大多数企业都希望做一些短、平、快的项目。所以，从职业院校与企业已经进行的合作来看，双方主要是被局限在"点对点"的项目合作上，围绕产业创新链条进行的战略性合作开发较少，所进行的大部分产学研合作主要是以技术转让、委托开发等为主的较低层次的合作，合作的时间短，多以临时组合争取项目或解决单一性的技术问题为目标，所以总体的产学研合作层次明显较低。这容易导致校企合作平台本身的联合性和系统性较差，也导致各个合作主体无法切实融合在一起，也就无法将校企合作的作用真正发挥出来。由此看来，校企之间缺乏深层次合作很大程度影响了校企合作平台的功能发挥，所以必须对职业院校主导型校企合作模式进行创新。

3.新常态下职业院校主导型校企合作模式创新的取向与路径

（1）新常态下职业院校主导型校企合作模式创新的目标取向

从当今世界科技创新发展的现实状况和未来趋势来看，强化市场发现功能和创造新的产业增长点已成为校企合作平台的主流趋势。我国职业院校主导型校企合作模式创新也要紧紧跟上这种潮流，朝着市场化和产业化的方向演进，而这也构成了我国职业院校主导型校企合作模式创新的基本目标取向。

强化市场发现功能。校企合作要充分发挥市场机制的决定性作用，主要依靠市场的作用来发现和培育新的合作创新领域，依靠以市场需求为导向的创新来催生各种新技术、新产品、新产业。各种模式的校企合作都能营造更好的市场竞争环境，根据市场需求导向，实现职业院校等机构与企业在专业优势和资源优势上的协同化与集成化，强调技术创新上、中、下游的有机对接与良性耦合。

推动产业化创新。校企合作创新要围绕产业链来部署创新链。产学研活动要落实到创造新的产业增长点上，把创新成果变成实实在在的产业经济活动。推行的校企合作模式要能有效地推进科技和经济紧密结合，推动产学研深度融合，强化科技同经济对接、创新成果同产业对接、创新项目同现实生产力对接、研发人员创新活动同其利益收入对接，形成有利于推出创新成果、有利于创新成果产业化的新机制，从而引导企业和产业向价值链、产业链的中高端攀升。

（2）新常态下职业院校主导型校企合作模式创新的路径选择

首先，健全运行机制，增强校企合作各方的参与积极性。校企合作要靠合作各方共同推进，只有合作各方各尽其力，才能保证产学研协同创新的顺利、健康、持续发展。在职业院校主导型校企合作中，一方面要充分突出职业院校的主导地位，使职业院校积极利用自身的资源优势和条件，主动在校企合作中发挥主导作用，积极寻找合作伙伴，将先进的、成熟的科研成果推向企业，实现科研成果的产业化；另一方面要强化企业在产学研协同创新中的主体地位，使企业积极主动地深化与职业院校的合作，并通过自身的努力将科研成果转化为现实生产力，为市场提供新产品、新服务，进而也为企业自身带来利润。

为了有效增强校企合作各方的积极性，最重要的是要健全校企合作的运行机制。首先，建立公平合理的利益分配机制。一方面，应明确界定合作各方的权利和义务、责任和风险，并在此基础上，运用纳什谈判等科学的利益分配方法，通过平等协商，明确合作各方在经济利益分配方面的额度或比例；另一方面，应根据共享原则和未来收益最大化原则对合作过程中形成的对知识产权的所有权和使用权做出合理界定，并事先约定补偿机制，保障各方的知识产权利益。其次，建立信息共享机制和风险共担机制。在校企合作中，合作各方的信息沟通与风险分担十分重要，只有让职业院校与企业共享信息和共担风险才能破除校企合作中的信息壁垒和沟通障碍。在信息时代，信息代表着机会和资源，有时甚至关系着生存与发展，所以在校企合作过程中，要鼓励职业院校和企业积极构建信息共享平台，以便快速地获得自身所需要的信息，并及时有效地进行信息交流与共享，从而提高合作创新的积极性与效率。最后，必须在合作创新系统中建立风险共担机制，来降低道德风险和投机行为的发生概率，从而使职业院校和企业不会因为担心承担过大的风险而缺乏合作创新的积极性。

其次，提升职业院校实力，强化职业院校对校企合作的源头支撑作用。职业院校要在校企合作中真正发挥主导作用，必须不断提升自身综合实力，不断贡献量多质优的理论知识和科技创新成果，强化对于校企合作的源头支撑作用。特别是研究型职业院校应当结合自身在原始创新和创新平台建设等方面的优势，坚持"顶天""立地"的发展思路：一方面，要紧扣国家发展的重大战略需求，紧盯科技发展前沿动态，聚焦经济发展实践中的热点问题，加强"高大上"的理论创新与技术创新，争取在关系国计民生的重大科技前沿领域和核心关键技术方面形成具有自主知识产权的创新成果；另一方面，要密切关注产业发展与市场需求，瞄准企业创新发展的突出问题与现实需求，开展"接地气"的研发与创新，积极为企业的技术创新提供服务支撑，加快科技创新成果的转化应用。

最后，优化制度环境，完善校企合作的载体建设和人才支撑。为了深化职业院校主导型校企合作，形成稳定的产学研联盟，职业院校迫切需要与企业共建多元化的合作载体。具体做法如下：①制订合理的校企合作计划，在合作各方之间建立"共同利益区"，推动各方积极开展校企合作载体建设。在校企合作载体建设过程中，企业主要关注创新成果的市场份额、利润率以及回报周期，而职业院校则更关注创新成果的领先水平和人才队伍的培养，因此，必须找准双方利益的交汇点，事先以契约形式明确双方的责权利，尽量减少可能的纠纷。②完善以财政投入为先导、职业院校和企业投入为主体的多渠道、多层次的投入体系，保障校企产学研合作载体建设的资金需求。同时，持续扩大财政投入规模，提高财政资金的使用效率，壮大各类风险投资基金，引导民间资本参与，为建设合作研发中心、协同创新实验室、科技创业园等产学研合作载体提供充足的资金支持。

同时，人才是校企合作的生命线，要进一步优化职业院校主导型校企合作模式，必须从人才入手，可以通过提高人才培养质量、拓宽人才引进渠道，为校企合作提供坚实的人才支撑。具体做法如下：一方面倡导职业院校依托合作企业建立多层次、多类型的实习基地，实行"教学—科研—生产实践"一体化的教育培养模式，提升学生的综合创新能力，实现人才培养与企业需求的无缝对接。另一方面以校企合作为纽带探索多样化的人才引进方式，既可以实行"实引进""软引进""虚拟引进"，也可以实行项目性引进、团队整体性引进、科研机构整建制引进，进而在政府相关配套政策的支持下，全面提升人才引进工作的成效，强化对校企合作的人才支撑。

（三）共同主导型合作模式

在该模式下，校企合作双方处于平等的地位，没有绝对的主导者。双方以利益为纽带，以契约为依据，发挥各自在资金、设备、技术、人才和市场方面的优势，共同促进技术创新，共同推进市场开发，风险共担，利益共享。

校企合作是一种校企双向主动参与的行为，不仅是一种职业教育人才培养模式，而且是一种有利于企业长远发展的生存发展模式。在经济全球化背景下的今天，谋求深度校企合作、校企共同主导型合作办学已经成为众多企业和学校的选择。

1.共同主导型校企合作的含义

共同主导型校企合作是指学校与企业主动积极参与办学全过程，将二者的资源协调融合，实现真正意义上的优势互补、互利共赢。这种合作渗透到办学的各个环节和各项内容，充分发挥了学校和企业各自的优势，并通过深度融合提升办学效益。有学者将这种合作称为"深层合作"，并指出其内涵特征是在学校实现学训"企业化"、在企业实现学训"教学化"，同时实现校企合作评价"多元化"。

共同主导型校企合作的特点在于，企业与学校的合作是全方位的合作，相互渗透，融为一体。

在共同主导型校企合作的教育过程中，培养目标、教学内容由企业和学校根据市场需求和教育规律共同参与制定；教学过程的实施与考核由学校和企业分工合作，且合作内容相互衔接、有机结合；教学质量评价由企业、学校以及学生等多个主体进行评价，达到内外一致、全面质量控制。

2.共同主导型校企合作是现代职业教育发展的必然选择

（1）共同主导型校企合作实现了校企双方的互补与统一

一方面，企业在校企共同体中处于主导地位，确定培养目标以企业需要为核心，调整课程体系以职业技能为主线，培养专业技能以在校内外实训基地为主体，职业岗位的定向、能力及其标准的确定，取决于企业的市场战略需求；另一方面，学校在校企共同体中处于主导地位，培养目标的确定、课程体系的调整、专业技能的培养以及职业岗位定向、能力及其标准的最终实现取决于学校积极主导作用的发挥。学校的出发点和最终归宿都是为企业培养合格有用的高端技能型人才，因此，学校的主导必须服从于企业的需求与发展。企业主导是引导学校的主导，学校主导是服务于企业的主导，二者互补统一、不可分割。

（2）校企共同主导合作办学是市场经济发展和职业教育特质使然

一方面，在市场经济和市场机制充分发展与完善的情况下，建立以市场为导向、以企业为主导的校企共同合作模式和运行机制已经成为市场经济发展的必然要求。因为企业在市场竞争中追求经济利益最大化的同时，比学校更具备了解市场、贴近市场需求的优势，能更准确把握市场需求的发展方向，从而提高职业院校校企合作的效益和效率。

另一方面，职业教育与企业有着天然、紧密的联系。在共同主导型校企合作中，作为"主导"的另一方——学校能够利用教育资源、人力资源等优势为企业可持续发展提供智力支持，为企业发展培养合格人才。

（3）共同主导型校企合作是推动职业教育发展的必然要求

从教育的目的和功能看，我国职业教育校企合作应走"服务企业、推动企业、引领企业"的发展之路。目前"服务企业"的目的和功能已基本达到，但由于我国职业教育起步较晚、基础薄弱、校企双方定位难等原因，后两项的目的和功能还远没有达到。校企共同主导合作办学是一种深层次、紧密型、创新思维发展的合作模式，也是一种体制和机制创新的发展模式，它将成为推动和引领我国职业教育发展的必然要求。

3. 共同主导型校企合作是现代职业教育发展的优势选择

共同主导型校企合作对于培养高素质技能型人才具有得天独厚的优势，主要体现在以下 3 点。

（1）理论知识与实践能力紧密联系

在共同主导型校企合作中，理论知识和实践能力是作为一个完整的体系紧密联系起来的。一方面，在实际教学过程中，将师资、设备等资源进行有效结合，学校的理论教学会联系企业的真实项目和实际操作，企业的实习实训也会结合理论知识，让学生在学习中真正实现"学做合一"；另一方面，在培养目标的确定、课程体系的开发、专业技能的培养及教学质量的评价等方面，企业将充分考虑自身的需求与发展以及市场、行业的需要，保证学生的理论知识水平和实践能力的有效衔接。

（2）职业精神与职业技能相互融合

思想是行动的先导，生产劳动中不仅需要技能，更需要精神的支撑，而职业精神是现代职业人必须具备的基本素质。培养学生职业精神的最好方式就是让学生在真实的职业环境中体会职业道德与情感。在真实的职业环境中，学生可以感受到企业文化、人际关系、职业精神，学会沟通和交往，获得隐性的职业经验，这是学校教育难以做到的。而共同主导型校企合作的优势在于，学校和企业双方培养目标是一致的，在各个环节或各项内容上都能充分发挥双方的优势与特长，相辅相成，避免了职业技能与职业精神相脱离。

（3）专业定向性与非定向性相结合

职业教育的核心是为社会培养高素质技能型人才。这种人才应具备的职业能力不仅包括专业操作技能，而且包括任何行业都须具备的基本能力（如常用知识和技能以及职业道德和精神等）。在共同主导型校企合作中，职业院校和企业共同作为办学的主体，都会充分考虑自身的利益，无形中各自都发挥了积极能动作用。企业由于考虑人才适应岗位的问题，可能会更多地考虑专业性培养和岗位定向培养；而学校作为培养人才的专门机构，有育人的基本责任，对于学生的世界观、人生观、价值观、思维方式、个性形式、知识结构等非定向素质都具有直接影响，只有两者相互融合才能更好地将专业定向性和非定向性的要求相结合。

结合前文可知，现代职业教育校企合作需要体现国家意志，通过政府主导、行业协会指导、学校和企业真正参与来实现。共同主导型校企合作因能体现各方面的优势选择而成为现代职业教育发展的必然归宿。

三、基于不同合作方式的模式分类

根据合作方式的不同，校企合作的模式可分为技术转让模式、合作开发模式和共建实体模式3种。

（一）技术转让模式

技术转让模式是由职业院校将科技成果通过技术交易卖给企业，企业根据自己的实际情况选择合适的成果，并对其实现转化。

一般来说，在校企合作的技术转让中，职业院校、企业按不同开发阶段依时间序列先后进入开发过程，职业院校做前期投入，提供技术原理和知识，企业接过来进行中试、工业化生产及市场开发。这种转让有些属于创新过程，但更多属于技术扩散，总之，转让能够使科技成果应用面迅速铺开，产生规模化的经济效益。

在此过程中，对职业院校来说，不需要投入较多的人力、物力、财力，风险较低，但获得的经济收益也相对较低。从综合比较的角度而言，对于多数持风险规避态度的职业院校而言，直接的技术转让是一种最好的选择。而对于企业来说，需要做大量的二次开发工作，投入大，难度大，风险大，成果转化率低，但一旦成功，获得的经济效益也相对较高。

一方面，这种合作模式比较适用于中小企业，有利于促进企业技术引进，加快技术进步，也有利于企业在短期内形成自己的产品，提高生产能力。但在合作过程中，项目的选择关系到合作的顺利与否、被转让成果的技术成熟度、技术开发风险等，也直接关系到企业进一步的生产和经营，企业所冒风险较大。另一方面，技术转让模式加速了职业院校技术成果的转化，较好地保持了职业院校的独立性，但对职业院校的技术进步产生的作用不大，因为职业院校在技术开发过程中，缺乏对技术市场调查和预测的综合能力，技术的先进性、实用性、可靠性有待检验。

（二）合作开发模式

合作开发模式是指企业投入人力、资金，由企业根据生产和市场需求提出技术合作要求，或由职业院校根据所掌握的技术将其推向生产，合作双方共同参与，共同进入整个或某一区段的开发过程，属并行式开发，兼具市场驱动与技术驱动的属性。这种组织形式较好地体现了优势互补效应，结合度较高，风险较小。关于职业院校与企业合作进行技术创新的大量实证分析显示，合作研究是最受企业欢迎的方式。因为企业通过合作研究可以最大限度地进行技术信息交流，能有效监督研究的质量。合作开发模式的特点如下：

合作开发的项目均是企业生产过程中面临的并需要尽快解决的技术难题，或是企业认为有市场潜力的新产品，多数是企业同行竞争中提出的问题，目标高，时间紧，对技术开发周期有明确要求，技术开发难度大。

同时，由于企业参与科研开发，介入技术创新项目程度较深，因此项目的风险性减弱，同时职业院校深度参与项目的后期生产经营，极大提高了项目的成功率。

（三）共建实体模式

共建实体模式是指企业、职业院校围绕共同目标将各自的部分人力、物力、财力集中起来统筹规划、统一管理、统一使用，是在共同分享所创造财富的基础上而建立的实体性合作创新组织形式。共建实体是高级、紧密的校企合作形式，也是卓有成效、成熟和最终希望建立的合作方式。企业与职业院校组建的不同形式的联合实体具体的表现形式有：建立职业院校与企业合作委员会、共建技术开发联合体、共建工程研究中心等。共建实体模式的特点如下：

①可以建立长期合作关系。

②共建实体各方有共同发展目标和利益趋向。

③合作各方技术、条件上相互依赖与互补。

④有比较合理的管理体制与运行模式。

⑤合作各方责权利关系明确。

这种模式适合于合作对象之间有较大技术差距的情况，能体现出最大限度地优势互补。企业与职业院校各方基于长远发展目的，通过联合组建开发机构、研究开发中心、中试基地等，针对较为复杂的技术进行长期开发工作，其目标是保证企业在同行业中的技术竞争优势，并源源不断地开发出新产品。这种模式的合作对象在各自的领域均有较强的技术优势，各方优势互补，属于强强合作。

第二节　职业院校校企合作的理论探索

企业作为职业教育校企合作办学中重要的利益主体，承担着社会职业教育的职责。该职责既是职业教育本质属性的回归，同时也是企业保持强劲可持续发展的动力支撑。近些年，针对当前经济层面企业参与职业教育动力持续性不足、制度层面企业参与职业教育保障不够、道德层面企业缺乏履行社会责任意识的失衡现象，国家出台了系列的政策文件，旨在落实企业参与职业教育的主体地位、责任和权利。那么，如何激发企业参与职业教育办学活力，企业在参与职业教育过程中应当具体履行什么责任，如何调节并规范企业参与职业教育行为，成为我们研究职业教育校企合作的重要内容。

一、校企合作主体的利益基础

近年来，我国职业教育发生了巨大的变化。职业教育校企合作办学模式也在改革调整中不断发展，探索并积累了丰富的经验。本节试图对职业教育校企合作双方的责权关系演变做一归纳和梳理，并从合作主体的责权利关系方面，对校企合作的建构条件进行剖析。

（一）企业与职业院校的责权利关系演变

随着职业教育的发展和社会经济环境的变化，校企合作中企业与职业院校的责权利关系逐步演变，并呈现出较为明显的阶段特征。本书将职业教育校企合作双方的责权利关系演变划分为 3 个阶段：计划经济体制下的行政干预、转型时期职业院校与所属企业的关系逐渐弱化以及市场经济体制下的产教深度融合。在不同的时期背景下，企业与职业院校在合作中的责权利关系也由企业主导、责权明晰逐步过渡到企业配合、依存关系逐渐弱化。发展至今，企业开始重新发挥职业教育办学主体的作用，双方在平等的基础上共担责任、共享利益。

1. 计划经济体制下的行政干预

从新中国成立初期到 20 世纪 80 年代中期，是我国的社会主义计划经济时期，职业教育校企合作在此时期也有了初步的发展。计划经济体制下，国家对企业举办职业教育高度重视并施予行政命令，职业教育的发展应计划经济需要而生，为企业服务而生。当时举办职业教育是企业的重要社会责任之一，企业代表国家承担了职业教育的职能，在举办职业教育过程中占主导地位。职业院校是"附属"于行业、企业而存在的，即职业院校与企业的关系是一种在政府干预下通过行政命令手段形成的相互依存的一体化关系。企业统一执行国家下达的计划指令，财产权和产品全归国家所有，企业没有经营自主权，因此，企业只需完成计划内的任务，无须考虑利益收益；对职业院校来说，这一时期国家对学校的结构、类型设置、教学计划内容，乃至招生计划和学生毕业分配都统包统管。在上述背景下，企业参与职业教育完全没有后顾之忧，此时的校企合作是在充分体现企业利益诉求基础上进行的，从招生到就业，人才培养的全过程都与企业紧密相连：如学校的人才招录指标、对象、专业设置等因行业、企业需要而定；专业教学内容尽量体现行业和企业的新工艺、新技术；专业课的兼职教师由行业主管部门选派。而在实习就业方面，政府部门对毕业生实行统一分配，在某种程度上统一招生与分配制度保障了企业办学的利益和积极性。

这一时期职业院校与企业分别由教育部门与行业部门统一领导与管理。清晰的职责分工避免了教育部门与行业部门在职业教育办学中的责权混淆，保障了行业部门与教育部门、行业和企业与职业院校间的合作效率，此时校企之间的合作是分工明确、职责清晰的。这一时期的合作不是利益主体之间的合作，几乎不存在利益冲突，不是完全按照市场需要来合作的，而是根据国家调配计划来合作。这种在中央各行业部门统一领导和管理下、没有利益冲突的校企合作，确实保证了校企之间的合作协调融洽，在我国职业教育发展中起到了非常重要的作用，也提供了可以学习借鉴的历史经验。

2. 转型时期职业院校与所属企业的关系逐渐弱化

20世纪80年代中期至90年代末，是我国从社会主义计划经济向市场经济的过渡时期。在经济体制转型时期，职业教育得以快速发展，而追求利益最大化成为企业经营的重要目标。在我国社会主义计划经济体制向市场经济体制的转型时期，企业的市场化使得政府对企业的计划调控力度逐渐弱化，计划式的校企合作方式已不适应发展要求，因此，这样的模式慢慢被以市场需求为导向的校企合作模式所代替。此时，企业与职业院校的依存关系逐渐弱化，校企合作基本成为企业配合的单向性浅层次合作，这导致出现了新问题且亟待解决。一些国有企业在转型初期效益不稳定，经营不适应，也难以保证举办职业教育的社会责任意识。同时，有关校企合作的法律、法规尚未建立，尽管在大力发展职业教育的背景下，国家及有关部门出台了一系列导向性文件，也认识到校企合作在保障职业教育质量并形成自身特色中的重要作用和地位，但在立法方面对校企合作责权分配仍然缺乏规范性。虽然在 1996 年国家颁布了《中华人民共和国职业教育法》，对企业参与职业教育的职责和行为有所要求，但相关条款并不具备强制性和约束性，又无激励政策的保障。在这种情况下，职业院校与所属企业的关系逐渐疏远。与此同时，当时我国多数企业对技术要求和高技能人才的利益需求不高，企业从大规模的农民工劳动力市场就能找到所需的劳动力，加之国有企业减员增效，职业院校培养的毕业生很难就业，因此，校企双方难以找到利益的结合点，故而合作关系日益松散。

3. 市场经济体制下的产教深度融合

进入 21 世纪，我国社会主义市场经济框架逐步确立。此时职业教育在促进国民经济发展中发挥的作用日益明显，政府对职业教育的重视力度不断加大。为了适应经济体制和结构的转型，职业教育必须对原有的运行机制进行深化改革，从规模扩张到内涵建设，职业教育取得了巨大的发展成果。此时职业院校开始探索与实践新型校企合作模式，一些创新成果不断出现。校企合作逐渐走向以市场机制为基础的合作，在政府的宏观调控下，职业院校和企业本着自愿互利、风险共担、利益共享的原则进行广泛的合作。但在粗放型的经济增长方式下，这一时期的企业与职业院校的合作大多集中在一些浅层次的范围，如订单培养、学生顶岗实习等，学生往往被当作廉价劳动力使用，但在职业技术能力的培养方面，双方的育人责任难以实现。

随着经济发展方式转变为走新型工业化发展道路，社会对人才的知识、技术、技能和创新能力等提出了更高要求。2005 年出台的《国务院关于大力发展职业教育的决定》，要求大力推行工学结合、校企合作的培养模式，推动职业院校与企业的密切结合，强调企业有责任接受职业院校的学生实习和教师实践。在这一时期，企业迫切需要大量熟悉新技术、操作新设备的应用型人才。因此，在国家政策引导下，越来越多的企业开始关注与职业院校的合作，提前介入学生培养的过程中，校企合作逐渐深化。一些职业院校也逐渐认识并重新定位与企业合作的关系，开始寻找校企合作新的利益结合点，校企合作从单纯的学校或学生获益向校企双赢转变。此时由企业主导的校企合作已转变为院校主导的校企合作，但二者在合作利益认知上存在差距，双方利益期待难以满足。

现如今，在"新技术、新产业、新业态、新模式"背景下，我国职业教育校企合作在不断反思和创新中逐步走向融合。为加快推进现代职业教育发展，产教融合、校企合作成为助力产业结构调整的重要保障。推进产教融合、校企合作的思路是企业积极发挥职业教育办学主体作用的来源，更加强调了企业应与学校建立更加紧密的合作关系。企业在多年的合作过程中感受到职业院校在培养高技能人才、应用研究等方面的优势，也提高了企业参与校企合作的积极性。与以往不同的是，在这一阶段，双方在校企合作中的责权关系是平等互利的，而不是附属或主导性关系。职业院校与企业应共同承担培养高技能人才的责任，因而双方要在利益双赢的基础上创新合作模式和运行机制，以保证合作过程中各自承担相应责任以及享有相应的权利。

（二）校企合作的建构条件

职业院校校企合作是企业和职业院校两个不同利益主体之间的合作，合作中必然存在双方责权利的协调与配置问题。本部分通过对校企合作中双方责权利关系的分析，归纳出校企合作建构的 3 个条件。

1. 共同利益诉求是建构的驱动力

驱动力是指驱使职业院校和企业合作的根本力量，职业院校与企业是校企合作中的两个直接主体。对职业院校来说，其目的是追求社会效益的最大化，获得更多教学资源、提高人才培养质量、获取企业资源进行科技创新，这属于近期利益，又属于长远利益；而企业是营利性组织，实现经济效益的最大化是企业参与校企合作重要的动力之一，以从合作院校中获得高素质技术技能人才和高质量的技术服务为目的，这属于长远利益。虽然双方各自追求的目标不同，但职业院校和企业在近期利益和长远利益上有着共同的利益基础，校企双方在资源上能够取长补短，在利益上能够共赢共享，双方各自的利益也通过各种不同形式的调整而得到综合表现。

职业院校通过校企合作可以实现：利用企业信息优势和人才质量标准，调整专业设置、人才培养目标和规格要求；获得经费、设备支持，共建共享实训基地；企业提供就业机会；积极进行科研合作，共建研发中心，共享科研合作成果；实现教师下企业培训等。企业可以通过合作可以实现：获得生产一线的技能型人才；获得学校的技术支持、新产品研发协助，良好的社会声誉；企业员工在职培训的机会；获得决策建议与管理建议等。这些利益固着点会促使职业院校和企业的合作走向深入并持续发展。因此，可以以共同利益诉求来驱动利益主体双方，调动企业和职业院校合作的积极性。只有校企双方的需求都能得到一定程度的满足，双方的合作才能得以延续和发展。

2. 共同承担责任是建构的先决条件

校企合作是以校企双方利益为基础进行的利益共享、责任共担的合作。可以说，获取利益是企业承担职业教育责任的必要条件，而共同承担责任则是双方合作的先决条件。

企业在享受社会赋予的财产、生产经营、法律保护等权利的同时，还必须要承担社会责任，尽社会义务。企业的教育责任，作为企业社会责任的一部分，应当指向的是职业教育，具有很强的职业导向性。校企合作中企业的教育责任主要是协助职业院校共同完成人才培养任务，具体指企业应参与职业院校教育教学过程的各个方面，包括与学校共同培养高质量的技术人才，参与学校的招生、教学专业的设置、课程内容的制定、教育教学的实施以及学生的考核评价等环节，并在合作中有意识地对风险进行规避，保障自身及学校权益等。

从校企主体在合作中的关系演变来看，学校自身难以完成职业教育任务，因此更加需要企业承担部分责任，以弥补学校职业教育的不足。

3. 共同享有权利是建构的必要保障

权利分配是校企合作主体的关键问题。之所以强调企业具有职业教育权利，是为了保护企业或职业院校的正当利益。在校企合作的过程中，双方都承担了不同程度的责任，而权利的获取是对所承担的职业教育责任的有效补偿，此时，企业与职业院校在合作中才享有平等的权利和地位。

企业的职业教育权利主要贯穿于人才培养的过程中。根据人才培养的顺序可以将企业的职业教育权利归结为知情权、行动权和决定权。知情权，指企业具有了解学校的基本信息以及人才培养规划、招生等信息的权利；行动权，指企业有共同参与人才培养全过程的权利，如教学计划制订、课程开发、教材编写和考核评价等；决定权，指企业在承担责任的前提下为了保证自身的正当利益而准予活动实施或不能实施的权利。

知情权、行动权和决定权构成企业职业教育权利的基本形态，但并不是说提到教育利益就必然包括这三种权利，在通常情况下，它往往只突出地表现为其中一种权利或是以几种权利混合。在当前我国的校企合作中，企业所获得的权利还很有限，与承担的职业教育责任相比，还是缺乏相应的权利的赋予和保障。

二、校企合作主体的权责配置

（一）校企合作中资源共享的理论透视

"工学结合、校企合作"一直以来被视为我国现代职业教育的发展模式和职业院校的人才培养模式，是职业教育区别于普通教育的重要特征，校企合作则是职业教育"跨界属性"的现实要求。职业院校和企业分属于不同性质的社会主体，在追求各自效益的框架下又存在共生式依赖关系。这种关系形成的前提是关键资源的稀缺性和不可替代性，建立的基础是资源的互补性，并通过合作获得自身不具备的资源；基本特征是资源交换、优势互补、责任分担、共同管理、相互配合、互利共赢。我国职业院校校企合作应充分认识这种资源共享关系的生成境域，并从社会伙伴关系视角分析合作形态以及共享机制特征，促进校企资源共享关系走向规范化与长效化。

1. 校企资源共享形态

校企合作的本质是学校和企业两种不同的组织在合作过程中，基于不同的利益追求和价值目标来谋求共同发展的一种经济活动或教育活动。职业院校与企业进行合作时提供的资源是互补性的，不存在竞争的矛盾。从资源的角度看，校企合作的主要原因是获得互补性资源，而不是互担风险。因而，从资源依赖理论来看，对校企合作形成的基本解释是：通过合作伙伴关系可以与其他的组织实现关键资源的优势互补。

（1）校企合作的资源驱动——利用对方的关键资源

"资源"作为经济学名词，是指一国或一定地区内拥有的物力、财力、人力等各种物质要素的总称，是通过使用或直接可以为产业、社会产生效益的东西。"教育资源"是人类的社会资源之一，包括自有教育实践和教育历史以来，在长期的文明进化和教育活动中所创造和积累下来的教育知识、教育经验、教育技能、教育资产、教育费用、教育制度、教育品牌、教育人格、教育理念、教育设施以及教育领域内外人际关系的总和，具有公益性、产业性、理想性、继承性、差异性、流动性的特点。职业教育资源是公共社会资源和市场经济资源的混合体，既有教育资源所拥有的全部特性，又有自己独有的特征。政府、市场、学校、企业和个人共同构成了职业教育资源供给的责任主体。

　　职业教育的资源需求是多层次和多类别的，目前主要体现在3个层次，即基本教育需求、生活保障的就业需求、生活品质或质量提升的发展追求。职业教育的内容主要包括基础文化素质教育、专业基础理论知识、专业基本实践技能、专业提升和拓展等。需要注意的是，市场经济中社会对人才的需求呈现动态且复杂的特点，市场人才供需系统受到教育周期性、人才就业区间、就业意愿以及就业满足度等因素的影响，这是由社会、政府、学校、社会团体和个人等之间关系的相互作用而构成的，并在一定的历史规律下进行动态演化。人才供需的协调和匹配以及人才供需结构的作用和机理，需要从教育资源的供给角度得到确切理解，才能真正实现多元主体之间人力资源的储备与共享。但职业院校不可能全部拥有，也难以凭一己之力调配如此之多的支撑人才培养的社会资源，所以职业院校在不断地寻求与企业、行业、社会团体等不同主体的通力合作，建立合作共同体，扩充校企合作资源，以达到优势集聚、优势互补的整合效应。校企资源共享由此便形成这样一种理念：最要紧的资源不再需要自己拥有，但必须有能力调配。因此可以通过建立合作伙伴关系共同享有这些资源，但也要以同样的方式向合作伙伴提供他们所短缺或需要的资源。

　　（2）资源共享的理想状态——建立社会伙伴关系

　　校企合作共同体是校企合作、产学研的重要载体。多元主体合作的主要驱动因素之一是缺乏或需要生产能力及资源，以资源为基础的合作共享超越了物质类别的能力共享。当共同的、彼此可以接受的目标被一致同意，并且那些目标不包括彼此之间的竞争时，这种合作关系就是最好的资源融合。在职业教育的多元主体合作中，职业教育的实施主体是各个利益相关者的合作共同体，包括教育部门、劳动部门、职业院校、行业和企业、教育培训机构、社会雇主、学习者和家庭等。各利益主体通过建构社会伙伴关系形成一种多层面、多元化、放射性的合作，相互分享资源，彼此学习成长，以建立诚信和稳定的关系。

　　正如我国校企合作形态有不同类型一样，社会伙伴关系组织亦有不同形式。①法定型社会伙伴关系。其典型特征是由外部机构组建，其利益追求或优质资源是和社区相关或是直接共享的。这类团体一般是基于某种特殊政策目标，由它们所处区域中的相关官方机构发起的，即由政府或非政府组织建构起来的，如"太平洋海湾教育专区"；或由企业和职业教育基金会给予资助的，如"学校—工厂社会伙伴"。②社区型伙伴关系。其主要特点是关注所处地区的社会问题，以确保所有参与者可以获得足够的支持和资源。这类伙伴关系的建立主要是针对特定区域中的特殊问题，形成由地方社区组织、地方政府、行业和企业、职业院校和教育培训机构紧密合作的区域网络结构。社区型伙伴关系一般跨越两个行政区域，以实现地方政府间的互动。同时，这种伙伴关系可以引导地方政府制定政策，为当地社区人员提供更多的教育机会。如东北学习和就业网络、亚拉高级社区机构以及亚拉高级职业学院就属于社区型伙伴关系。③协商型伙伴关系。这种伙伴关系形式的建立是通过内、外部利益互动而组建的，基于互惠共赢的目标达成共识，以确保伙伴关系的维持、伙伴利益的实现，如昆士兰州社区服务和健康中心、圣詹姆士中学等团体就属于协商型伙伴关系。这种类型的社会伙伴关系已经运行了多年，远超过法定型和社区型伙伴关系的运行时间。

2. 校企合作的伙伴关系纽带

职业院校和企业是社会单元中不存在竞争关系的两类性质完全不同的社会组织，尽管各自的目的不同、产品不同、组织结构不同、作业管理不同、运行体制机制不同、资金运作方式不同、文化不同、理念不同、社会责任不同，但一个客观存在的事实是，职业院校以培养高素质、高技能人才为培养目标，而企业需要高素质、高技能人才生产出满足市场需求的产品。因此，以共同培养高素质技术技能人才为核心的教育价值观，就成为职业院校和企业都需要和坚持的价值共识。

（1）校企合作过程中社会伙伴关系的植入

最初，"社会伙伴关系"是西方国家为了协调社会集团之间多种利益关系所采用的一个较为新颖的概念或范畴。具体来说，社会伙伴关系是指由政府、公共机构、私营机构和社会团体构成的战略联盟，这个联盟有助于提供具有创新性的、能够解决当地复杂社会问题和经济问题的方案，而这些解决方案必须有利于当地人民、有助于地方机构的协作。社会伙伴关系是社会不同群体之间通过共商协调形成的利益纽带，是建立在"共赢"基础上的一种契约合作关系，包括政府和非政府、经济实体和非经济实体之间的合作。通过建立这种多主体社会伙伴关系能够提高成员的利益收益和工作效率，增加成员所拥有的社会资本，并且通过各群体间伙伴关系的构筑来加强社会合作，改变社会群体之间相互作用的方式与机制，形成以对话代替对抗的共识，使社会始终能够在一种相对稳定的环境中有序发展。

随着社会合作的不断发展进步，伙伴关系逐渐被移植到职业教育领域。目前，澳大利亚、加拿大以及欧盟等国家和地区在职业教育领域也引入社会伙伴关系理念，并取得了显著成果。在职业教育的发展境域，传统的伙伴关系是指职业院校与商界的合作。从企业角度看，参与职业教育存在一定的益处：一方面有更多教育良好的年轻人可供选择，另一方面日渐缩短的产品周期使得员工技术调整加速。从职业院校角度看，技术结构更新不断对在职培训提出新的要求，引入产业界的参与将有利于开发针对市场岗位需要的职业教育课程。同时，伙伴关系也是一个发展中的概念，任何有关学校、企业、其他个体或私人部门之间通力合作以提高教育质量为旨意的活动，均可视为伙伴关系。建立伙伴关系是实现改善教育计划的一种重要方式，是一个达成共识的过程，且这个过程是动态的、不断成长的、逐步演化的。职业教育领域的社会伙伴关系在多主体的助推下，逐渐由传统的协助实习转向通过不同的社会伙伴获取更全面的市场信息以及社会对职业教育的需求信息，以指导职业教育的产出与供给。

（2）职业教育社会伙伴关系的界定

发展至今，职业教育中的社会伙伴关系在动态中逐渐落定，主要是指学校、政府、社会组织、企业、教师、学习者、家长等为提升教育质量、促进社会和个人发展而建立的合作关系。这种合作关系反映在职业教育的办学形态上，既可以说是多元社会力量办学的雏形，也可以说是职业教育办学所追求的方向。社会力量参与的校企合作办学一般由地方政府、职业院校、教育机构、行业协会、企业、科研机构等成员主体联合而成，具备社会伙伴关系的一般特征，即包括参与者、关系资源、分担与共享以及连续性等要素。办学共同体内各成员主体都必须对该合作关系做出组织承诺，如共同体章程。成员间的合作关系应该是持久且有关联的，如共同体建立的长效性。每个参与者都必须给合作关系带来一些有价值的东西，或是合作过程中的生成价值，如技能、知识、资源。分担与共享。在合作框架中，各方应共同承担责任，并承担各种后果的风险，且成员之间拥有共同利益追求并以此达成了共识，如共同体治理。成员间具有共同的价值追求，达成共同的目标，形成良好的相互信任关系，如维护共同体运转。这种亲密无间的合作关系得以建立的基础，是各成员主体承担履行承诺的义务、致力于实现共同的目标、彼此间建立信任、注重团队意识与建设、共担风险并且开诚布公地解决一切冲突和问题。如此一来，各方的关系与其说是"交易型"，倒不如说是"关系型"，并且合作各方都承诺为项目或某种合作的成功提供资源。因此，伙伴关系体现于对具体成本的共同协商、风险降低和风险分配的共同分析。

（3）校企合作共同体内部的关系网络

社会伙伴关系如同一个无形的大网，在任何活动领域无限集聚职业教育利益相关者，逐渐形成一个价值网络来维系彼此间的合作关系。在越来越复杂的全球环境下，构建成员间的关系网络是未来成功的关键因素之一。价值网络是信息、物质和人力的结合，要使这三种资源成为一个有机的整体，关键是在价值网络运行过程中要做到理解和处理好文化的相互映衬。职业教育社会伙伴关系的突出特征就是将培养、培训、就业、升学捆绑在一起，形成一个共同体式的利益网络。其真正的本质是提供服务，且合作共同体内各主体皆有其角色及职能，如职业院校扮演的主要角色是经济与社会发展所需人才的培育者，为社会和行业、企业培养应用型、技能型人才，并通过和行业、企业建立合作关系以为企业员工提供培训；政府主要扮演着统筹者、协调者、规范者、资助者等多重角色，职业教育伙伴关系的形成和发展离不开政府的专项支持，离不开政府政策法规的扶助，离不开政府顶层设计上的全面统筹与局部协调；行业、企业一般扮演着职业教育的举办者、投资者、消费者、服务者、合作者的角色，企业是职业教育的出发点和归宿，它为职业教育的发展提供平台，也是职业教育所培养人才的最大劳动力市场。

（二）校企合作中资源共享的现实审视

教育资源分布的不均衡是制约职业教育发展的主要问题，整合教育资源、深化产教融合成为职业教育改革发展的着力点。目前来看，校企合作的质量和深度直接关系着职业教育人才培养的质量和水平，对学生的未来发展和产业结构调整升级会产生重要影响。由于受到诸多因素的影响，我国职业教育校企合作仍然处于发展中，虽然流线型的单一校企资源共享取得了一定成效，但在发展过程中还存在共享虚化、程度不深、利益纠葛等问题，亟须有一个平台来支撑和解决。

1. 校企合作中共享的资源类别

资源包括人力、物力、信息、财力四种，校企资源也无外乎这四种资源。基于教育性资源框架来分析，在目前的校企合作中，参与共享的校企资源主要有人力资源、生产性资源、衍生资源以及文化资源，应注意的是，资源共享的效果与校企合作的内外部环境有着至关重要的关系。

（1）人力资源的共享

校企合作共同体内参与共享的人力资源主要是师资和学生。师资共享包括校际专业教师、兼职教师的共享，以及校企间企业技术人员、下企业实践教师的共享；学生包括在企业实习实训的各校学生，这打破了校际界限。在人力资源的共享上，职业院校和企业做得比较深入，具体表现在以下2个方面：

①师资共享方面。兄弟院校之间互通有无，形成师资享用的模糊边界。校企合作共同体内，学校和学校之间也有合作，专业教师在院校之间依据需求进行兼职任教；共同体中建立了兼职教师资源库，不同专业背景的行业、企业专家和技术人员供兄弟院校安排使用；校企间形成兼职互聘，公司派遣技术人员来校支教，

学校派专业教师去企业共同突破技术难题。

②学生共培方面。以专业为合作纽带的校企双方共同制订实习方案，明确学生到企业的任务与要求，并根据要求对学生进行严格考核，以此保证实习效果。特别是校企共建学院时，要求制订详细的工作计划，每期实习都进行师徒结对、分组结对、分组指导，任务明确到人，并且应举办师徒结对仪式，以增强师傅与徒弟之间的使命感与责任感，密切师徒关系，以增强实习效果。除此之外，校企可合作开班，广泛培养、培训有兴趣或有需要的学生。

（2）生产性资源的共享

校企合作共同体内参与共享的生产性资源可分为硬资源与软资源。硬资源主要是实训场所建设，即实训中心、工作室、配套设施等；软资源主要是教学培养实践，即课程教材、项目化教学、培养方案等。关于生产性资源的共享，职业院校和企业越来越注重实践的落实，主要体现在以下2方面：

①实训场所建设方面。职业院校与企业合作共建共享实训基地，校企共同体中的企业几乎全程参与。例如，职业院校提供场地以及专业人才，企业提供设备以及项目订单，双方合作共建实训基地。在实训基地，采用完全真实的实训环境，引入完全真实的工作任务，每个实训中心均有合作企业，安排基于合作企业工作任务的实训项目，感受企业的真实运营。对于生产线上的合作共享，这一流程的共建共享比较复杂，因为大部分企业对产品规格、技术含量的要求比较高，而生产线对规格、质量的形成至关重要，所以生产线的共享程度并不是很高。

②教学培养实践方面。课程教材共同开发，校企合作委员会指导校企成员合作开发课程，并将课程在行业、企业中推广，用于企业内训、订单班讲授，并在共同体同类专业中进行成果共享。虽然校企合作编订的课程、教材在数量上颇为可观，但称得上优质课程、教材的并不是很多，所谓的"优质课程"共享程度也不是很高，仅局限于共同体内，外界辐射度比较小。但企业可为课堂教学提供现实案例，如真实生产线流程、操作工序中错误做法、某个产品开发过程、某项技术攻关瓶颈等，使得企业生产实际内容走进课堂，为教学提供生动素材。同时，校企双方共同制订人才培养方案，完成共同体内相关专业人才培养方案的修订，把行业职业资格标准融入课程教学。此外，校企合作共同体还积极探索人才的系统化培养，如在中高职衔接上不断努力，不管是人才培养方案还是课程教学，都尽量做到一体化、系统化。

（3）衍生资源的共享

衍生资源是具有增值性的资源，反映出价值创造的过程和结果。校企合作中参与共享的衍生资源可分为研发资源、意识资源、就业平台。对于衍生资源共享，我国虽然有一部分校企合作平台在实践中践行，但效果上并不尽如人意。研发资源既可以说是技术攻关又可以说是技术服务，涉及知识产权、生产专利、重大项目等，在层次上一般超过了单个企业的水平，一般由企业群组与专业群组的合作攻关。在实践中进行研发资源的共享，企业给出"技术难题"，教师承接来做，或是企业技术专家和学校优秀专业教师结成项目组，共同攻破瓶颈。而意识资源既可以说是主观认识又可以说是文化渗透，教师下企业实践的重要作用之一就是提高对岗位、对行业、对现代技术的认识水平。企业对产业发展的感知、动态最为清楚，对行业和市场的走向及变化最为敏感，对技术、设备的追求也最为前卫，教师在企业实践过程中可以充分体会其先进性与时代感，能够更好地促进其育人理念的更新、教学内容的调整，进而提高学生对市场需求的适应性。这种意识共享是在合作交流中得到的，并且校企合作也极其重视教师下企业实践的环节。最后，就业平台主要是指学校群与企业群合作下的产物，不是"一校对一企"而是"多校对多企"的平台，不是"单向选择"而是"多向互选"，在这个大平台上既拓展了学生的就业面又提高了学生的就业质量，且在合作过程中，基于平台优势，企业能比非合作企业提前优选人才，提升企业竞争力。

（4）文化资源的共享

文化资源属于隐性资源，这里主要是指企业文化资源，包括行为规范、操作流程、职业素养、制度管理、经营理念等。以师徒文化传承为例，有的企业通过"拜师"的形式来传帮带。对徒弟的要求是尊敬师傅，礼貌待人，刻苦钻研，勤奋学习，认真守纪，注意安全；同时也要求师傅胸怀宽广，真心待徒，认真传授知识和技能，严格要求与训练，做到既带思想又带作风。

企业的核心理念、价值观、工作氛围，都是职业教育的大课堂。目前，我国职业教育极为重视对"工匠精神"的传承，将"匠人神韵"渗透到教育的每一个角落，除了师徒文化外，专业课程、实习实训也处处渗透着产业文化。因此，应积极践行专业群与产业群的深入对接，将企业文化延伸至校园，促进校企文化间的融合，共同滋养、培育人才。

2. 校企合作中资源共享的困境

职业院校和企业作为职业教育发展的两大重要主体，从"工学结合"到"产教融合"，双方合作程度不断加深，相互间的异质资源依赖程度不断攀升，但在共享环境、共享广度、共享深度、共享机制等方面也时有摩擦发生。

（1）共享环境方面，校企资源整合缺乏有效氛围

政府推动资源整合失位。政府推动资源整合共享是指在一定的区域内，政府教育部门打破职业主体之间的现有界限，通过集聚和分配整合，统一筹划师资、教学、仪器设备、教育信息等资源的分配与使用，并与行业、企业、社会共享，且共享形式多样、内容丰富。政府在校企合作中，对职业教育资源整合共享承担着重要的角色和功能，不仅要促进两个不同主体合作，还负责组织资源的整合。目前来看，所谓的整合还停留在旧资源的盘活方面，没有进行再加工和精加工，在政策作为上远未营造出校企资源共享所要求的良好环境。

校企资源共享无位。职业院校和企业在资源的整合共享中缺乏纽带与平台，单校对单企的"1+1"合作使双方都承担较大的压力。大型国企或龙头企业，本身规模大、实力强，合作压力相对小一些，但大型企业毕竟是少数，而且从长远来看，单个企业也难以提供稳定的、具有一定规模的就业岗位。虽然有的校企之间成立了某种形式的校企联盟，但也多是职教资源的重复建设，受益范围较小。除此之外，现有的职业教育信息资源平台大部分都是"独立分散式"的，各资源之间缺乏统一的技术凝聚，共享稳定性差，且同一资源在多个单位重复建设，浪费严重、效率低下，资源库之间也无法实现互通，大大降低了职业教育资源的使用效益。校企之间理想的资源共享，应该是实现一种基于区域范围，甚至国家范围、国际上的大共享，并不是局限于自己的一方小天地，校与企的一对一的对接终归太过狭隘，并且对于行业产业的普适性比较差，不利于迁移与借鉴。

（2）共享广度方面，校企资源共享面有待拓宽

校企之间参与共享的资源大部分是硬件设施、常规资源，技术层面等软资源的参与少之又少，究其原因主要是主体权利义务的边界不明确。就实习实训而言，职业院校需要的是具有技术含量、与先进生产方式相联系的技术岗位来帮助学生全面训练以掌握系统的技术技能，但问题是，企业多不愿提供技术含量高的岗位做实训，更不愿提供全套的岗位技术。究其原因，企业以生产为主业、以营利为目的，一切岗位都要服从生产和营利的需要，因此，企业主要是提供一些低端技术生产岗位，甚至有些企业会把技术含量极少的岗位专门让学生以训练的名义上岗操作，通过低酬劳从中赚取利润，这些都与职业院校与企业开展合作的目标相反。

就课程教学而言，学生的学习内容应该是就业后有用的、对工作有帮助的内容，这些内容很大一部分由企业内充分了解岗位情况的人员掌握，理论上讲，这些人员应该成为职业院校师资队伍的必要补充，但企业提供理想的技术人员参与

教学存在很多困难：①时间和精力不允许。高素质的企业技术人员能对学校教学提供帮助，但这样的技术骨干必然会把大量精力用于企业管理与发展。虽然学校通过弹性时间安排能够得到这些人员的暂时帮助，但让他们用较多时间参与教学则有一定难度。②缺少技术或技能专利保护。学校最需要企业人员提供关键的技术和技能，而这些很可能就是企业出于竞争需要且必须保密的内容，个人很难决定哪些内容可以公开用于教学。

（3）共享深度方面，校企资源融合共享浮于表面

企业参与积极性不高。国家鼓励实行工学结合、产教融合的办学模式，希望企业能够走在前面，起到主导作用，但现实中，职业院校和企业资源共享还面临很大阻力。众所周知，企业的目标是追求经济利益，在现有政策环境下，企业参与职业教育享受到的优惠有限，不管是半工半读还是工学结合，企业在合作中除了获得人力资源方面的某些利益外，基本得不到其他切实的好处；同时一些企业还担心接收学生实习会影响生产，再加上企业对职业教育校企合作的办学内涵不甚了解，未认识到职业教育对企业的重要程度，从而严重地影响其参与积极性。

共享收益分配不明晰。对于职业院校而言，校企合作可以提高本校的教学、管理等综合实力，拓宽学生就业渠道，获得较大收益；而对企业而言，企业最关心的是能否获得更优秀的劳动力，劳动者的技术技能是否有新的价值提升，是否具备胜任企业目前和未来发展的岗位要求的职业能力，合作学校是否有能力解决企业在经营、管理中的困惑等问题。这些问题目前还未得到肯定的答案，收益也不确定。

校企双方缺乏信任。校企之间对合作培养、合作生产的认识存在眼前利益与长远利益、局部安排与全局规划的矛盾，且不少企业还认为办教育只是学校的事情，也就是说，学校和企业尚缺乏理智而成熟的"合作教育、优势共彰"理念导向。作为校方，必须转变传统的办学观念，尝试创新合作模式，努力提高合作育人质量，做到培养目标基于需求、办学形式适应市场，使学校专业设置与经济发展相适应，使学生素质与企业需求相适应，只有这样才能赢得企业的信任与支持，校企合作共享才能取得长足进步。

（4）共享机制方面，校企资源共享尚未形成双向流动

现在许多职业院校和企业的合作共享未实现纵深发展，其根本原因是没有实现资源的双向流动，未建立资源的双向获取机制。主要表现为：首先，校企间的合作较为松散。一方面，实训交流方式不当，学生实习时间短、来不及掌握实践内容，企业也未配备专门工程师指导学生，学生很难从企业获取实用资源；同样，

学校丰富的资源也没能通过学生或其他方式带给企业。另一方面，人才共同开发机制不良，在人才资源开发的方向、规模、层次、内容等方面仍是以自身为中心，造成学校学生不了解生产和市场；同时，人才信息局限于本单位或本行业，人才共享的机制尚未建立。其次，合作中校企双方都未投入核心资源。学校不愿对企业进行实质性资源投入，导致企业得不到理想收益，合作热情便逐渐冷却。目前来看，有些企业在合作共享中主要是通过设立学生奖学金、赠予学校实训设备来参与，但从整体上看还是学校单方主导的合作形式，与人才"校企共育"的追求仍有一定差距。在顶岗实习方面，企业供给的工种比较单一，多工种轮调的实训还比较困难，再加上岗位作业的实效性欠缺，以至于实习实训的内容与技术技能培养目标存在一定差距，职业院校参与合作的动力也随之下降。

三、企业参与职业教育的体制机制与社会责任

（一）企业参与职业教育社会责任的理论审视

深化产教融合、校企合作之所以难以实现，既有校企合作外部激励保障不到位的因素，也有企业自主承担职业教育社会责任觉悟不够的内部因素。事实上，我们可以将企业参与职业教育视作遵守社会契约前提下的责任履行，这意味着企业参与职业教育的过程也就是履行社会责任的过程。鉴于关系契约理论本身内涵十分丰富，具有较强的适用性和动态的解释力，本书就以关系契约为分析框架，从理论层面阐释企业参与职业教育社会责任的内在规约性。

1. 关系契约理论的提出和价值属性

关系契约的概念最初由著名历史学家威廉·麦克尼尔提出。麦克尼尔对现实生活中发生的真实契约现象进行了描述，认为契约是有关规划将来交换过程中当事人之间所发生的各种关系，而"关系"就是一个人与另一个人通过社会的或其他相互连接而发生作用的处境，或是情景、感情等的关联。该观点一改原有古典契约理论的基本观点，在对古典契约理论继承与批评的基础上，重建了一套新的契约秩序。麦克尼尔从动态及未来的视角来理解契约，重视契约缔结背后复杂社会关系对契约履行的影响，注重契约与社会互动功能的实现，强调"交换"和"过程"，契约也逐渐成为经济学、管理学、法学研究的焦点问题。本书结合企业参与职业教育的实践，主要从以下维度分析关系契约的理论属性。

（1）统一体特征

统一体是指有着共同目标、基本规范和价值追求的组织，以相互团结、合作

援助为前提，在一定意义上体现了契约双方的相互依赖性。关系契约将当事人看作一个关系共同体，一个从一开始缔约就存在的关系共同体。从社会关系角度分析，关系契约超越了合同确定的权利义务约定。它的统一体特征体现在以下两方面：一方面，组织成员内部的统一，即契约参与者之间不仅存在权利、义务的对等性，还应当基于契约互相保护、互相帮助、合作互惠。这些理念也是契约精神的一种价值取向，它要求关系契约参与者不仅追求个人利益的最大化，同时还要兼顾组织其他成员的利益，并站在更高层次进行合理统筹，以实现集体利益最大化。另一方面，组织内部与外部社会的统一。以企业为例，企业作为社会组织的重要代表，在追求经济利益的同时，还需要考虑自身在社会组织中的特殊地位，承担与之相适应的社会职责，以维护关系和社会规范为目的，达到经济利益和社会效益的整体协调；反过来，企业实现的社会效益也会视情况而为企业带来更多的经济收益。可见，统一体这一概念的使用通常是为了表达一种与利益相关的人际联系，且这种联系不是暂时的，也不是一对一的，而是一个纵横交错的巨大社会关系网络，互利互惠是维系其存在的核心因素。

（2）长期性特征

长期性特征是从时间维度来审视关系契约的履行过程，可以确定的是，关系契约的缔结和履行是一个复杂而漫长的过程。究其原因，主要是由两方面决定的：一是，有限理性决定了关系契约的长期性。社会人的主体假设认为人是有限理性的，由于受人自身认知能力、获取信息成本、利己利他思维等方面的限制，决定了关系缔结之初很难预料有关行为的方方面面，所以关系契约的维持必然是长期调整的结果。二是，内容不确定性要求关系契约的长期性。缔结关系契约象征着矛盾的解决，但绝不意味着矛盾的消除。随着时间的推移，参与者也会预料到关系契约并非个体单纯的合意，履行过程中必然会出现新的问题和新的矛盾，如机会主义行为的出现需要根据新的情况重新调整内容和关系以应对不确定性。与团结、合作相对的是机会主义行为，契约制度的一个非常重要的目的就是要防止各种各样可预知和不可预知的机会主义行为。因而，为尽可能维持契约关系，关系契约本身十分注重利益分担机制的建立和契约关系参与者利益的动态平衡。

（3）非承诺性物质交换的存在特征

在关系契约中，契约参与者之间关系的交换具有广泛性，不仅进行经济契约的交换，还包含以合作和互惠为内容的其他要素的广义的社会性交换，可以说后者是一种隐性的交换。因此，我们必须将关系契约放到整个社会这一复杂的大背景下加以分析和考察，引入各种交换关系，考虑非承诺性物质交换等其他社会因素的影响，如注重社会地位、社会价值观、社会规范和情感联系等在交换中的实际效益。值得注意的是，除了即时性的交换，关系契约还涵盖对未来意识期待的交换。基于关系契约的长期性特征，关系契约参与者对未来交换产生了合理预期，并愿意以未来意识换取现在关系的维系。当这种预期被参与者接受认同后，就形成了关系规范，如企业会在社会生产实践中努力践行高度社会责任感以赢取一定的知名度、满意度和美誉度。当然，除了关系规范，还存在其他的社会规范，所有这些非承诺性物质交换的存在都有助于参与者更加积极主动地履行契约，避免和减少违约事件的发生。

2.关系契约与企业参与职业教育社会责任的属性契合

基于对关系契约理论提出和属性的分析可知，关系契约理论以社会学的视角解释现实社会的契约关系，具有独特的理论优势。而企业参与职业教育则是企业承担社会责任的具体体现。无论是美国经济发展委员会提出的企业社会责任同心圆体系、莱辛格企业社会责任层次体系，还是卡罗尔企业社会责任金字塔分层理论，都强调企业社会责任的自我履约，以及企业参与职业教育的主体定位和动机选择。因而，关系契约视域下企业参与职业教育亦具有统一体、长期性和非承诺性物质交换的存在等属性特征，且各特征之间的相互关系如图4-1所示。

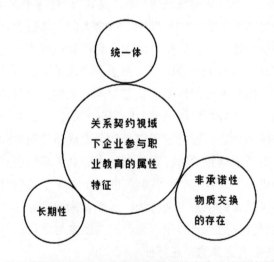

图 4-1　关系契约视域下企业参与职业教育社会责任的属性特征及关系

（1）企业参与职业教育的统一体特征

校企合作不仅是一种育人模式，而且是利益相关者之间进行资源再配置、利益再分配的过程。针对利益冲突对立统一的关系，关系契约理论强调契约性团结。这种团结具体是指契约参与者个人利益的实现要通过其他参与者利益的共同实现来满足，是一种指向广义且综合的互助同构关系，具有集体约束力的效力。

　　事实上，职业教育需要基于职业教育中的校企合作，包括行为机制、治理模式与制度创新等方面，通过满足市场需求以实现受教育者的就业目标，通过实现技能型人才的内外价值来满足企业技能型人力资本能力的开发诉求。在对来自各行业的共300家企业在履行参与职业教育社会责任方面情况的调查中发现，大部分企业对于职业教育利益诉求的实质是人才的职业能力培养，且都做出了重大尝试。其参与的主要方式是校企合作共建产学研中心（基地）、开展各类技能大赛、开展不同类型和层次的员工培训等。目前，一方面，国内部分上市公司和大型企业集团相继成立了企业培训学院等机构；另一方面，部分上市公司与职业院校直接合作，参与人才系统培养过程。因而，从人才培养的角度来看，企业参与职业教育并不是单方面的成本投入，而是互利互惠的社会交换和利益均衡的满足实现，具有明显的统一体特征。企业与政府、行业、职业院校、教师、学生等之间，因存在许多共同或相似的人力资源利益需求而形成了复杂的相互依赖网。企业参与职业教育不仅能够满足企业内部对人力资源的发展需要，实现企业经济效益与参与职业教育投资的良性循环，而且有利于企业更好地处理与职业院校的外部合作关系，更好地协调企业与社会的发展关系，可以在为职业教育发展提供实习实训等发展条件的同时，实现自身的有序、长远和持续发展。如企业在为教师社会实践提供机会的同时，也分享了教师企业实践的成果，增加了意想不到的收益和价值。

　　衡量校企合作的标尺不仅在于企业参与职业教育的数量和广度，而且在于企业参与的深度和可持续性，而深度和可持续性又根植于互利共赢的长效机制中。校企利益共同体建设是形成政府、行业、企业、职业院校等办学共同体的关键因素，也是校企合作关系长久维持的动力源泉和重要保证。可见，企业的高度配合和深度参与是校企双方共同的利益取向。在关系契约视角下，我们必须体现企业参与职业教育这一统一体特征的重要性，因此既要考虑契约参与者之间的利益博弈，又要考虑如何整合相互冲突的价值观，以实现合作共赢。

　　（2）企业参与职业教育的长期性特征

　　关系契约是一种由未来关系价值所维系的非正式协议。关系契约自身的不完全性、人的有限理性以及信息不对称等引起缔约成本和真实成本的增加，使得契约的实现成为一个长期渐进的过程。同理，校企合作过程中，由于偶然性、复杂性和不确定因素的存在，建立校企双方长期稳定的伙伴式合作关系也是一个复杂的履约过程，需要政府、行业、企业和职业院校等相关办学主体反复磋商和不断调整。其长期性特征具体有如下表现。

校企合作利益主体多元。2010 年国务院印发的《关于开展国家教育体制改革试点的通知》，明确提出建立健全政府主导、行业指导、企业参与的办学机制体制，创新政府、行业及社会各方分担职业教育基础能力建设机制，推进校企合作制度化。企业在参与职业教育实践（校企合作）中，也确实涉及政府、行业、企业、职业院校、学生等多个利益主体，所以应该承认各利益主体价值追求的客观性。纵观我国职业院校校企合作发展历程，多年来我国职业院校进行过寻求支持、搭平台、建机制等多种努力，却始终没有解决校企合作这一历久"弥新"的历史性发展难题，其根源在于校企合作更多的是依赖于私人情感因素，尚未建立制度化的校企合作运行机制来解决多元办学主体合作问题。

校企合作形式丰富多样。校企合作中存在的问题不是仅强调末端的"结合"（顶岗实习、就业）就能得到解决，而必须要深入地将其贯穿于人才培养的整个过程。由此观之，校企合作不仅形式多样，还具有一定的层级分布，且《国务院关于加快发展现代职业教育的决定》中明确指出，我国职业教育改革的重点在于产教深度融合，因此，要想实现职业教育人才培养的全面提高，贯彻落实企业参与职业教育人才培养全过程的要求必不可少。具体做法如下：一是共建实习实训基地，满足学生实践能力提升需要；二是接纳教师赴企业实践，服务教师专业化成长需求；三是搭建产学研共同体，提升职业院校区域服务能力；四是开展社会培训，承担开放式教育培训体系完善职责。如中国第一汽车集团公司、四川长虹电子集团有限公司、神州数码网络有限公司和东风汽车集团股份有限公司等与国内院校进行合作，共同创办学院或共建实习实训基地，取得了良好的成果。目前其已成为全国职业教育师资专业技能培训示范单位，负责承担专业人才的培养与培训和技能鉴定工作。

校企合作层次不断深入。与过去相比，虽然我国职业教育校企合作在各利益方的竭诚努力下取得了显著成绩，校企合作水平不断提高，合作进程不断推进，合作深度不断挖掘，但随着我国职业教育体制机制改革进入深水区，很多校企合作核心利益矛盾集中凸显，校企合作关注的重点也逐渐聚焦到运行机制、长效机制、体制机制和治理结构等问题上。有学者建议从建立现代职业教育体系的高度推动产教融合制度创新，促使政府、行业、企业、职业院校等利益相关者各尽其能尝试产教融合的新路径，尝试着用新思维、新方法赋予校企合作老问题以新突破、新进展；也有学者推崇实行混合所有制、集团化办学、现代学徒制等新近涌现的发展模式，旨在进一步明晰校企合作利益主体间的角色定位及权责关系，突破办学体制机制束缚，构建校企合作常态化运行机制。《国务院关于加快发展现代职业教育的决定》中明确提出，"探索发展股份制、混合所有制职业院校，允许以资本、知识、技术、管理等要素参与办学并享有相应的权利"，奠定了职业院校混合所有制办学模式的政策基础。但无论方式如何，其目标指向都是一致的，就是基于中国职业教育发展的特殊国情，激活企业参与职业教育的自主性，并将之内化为企业自我发展的原发性行为，破解校企合作深层次的困境。

由上可知，随着产教融合的深化，企业参与职业教育也将深层次地触及校企合作的焦点和难点，并折射出更具隐蔽性、复杂性与不确定性的制约因素，利益关系协调也将更加复杂多变。如何通过制度化的弹性机制应对不确定因素的影响，落实企业办学主体地位，保障企业投资收益，是企业参与职业教育、缔结长期性契约的重要方面。

（3）企业参与职业教育的"非承诺性物质交换的存在"特征

非承诺性物质交换的存在拓展了交换的内容范围，也扩大了关系契约理论的适用范围。众所周知，企业履行参与职业教育的社会责任根植于社会，合作互惠是关系契约理论的基本价值导向。当然，这种合作互惠既包括物质性的交换，又涵盖非物质性的交换。企业履行社会责任的最佳状态就是要在股东与利益相关者之间建立起利益协调的机制，以实现企业与利益相关主体之间良性互动。通过对企业参与职业教育的动机分析可知，除了获取人力资本的潜在效益和服务产品延伸的经济功能，企业还将参与职业教育视为一种公益慈善行为和承担社会责任的道德行为，认为其可以提高企业的公众形象和社会声誉，而这是企业参与职业教育重要的外部动力。如一些企业通过发展基金或奖学金形式，选送一批职业院校优秀的学生外出培训，旨在为行业培养高精尖的技术技能型人才。实践也不断证明，由于教育效益的发挥具有一定的迟滞性和后发性，企业对参与职业教育的效益很难完全通过物质标尺来衡量，且只靠经济交换获得的关系未必长久。因而，随着社会主义市场经济开放程度提高、现代企业制度完善，企业在追求经济利益的同时，非经济利益或者说社会普遍关注的利益也成为很多企业尤其是大型企业追求的重要目标之一。不可否认，不同性质、不同规模、不同发展阶段的企业，其所形成的社会关系契约有所不同，从而承担的社会责任也不尽相同，同时，参与职业教育的实际趋向也存在显著差异。所以，对于行业领军或行业主流企业来说，由于雄厚的发展实力、强劲的发展潜力和高度的社会责任感使得其在参与职业教育方面显得较为自觉，而这样的自主行为在一定程度上又为企业的发展赢得了广泛的社会认可，因而，对于这样的企业来说，非承诺性物质交换的存在特征极为明显。

3.关系契约与企业参与职业教育社会责任的价值契合

基于关系契约三大属性特征，从关系契约的视角来观察企业参与职业教育问题，可以发现，企业参与职业教育，既是企业追求经济性的价值体现，又是企业承担职业教育社会责任的现实考量，同时也是职业教育跨界本质属性的价值趋向，其属性特征与价值趋向的关系如图4-2所示。

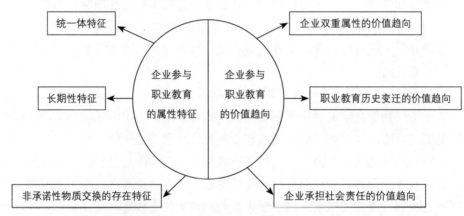

图4-2 关系契约视域下企业参与职业教育社会责任的属性特征与价值趋向关系

（1）企业参与职业教育是企业双重属性的价值趋向

关系契约的主体假设是"社会人"，但它并不完全否认"经济人"的价值取向，这体现了企业参与职业教育的统一体特征，也反映了企业参与职业教育双重属性的价值趋向。可以说，双重属性正是企业参与职业教育的逻辑起点。

一方面，企业作为市场经济活动的主体，扮演"经济人"的角色，做出的任何选择都建立在对成本和收益权衡的基础上，这决定了不同企业参与职业教育方面的动机需求是一致的，这是由企业的本质属性决定的。根据市场经济利益最大化的基本准则，企业对职业教育的投入与参与，必然会有一定的投资预期和收益要求，原则上至少应符合两个基本条件：一是，企业的教育投资支出所能取得的预期收益按市场贴现率在贴现后不应低于其投资成本；二是，企业教育投资的预期收益率应等于或不低于企业在其他方面的收益率。换言之，只有为企业带来超值收益的教育投资才会被企业所采纳和实施。

另一方面，企业作为一个社会性组织，以"企业公民"的身份存在，是社会大家庭的重要组成部分。尤其是在现代企业制度下，我们要正确认识企业和社会的关系，企业不仅应当注重营利，而且应该成为为其他契约者服务的工具。而职业院校属于国家公共事业单位，其所提供的产品和服务既不属于纯公共产品，也不能完全归属于私人产品，而是介于两者之间的准公共产品，具有明显的公益性特征，因而，企业参与职业教育有益于促进社会公益性价值的实现。由此可见，企业与社会交易活动所形成的契约关系既具有私人性，又具有社会公共性，企业应当在可以选择和衡量的范围内对企业的经济利益和社会效益进行成本的权衡，以便于在企业整体目标上达到一种相对均衡的状态。

（2）企业参与职业教育是职业教育历史变迁的价值趋向

职业教育泛指一切增进人们职业知识和技能、培养人们职业态度、使人们能顺利从事某种职业的教育活动，目的在于使所培养的主体在能够满足社会和时代不断进步的需求的同时获得立足谋生的技能。职业教育是我国教育体系的重要组成部分，但是长期以来，我们对职业教育的发展规律把握得并不是特别好，以至于职业教育人才培养难以获得社会的普遍认可。究其原因，企业这一办学主体的缺位是一个重要原因。与普通教育相比，职业教育作为一种与经济社会发展关系非常紧密的教育类型，是一个复杂的、开放的、具有多层结构的有机系统，具有典型的跨界特征：既跨越了学校和企业的疆域，又跨越了教育与职业的范畴。可以说，跨界性深层次地触及了职业教育的特色，彰显了职业教育作为一种类型教育的内涵与特征。值得注意的是，职业教育的发展离不开企业的支持与参与。

企业参与职业教育是一个有着时代特征的具体课题，一系列国家政策和制度的变迁在很大程度上影响了校企合作的实际走向，具体表现为企业在校企合作中的地位和作用的变化，即由开始的职业教育的举办者到职业教育的参与者，再到职业教育重要办学主体的转变过程。可见，国家职业教育政策和制度是校企合作的出发点，解决校企合作问题始终是职业教育改革发展的方向，体现了企业参与职业教育契约形成的长期性。

（3）企业参与职业教育是企业承担社会责任的价值趋向

社会属性是企业社会责任的根源，它构成了企业承担社会责任的基础。而企业承担社会责任的思想由来已久，它伴随着企业的发展而日渐完善，最早可追溯到安德鲁的著作，相关概念和理论的提出则始于1924年英国学者欧利文·谢尔顿的研究。本书从关系契约的属性特征出发，认为非承诺性物质交换的存在是企业承担社会责任、参与职业教育的逻辑起点，认为企业社会责任是指企业在谋求股东利润最大化之外所负有的维护和增进社会利益的义务。换言之，企业为获取更多的经济利益和交易机会，在享受社会所赋予的权利的同时，应当承担相应的社会责任，如提供优质产品和服务、保障员工合法权益、维护竞争市场秩序、重视和创新知识产权、参与公益事业等，而参与职业教育也是其众多社会责任中重要的内容之一。

首先，关系契约理论多元价值追求决定企业参与职业教育的必然性。根据关系契约理论，既关注契约团结又注重契约公平，这要求政府、企业、职业院校、学生等职业教育办学的相关利益主体，依据"谁受益、谁投资"的原则进行成本分担，而学生和政府分别以学费和政府拨款的形式分担教育成本。如果仅由企业付出"成品"的使用费，而忽略人才的"生产费用"，是不太合理的。其次，企业在参与职业教育履行社会职责时应具有未来意识的预设。这意味着企业履行参与职业教育社会责任是为了获得未来更好的交换。实际上，企业与相关契约主体的社会交换和互动是广泛的，一方面是为了获得企业与相关契约主体的协调发展，如现在即时性的交换；另一方面是为了获取未来更多的交换利益，如对未来意识期待的交换。因此，企业在参与职业教育方面应当承担起两个方面的责任：一方面，开展在职员工培养培训活动，利用职业院校场地优势、技术优势和人员优势开展企业产品研发和技术升级，满足即时性交换的需求。另一方面，深度参与校企合作，共育高素质劳动者和技术技能型人才，满足对未来意识期待的交换。众所周知，高素质劳动者和技术技能型人才的成长不是一蹴而就的，而是需要经过一个相当长的培养周期，其中就少不了企业在这一过程中的深度参与。因而，企业积极参与职业教育校企合作，深度融合产教过程，主动介入前期人才培养，有利于缩短学生从"学校人"向"职场人"的过渡期限，获得优质人力资源的优先挑选权。

根据美国学者阿奇·卡罗尔的金字塔分层理论，企业承担的社会责任应与企业发展规模相匹配，即使是小规模的企业，也应承担部分与企业相适应的社会责任。对于我国众多中小微企业来说，由于企业的性质规模、发展阶段和理念格局的局限，其参与职业教育校企合作的利益诉求可能是非常现实甚至是非常功利的，常常局限于满足企业实际生产的用工需求。这些中小微企业其实并不是不积极参与校企合作，而是更关注自身企业的性质和用工需求，旨在降低生产成本，追求短期利益最大化。这就使得学生参与企业顶岗实习呈现季节性与偶然性的特点，且合作流动性较大。再加上我国企业承担社会责任的评价不完善，也在一定程度上影响了企业社会责任的自我履约。因而，我们应采用新的企业管理模式，依据企业个别性的特征开展全面社会责任管理，并将企业参与职业教育行为纳入社会责任报告，最大限度地激发和凝聚企业参与职业教育的综合价值。

（二）企业参与职业教育的社会责任的内在机理

企业社会责任，这一概念最早是由英国学者欧利文·谢尔顿在《管理的哲学》一书中提出的。由于企业社会责任本身包罗万象，而且边界也在社会实践中不断扩展，以至于至今尚未形成一个统一的企业社会责任概念。国外学者在研究过程中尝试避开"企业社会责任概念丛林"的困境，概括出了企业社会责任应当遵循的原则和标准，并形成了两个基本共识：一是承认企业追求利润的合理性，二是关注利益相关者的诉求。事实上，在企业漫长的发展历程中，传统古典观和现代经济观曾聚焦企业是否应当承担社会责任和如何界定承担社会责任的边界而展开了激烈争论，并使得企业社会责任的内涵不断丰富和深化。20世纪90年代开始，企业自主承担社会责任已成为广大学者和经营者的普遍共识。从职业教育领域看，由于企业是职业教育"产品"的需求方，最关心职业教育"产品"的质量，最清楚职业教育"教什么"、"如何教"和"为谁教"这些基本问题，因此，人们对企业参与职业教育主体地位的重视也与日俱增。2018年，教育部等六部门印发了《职业学校校企合作促进办法》，再次强调企业应当依法履行从事职业教育的义务，重申企业履行职业教育社会责任的重要性。因而，我们有必要联系相关理论和社会实践对企业履行参与职业教育社会责任这一现象进行讨论，从而为深化产教融合、开展校企合作提供新的分析视角和实现路径。

1. 企业参与职业教育的社会责任的类型划分

企业履行职业教育社会责任源自对企业社会责任的理解和具化。因而，在对企业社会责任认识基础上，我们将企业参与职业教育的社会责任定义为：凡是企业参与职业院校以及企业自身在实施职业教育过程中通过共同育人、合作研究、共建机构、共享资源等方式实施的合作活动，旨在增进人们职业知识技能、影响人们职业道德素质、改善职业发展状况方面采取的措施，都是履行职业教育责任的表现，具体内容涉及人才培养、技术创新、就业创业、社会服务、文化传承等维度。这是一种广义上的认知，它将企业参与职业教育本身视为履行社会责任的表现。根据不同标准，企业履行职业教育社会责任可以划分为不同类型（见表4-1）。

表 4-1 企业履行职业教育社会责任的类型划分

划分标准	划分类型			
涵盖范围	员工职业教育（内部）		学校职业教育、社区职业教育（外部）	
发展动因	逐利型	公益型	综合型	—
实施内容	职业启蒙教育	职业准备教育	职业发展培训	—
参与方式	职业培训	职业教育	职业活动	公益活动

（1）依据涵盖范围划分

依据涵盖范围，企业履行职业教育社会责任的实践行为可以分为两类：①内部的员工职业教育。这是企业优化人力资源而全身心投入职业教育的表现，主要是指企业针对内部员工技能升级而建立的完善的职业教育培训体系，如日本企业根据不断变化的市场需求，建立了集在岗正规培训、脱岗正规培训、在岗非正规培训和脱岗非正规培训等灵活多样的员工终身教育培训制度。我国也在《关于深化产教融合的若干意见》中强调落实企业职工培训制度，强化企业职工的在岗教育培训。②外部的学校职业教育和社区职业教育。学校的职业教育即通常我们认为的狭义职业教育，而企业履行职业教育社会责任主要通过投资办学、订单培养和实习实训等方式实现；社区职业教育主要是指企业为满足社区需求以此开展各种正规、非正规的教育培训活动，如针对残疾人等弱势群体提供技能补偿教育，帮助其解决就业与再就业的生计问题。

（2）依据发展动因划分

依据发展动因，企业履行职业教育社会责任的实践行为可以划分为以下3类：①逐利型，如企业出于经济动力与职业院校开展的订单合作培养形式。这类企业主要以中小型企业为主，对劳动力具有较大的依赖，大多属于劳动密集型行业。进一步分析可知，企业之所以自主履行职业教育社会责任很大原因在于其能够满足企业内部对人力资源的发展需要，以此实现企业经济效益与参与职业教育投资的良性循环，具有低成本和高收益的显著特征。②公益型，这类企业将履行职业教育社会责任作为一种公益慈善行为。通常由国有企业和民营企业以捐资助学、教育基金等公益项目参与其中，同时这些企业也因积极承担社会责任的道德行为收获了良好的社会声望，体现了企业与社会进行的以高度社会责任感换取良好社会形象和信誉的交换性关系。③综合型，这一类企业兼具经济因素和道德使命，一般以行业领军或行业主流企业为代表。这类企业将履行社会责任作为公司发展战略的重要组成部分，与职业院校开展联合办学的行为动机是复杂的、综合的和集成的，很可能出于经济动力却不经意间履行了大型企业的社会责任，也可能因纯粹的公益心而收获丰厚的经济回报。可见，职业教育投资具有其他投资的共性，企业既可能为追求经济利益而投资，也可能为追求公益心理和精神满足而投资。

（3）依据实施内容划分

依据具体实施内容和实施对象，企业履行职业教育社会责任的实践行为可以划分为以下 3 类：①职业启蒙教育，主要针对青少年，如宁波 LG 甬兴化工有限公司利用企业在化学理论和与实验器材方面的优势，自主开发趣味化学课程为社区青少年提供职业启蒙教育；②职业准备教育，主要对象是职业院校的学生，企业通过校企合作的方式为其提供由学生向员工过渡转换的通道，如联想与职业院校联合成立联想专班，通过工学交替的方式对学生进行职业化培训，确保学生达到企业用人标准；③职业发展培训，主要针对企业员工和社区群众重新就业和职业发展需要所提供的短期或中长期技能培训项目。其实，职业启蒙教育、职业准备教育和职业发展培训不仅是企业履行职业教育社会责任的重要内容，更是贯穿终身职业发展的逻辑主线，也是社会人力资源开发的基本方式。

（4）依据参与方式划分

依据参与方式，企业履行职业教育社会责任可以划分为以下 4 类：①职业培训，主要涵盖安全健康、技术技能、学历提升和弱势群体就业等方面，如制造业和采矿业的企业尤为重视员工的安全健康教育；②职业教育，形成了共建学院、产学研中心（实训基地）建设、课程建设、教学改革、师资队伍建设、创新创业等灵活多元的参与方式；③职业活动，主要是指企业围绕技术技能而开展的系列活动，如承办各级各类职业技能大赛；④公益活动，指企业出于公益心组织开展成立创业基金、捐赠教学物资、普及职业知识等各类活动。

2. 企业参与职业教育的社会责任的模式分析

不同性质、不同规模、不同发展阶段和不同文化背景的企业，承担的社会责任不尽相同，履行职业教育社会责任的实践也有显著差异，形成了慈善捐助、校企合作和社区协作 3 种较为常见的模式。

（1）慈善捐助型

慈善捐助型对企业的要求。慈善捐助型是企业最具社会责任感的体现，捐助对象通常是经济欠发达地区的职业院校和家庭经济困难的职业院校学生。当前，我国正大力开展职业教育精准扶贫，这不仅需要国家政策规划、项目引领和财政支持，更需要千千万万的企业秉承企业公民的职责，关心、关注和回馈职业教育。

需要注意的是，企业履行职业教育社会责任应视企业自身状态而定，通常企业规模和企业履行社会责任的水平成正比例。慈善捐助型带有很强的公益性，对企业发展规模和经济效益都具有较高的要求，往往以国有企业和大型民营企业为主。反过来，也只有发展成熟、实力强劲和财力雄厚的大型企业才具备成熟的对外应变机制和担负慈善捐助的能力。

慈善捐助型的实践形式。一是，筹建职业院校，如中煤集团按照"缺什么、补什么"的原则成立中煤职业技术学院，为多家企业培训采矿、通风、地质和机电等方面的紧缺人才，以提高一线员工操作、维护自动化设备的技术水平。二是，捐助教学设施。与普通教育相比，面向岗位人才培养的职业教育对教学用具的需求更大，像汽修专业迫切需要用于教学的拆解车辆，以帮助学生很好地了解汽车的内部结构和运作原理。三是，开展助学基金项目。如中国第一汽车集团有限公司依据"扶贫先扶智"的原则，一方面尤为重视当地的技术培训，积极承担并开展职业教育扶贫项目，帮助和支持建档立卡家庭的孩子完成免费的职业教育及培训，甚至根据"择优推荐、双向选择"原则，安排学生到下属企业就业；另一方面则通过设立助学公益基金广泛资助困难学生完成学业，尽可能创造公平教育的机会。四是，创立青年志愿者协会，这是慈善公益行为可持续发展的组织保障。如中国农业银行、中国石油天然气集团等都以协会为组织基础，成功打造各具行业特色的志愿服务品牌和运作机制。毋庸置疑，从社会影响来看，这种"润物细无声"的慈善帮扶能够帮助企业获得社会各界长期的好感、信赖和支持。

（2）校企合作型

校企合作型对企业的要求。校企合作型之所以能够成为当前企业履行职业教育社会责任最为普遍的形式，源于其对参与企业相对宽泛的要求。一直以来，校企合作是关乎职业教育发展的重大命题，它是一个系统的办学过程，不仅关系办学主体，即由谁投资、由谁管理的问题，也涉及办学目标定位、办学模式构建等人才培养的方方面面，而且学校和企业两大办学主体的权责分配比例也会深刻影响合作的形式和程度。与慈善捐助型相比，在校企合作型中，职业院校既注重与大型企业的联合培养，也注重与中小微企业的教育合作，呈现出合作企业类型丰富、形式多元和灵活多变的特征。

校企合作型的实践形式。依据学习地点，校企合作型可以分为两种形式：一是，以企业名称命名的独立学院，类似于"校中厂"的形式，如杭州职业技术学院构建了以利益与共、文化相通、成果共享为基础的"校企共同体"中职教育特色办学模式，下设达利女装、友嘉机电等多个二级学院。二是，以经营企业的理念来供应教育服务，类似于"厂中校"的形式，通过在企业中设立产学研实训基地，以真实的职业环境对学生进行岗位规范训练，以真实的科研项目为教师提供价值服务，以真实的成果加速校企间的协同创新和成果转化。当然，无论哪一种形式，均契合职业教育"做中学、学中做"的基本规律，体现了职业院校教学目标和企业生产目标的统一，彰显了职业教育的跨界属性。

校企合作型的发展阶段。企业参与职业教育校企合作本身是一个内涵不断丰富、形式不断多元、程度不断深化和责任不断内化的动态过程，大致可以划分为3个阶段：①企业单向接受学生实习的配合阶段。这一时期企业处于相对被动状态，而且也没有参与职业教育的价值诉求和责任意识。②校企联合双向建设阶段。这时企业已有参与职业教育的意识，也认识到参与职业教育不仅仅是外在政策的要求，更是自身发展的需要。在这一阶段，校企合作主要以订单培养的形式呈现，同时企业也积极参与课程标准编写、师资队伍建设、学生实习实训等多个培养环节，为企业发展培养了大量优秀的储备人才。③校企一体交互合作阶段。相比于前两个阶段，这一时期随着商业制度文化的规范，企业社会责任意识普遍增强，既意识到参与职业教育有利，又提高了自我履约性，并涌现了集团化、混合所有制等新型办学模式。越来越多的企业开始主动参与职业院校合作，如上海大众汽车有限公司不仅在安亭本部与上海工商职业技术学院、上海工程技术大学开展合作，还积极推进户外工厂，如在长沙和乌鲁木齐等地积极探索校企联合培养模式。

（3）社区协作型

社区协作型对企业的要求。社区，顾名思义，它将活动规定在一个特定区域范围，而社区内的组织存在地域上相连和利益上相关的关系。社区是企业重要劳动力的来源，出于责任道义，一个社区中的企业无法脱离特定的社会关系而存在，天然具有为该社区提供服务的责任。这些服务在职业教育方面具体体现为提供科技服务、改善居民文娱条件、加强居民文化素质、提升居民生活技能和保障居民就业水平等。一般而言，社区协作型并没有设定企业参与门槛，但通过实践调查发现，参与社区职业教育的企业具有非常明显的行业属性，如金融业、传统农业等行业的企业在参与社区职业教育方面表现较好。

社区协作型的实践形式。面向社区开放办学，建立社区和职业教育联动机制是新时期创新职业教育办学模式、拓展职业教育发展功能和扩大职业教育服务面向的新路径。同时，企业作为重要参与主体，也在积极探索社区职业教育的各类实践形式：①技能培训。我国社区职业教育起步较晚，发展速度也较缓慢，目前技能培训依然是首要需求，也自然成为企业参与社区职业教育最主要的实践形式。②技术指导。③文娱服务。此外，随着国家对社区职业教育的重视，并将之纳入现代职业教育体系的整体建构，企业在现有实践方式的基础上，还应积极联络社区内的职业院校，围绕技能培训、资格认证和继续教育等内容深化合作，充分发挥企业服务社区、区域和社会发展的经济功能和社会意义。

3. 企业参与职业教育的社会责任的合作机制

在社会学中，机制是指经过实践检验的、在多种因素刺激下能良好地发挥作用的处理问题的方式。如果把企业与其他的主体如员工、社区、学校等看成两个能发生映射关系的主体集合，则这两个集合的合作机制是指合作主体间的互动方式与联系路径。现就企业在与职业教育其他主体聚合关系中形成的利益机制、交往机制、组织机制进行探讨与分析。

（1）互惠性的利益机制

利益机制是企业参与职业教育的内在动力，也是形成企业与职业院校、社区政府和行业部门共同合作的关键所在。

企业与职业院校、社区教育资源的合作供给，最大的好处是扩大优质资源的集中与聚合，以促进并实现以下 5 方面的对接，即专业设置对接产业需求、课程内容对接职业标准、教学过程对接生产过程、毕业证书对接职业资格证书、职业培训对接生涯指导。此外，这种合作供给还有利于深化职业教育教学改革、提高职业院校人才培养质量和社会服务水平。这种关乎切身利益的合作机制不仅可以在一定程度上缓解职业教育资源投入的资金压力，而且可以充分调动社会成员和不同主体参与到职业教育中去，还可以通过组合搭建互动交流平台，来满足多样化的教育需求、提供个性化的教育服务。有研究者指出，如果职业教育提供者采取策略在当地的社区中开发社会资本，他们不仅能为社区做出贡献，自己也会从中获益。这些利益可能包括生源增多、教学质量提高以及为企业减少与毕业生的技能磨合期，从而为企业提供发展需要的更多资本。

作为社区成员组织，企业参与职业教育就是把职业教育的利益相关者集聚起来，共同服务于职业教育发展。虽然不同的利益主体有着各自不同的价值导向，但是可以通过利益协调机制在某种程度上达成一种利益妥协或是形成一种价值糅合。可从以下利益主体进行分析：①政府。政府对于保障公民权利负有重要的责任和义务，其在职业教育资源调控中负有资源供应、制度建设、监督协调、调配管理等职责，"校企合作"或"政校行企合作"既有利于政府获得资源调配的政治合法性，又有利于学生享受优质职业教育权益。②职业院校。职业院校等教育机构是专门的职业教育执行主体。对他们来说，多主体组织资源供给不仅有利于实现校内、校际职业教育资源的优化组合，使更多的资源参与到职业教育全过程，保障职业教育人才培养质量和规格，同时也可以大大提高职业教育效率和效益。③企业。企业作为人才接收方，优质且有规模保障的人才供应可以为企业提供人力储备和智力支撑，缩减企业的人力资源成本，提高企业的经济效益和市场竞争力；同时，行业协会之类的社会团体通过供给职业教育资源参与到职业教育的人才培养过程，既可以实现校企等多元主体间的信息交流和职业发展引导，在实现企业自身利益的同时提高资源利用效率，降低人才选聘的成本和人力选拔的盲目性，也有利于提升企业的品牌形象和社会影响。④受教育者。这里所讲的受教育者区别于传统理解的"在校生"，它包括不同年龄段和不同需求的利益群体。优质的职业教育资源供给能够满足不同层次的教育需求、不同发展阶段的多样化需要，从而使个人的受教育成本、教育效率以及教育质量得到最优质的保障。个人职业生涯发展以及毕业后或结业后的回馈亦是职业教育资源的一种供给，可以理解为一种反哺形式的供给，所以个人参与职业教育资源的供给也有利于实现个人价值与社会价值的统一，树立良好的回报社会的榜样。⑤产业。产业市场是一个包含多个利益相关者的共同体。对产业市场来说，通过职业教育资源供给体系的建构，不仅有利于促进职业教育的持续发展与经济社会的良性循环，而且有利于促进全社会形成崇技尚艺、尊重人才的带动效应，并且对于在全社会建立起正确的人才价值观、职业选择观的良好氛围具有重要的推动作用。

（2）长效性的交往机制

交往机制是企业与其他主体发生联系的途径，既涉及各个独立主体之间资源、信息、知识的分享与交换，又包括合作伙伴之间的对话与交流。企业根据行业特色与职业院校、外部机构、产业劳动市场进行连续性交往，从而使各个主体达成长效性的交往关系。

交往关系的维持需要遵循四大原则：①平等性。不同利益群体之间在交往过程中要有对等的投入与付出，对企业、职业院校、政府、行业协会都是如此，不能一方有利可图而一方不断亏损。②包容性。交往方不要斤斤计较，要以开阔的胸怀给予合作方肯定，避免因小事伤害感情造成关系的破裂。③互利性。企业与各利益主体开始交往的前提是有可以共享的资源，目的是自己能受惠于交换得来的资源，如资金、设备、人员、技术、信息、知识、社会资本等。④信用性。企业在与各利益主体交往中由于协议规定不明确、真相揭露延时等缘故可能会产生矛盾或冲突，而矛盾或冲突无法解决的根源就在于双方存在信任危机，可以说，没有信用的交往，将延缓合作进程与合作期限。

企业要与服务对象形成"长效性"的交往关系，这既体现企业服务能力，又可以在市场经济条件下建设企业品牌形象。建立长效性的互动关系，要做到以下方面：一是，创造和谐的交往环境，使企业内外部产生积极的互动，在内外部相互关爱与支持的过程中产生强烈的互动动力；二是，提供频繁的交往机会，通过开展不同维度的活动增强联系；三是，发挥有效引导的作用，在交往过程中根据计划适当调整角色定位，企业在服务职业教育的过程中不仅是服务者，还是支持者、促进者和管理者；四是，建立多元的交往关系，如师生交往、生生交往、老板和员工的交往、企业和政府的交往等；五是，处理矛盾的冲突关系，在承认各利益主体需求差异的前提下从公平公正的角度出发解决矛盾。

（3）有效性的组织机制

组织机制保持事物有序运行，是企业通过参与职业教育承担社会责任的行动准则，它明确了企业与其他合作对象的分工和协调关系，并规定各部门或组织的职权和职责。

企业参与职业教育要能形成完整有效的组织机制一般需做到以下几点：一是，关于原则规定，应根据企业的目标和特点，确定企业开展活动的原则、方针和主要指标，如已经完成资本积累的老企业可以以捐款服务职业教育，成立不久的互联网企业可以以与职业院校合作的方式建设微课资源库，垄断性企业可以通过与政府签订协议帮助政府完成国民基础设施建设等；二是，关于职能分析和设计规定，规定企业职能部门的具体业务和工作，如人力资源部规划人才培养方案，市场部寻找合作院校，研发部开发技术项目，财会部做出拨款预算等；三是，关于联络方式，如相互联络人员的指定，联络平台的沟通，协调人员的确定等；四是关于管理规范，指规范管理流程、管理标准、管理方法和管理人员的行为规范的设计，目的是为了实现有效奖惩，对表现积极的人员给予鼓励，对贪污的人员给予惩罚等；五是，关于反馈和改良，将运行过程中的表现反馈回去，定期或不定期地对上述设计进行必要的修正。

当然，企业的组织机制是否生效还要看其外部合作对象的态度。即使是力量薄弱的一方，也不应被动地接受信息、机械地做出反应，而应根据自己的要求、兴趣去理解和分析对方的信息并做出积极反馈，适时调整自己的诉求，达到信息交流的目的。参与过程中应强调协同合作、双方获益，注重满足当地需求，促进区域发展，为个体、职业院校、企业发展提供服务与支持。

第三节 职业院校校企合作的实践思考

实行校企合作是我国职业教育改革和发展的基本思路，也是职业院校生存发展的内在需求。多元化合作办学是职业创新办学机制体制的重要内容，也是学校努力的基本方向。基于多元化合作办学和提升合作办学内涵质量的根本要求，需要进一步完善"工学结合"长效机制，完善责任明确、管理规范、成果共享的双向交流机制，完善互利共赢、共建共管的实践教学基地共建机制，使校企合作办学在具体的操作实施层面上有保障，从而实现多元化合作办学的格局。本节将以河源职业技术学院（广东省示范性高等职业院校）为例进行探究。

一、政校合作

通过政校合作培养应用型人才，是国际上职业教育培养高级技能型人才的常用模式。这一模式在我国的出现是必然的，它不仅符合我国职业教育人才培养目标与规格的要求，而且是我国社会经济文化发展和产业结构调整的需要。例如，河源职业技术学院秉承"厚德强技、服务地方"的办学理念，依托校企合作办学理事会，不断与政府加强合作，切实履行了地市职业院校服务地方的职能。

（一）"政校企"联动机制

政校合作既是增强教育公共事务管理能力、提高教育公共服务水平和转变政府职能的迫切需要，又是职业院校培养高技能型人才、服务区域经济发展的理智选择，对于政府和职业院校的发展都具有十分重要的现实意义。依托于校企合作办学理事会，河源职业技术学院实施"政校企"联动策略，全面加强与河源市科技局、工业园管委会及大中型企业的合作，以专业群对接地方支柱产业，主动服务地方发展。

"政校企"联动机制是指学校采用"点—线—面"的框架模式，基于河源市的地理位置，把科技特派员分区驻点，通过驻点科技特派员联系相关区域的政府（主要是科技局、工业园管委会）、企业。当驻点科技特派员接到政府、企业提供的相关合作事项后，把信息反馈到校企合作办公室。校企合作办公室再根据信息的分类，指定相关专业教师和相关科研团队进行对接，实现"以点带面"，全面推进校企合作。

河源职业技术学院先后与龙川县工业园管委会、和平县工业园管委会合作建立"产学研战略合作基地",签订《产学研战略合作框架协议》。该校与企业遵循"优势互补、资源共享、互惠双赢、共同发展"的原则,建立校企合作伙伴关系,发挥各自优势,在学生实习实训、顶岗就业、专业建设、员工培训、科技攻关、教师进企业锻炼等各方面展开全方位的合作。工业园管委会根据校企双方需求,积极牵线搭桥,努力撮合企业和学校达成合作,为校企合作的深度开展提供了有力的支持和保障。学校、工业园管委会和企业优势互补、资源共享,实现三方共赢的局面。

"政校企"联动机制能实现多方共赢主要体现在以下 3 个方面:①对政府方来说,各县工业园管委会、科技局通过河源职业技术学院科技特派员的调研报告,对所管辖的企业的生产状况、行业发展前景了解更加深入;通过河源职业技术学院科技特派员在企业从事的相关工作,强化企业的技术水平,提高社会效益和经济效益,为园区能够顺利完成各项考核指标起创了一定的推动作用。②对学校方来说,在专业建设方面,专业的人才培养方案更加切合实际岗位,课程建设更加符合行业需求;在学生实习方面,解决了部分学生认识实习、生产实习、顶岗实习等实习需要;在师资队伍建设方面,通过到企业进行技术交流,教师的实际研发能力、教学能力得以提升,同时也可以聘请企业的能工巧匠担任河源职业技术学院兼职教师,师资队伍更加壮大。③对企业方来说,企业的研发技术得以提升,企业研发管理制度日趋完善,企业的人才需求得到有效解决,企业得到的政府各项扶助资金越来越多,加快了企业的转型升级。

(二)政府委托"村干部"培养

欠发达地区在推进新型城镇化的过程中,解决好"三农"问题是核心,而解决"三农"问题的关键是提升"村干部"的文化素质与管理水平。河源职业技术学院与河源市委组织部联合开办"村干部"大专学历教育班,打破了常规的办学模式,设计了具有地方特色的教学模式与管理模式,走出了一条"村干部"培养的特色办学之路,实现了地市职业院校服务地方、服务"三农"的功能。

1. 培养模式创新

(1) 政校合作模式创新

河源职业技术学院"村干部"大专班的最大亮点是创新政校合作模式,是将政校合作、校企合作、校校合作融合在一起发挥作用的项目化职教集团办学模式。

"村干部"大专班政校合作是指由河源市组织部、财政局,各县委组织部、财政局及河源职业技术学院共同培养人才的模式;同时为加强该班的实践教学,在全市选择了 15 间现代化农场、农产品加工厂、企业等作为"村干部"教学实践基地,将校企合作融入政校合作中;此外,为优化该班的师资力量,由仲恺农业工程学院、省委党校、市委党校、河源职业技术学院、有关党政机关联合选派教师共同承担教学任务,又将校校合作融入政校合作中,这三个模式融为一体,形成了项目化职教集团办学特色模式。

为了能更好地为河源农业发展、农村发展和农民发展提供专业的服务,在河源市委、市政府的大力支持下,由仲恺农业工程学院、河源市委农办、河源市农业局和河源职业技术学院合作共同建立三农学院,统筹农业技术培训、农口专业大专、本科和硕士学历教育等工作,同时负责河源市"村干部"大专班的培养工作。

(2)课程体系创新

为实现职业院校服务地方、服务"三农"的功能,依照"缺什么、补什么,用什么、学什么"的原则,项目化职教集团大胆创新课程设计,用全新的办学理念设计"村干部"大专班课程体系,使课程体系具有非常强的通俗性、针对性、实践性、实用性。

(3)教学管理创新

教师多元化。由河源职业技术学院邀请党政机关部门领导及省委党校、市委党校、仲恺农业工程学院等组织的优秀教师进行授课,并建立相应师资库,实现了教师多元化;要求教师必须"接地气",了解并熟悉农村问题;并对每一门课进行全程录像,每门课程结束后由全体学员对教学进行评价,评价的好坏将决定下一次是否聘任该教师。

教材活页化。不使用统一的教材,由河源职业技术学院组织授课教师根据河源市实际情况自编讲义,授课材料汇编成册,整合成《村镇管理专业系列教程》。

理论学习与实践相结合。教学过程中高度重视"村干部"学员实践参与,每次上课都会安排考察学习项目,通过参观示范村村务管理、农村文化建设、农村企业发展、农业示范基地、农村生态旅游等项目,使"村干部"学员更直观地学习到优秀的管理理念和发展理念,拓宽工作思路。

2. 办学成效

（1）政府满意

河源市委组织部、各县（区）委组织部对办学成效非常满意，认为这是将教育资源延伸到乡村的典型人才培养模式，是"政校合作、服务农村"的经典案例，极大地提升了"村干部"的决策水平、管理水平、带领村民致富水平。

（2）学员评价高

通过几年的实践，该班的办学取得了很好的效果，许多"村干部"真切地感受到该班对自身素质提升的帮助。从2013级、2014级"村干部"对教师的评价看，认为优秀的占90.1%，良好占7.2%，中等占2.7%，"村干部"普遍认为学到了许多实用的东西。

（3）社会评价好

为充分了解"村干部"大专班的效果，相关专家深入各级政府、农村（社区）进行调研，调研结果表明，通过培养，"村干部"的四大能力得到有效提升：政治素养大幅提高；决策水平大幅提升；村务管理水平大幅提升；带领村民致富能力大幅提高。

3. 启示

该模式经过几年的实践，取得了较好的效果，实现了地市职业院校服务地方、服务"三农"的功能，称得上是地市职业院校"政校合作、服务农村"的经典案例。该班办学的成功关键在于：搭建好平台，设立三农学院、举办"村干部"大专班等方式为职业院校服务农村建设发展搭建了人才培养的良好平台；创新办学特色模式，河源市"村干部"大专学历教育班坚持从农村来、到农村去，一切依靠农村、一切为了农村，办学贴近农村，富有成效。

该班办学模式的成功也给职业院校合作办学总结出以下启示。

（1）和谁合作的问题

开展"政校行企"合作是职业院校办学过程中常见的模式，这里的"政"是政府、"校"是学校、"行"是行业、"企"是企业。在这些合作中，校企合作最普遍、校行合作最突出，政校合作最早有。可见，职业院校开展合作办学的选择很多，以突破性思维寻找合作办学的主体在很大程度上决定了合作项目的创新性的高低。

（2）合作什么的问题

合作办学的内容很多，除了上述介绍的大专学历教育项目外，还可以是专业培训、实习实训、科技服务或其他社会服务项目。常规性合作项目的开展只能作为一般工作来做，而要想凝聚特色、树立典范，就必须在合作内容上下功夫，既可以寻找符合学校情况又有利于合作方的创新项目，也可以在一般性项目上进行新的模式创新。

（3）怎么合作的问题

协同创新是政校合作的关键。协同创新是企业内部形成的知识（思想、专业技能、技术）分享机制，特点是各自独立的创新主体拥有共同目标和内在动力，依靠现代信息技术构建资源平台，从而进行多方位交流，多样化协作。协同创新是指创新资源和要素的有效汇聚，通过打破创新主体间的壁垒，充分释放彼此间人才、资本、信息、技术等创新要素的活力而实现深度合作。坚持协同创新将使合作更深入、全面、科学和可持续。

（4）角色定位的问题

传统的合作通常是由学校主导的，因此，合作很难跳出教育本身的框架去创新，合作方常常是"被合作"，这种合作很难真正将社会资源融入合作项目中。只有将"学校主导"转变为学校与合作方"共同主导"，才能真正发挥各方的聪明才智，充分利用各方的资源优势，做到优势整合和利益最大化，提升合作的实效性。

（三）政府委托"五年一贯制"人才培养

探索"五年一贯制"委托定向人才培养模式是政校合作的主要内容之一。"五年一贯制"是中高职衔接的重要模式，由职业院校统筹安排和整体设计人才培养方案，避免了中高职衔接过程中教学内容和课时安排的重复，保证了教学过程的系统性、完整性和连续性。"五年一贯制"模式在人才培养实施过程中的优越性，已经得到了政府、职业院校、学生三方的认可。

二、校企合作

校企合作主要体现在校企育人合作、校企就业合作和校企科技合作这3个方面。

（一）校企育人合作

河源职业技术学院依托校企合作办学理事会，搭建了合作育人的实施平台。例如，与广州金霸建材股份有限公司东源分公司共同建立的模具专业人才协同育人中心，以及基于"四合"理念设立的旅游类专业"政行企校"协同育人联盟；

与东浩企业管理咨询服务有限公司、御临门温泉度假村、万绿湖旅行社大学城营业部等实施"厂中校""校中厂"人才培养基地共建项目；与东源县然生化工有限公司、源森家具等企业共建研发中心、企业工作室、技师工作室。

得益于多元办学格局的形成，有广东雅达电子股份有限公司、河源湧嘉实业有限公司等多个合作企业参与了各二级学院的专业建设和人才培养方案的制订，与各二级学院共同创新专业课程考核与学生评价体系，共同培养专业技能型专兼职教师，共同开发实用性教材，共同建立实训基地，共同开展师生技能大赛，共同开展就业和创业教育。

河源职业技术学院与企业模式深度合作，开展"订单"式人才培养。订单式人才培养是产教融合的重要形式。企业可将生产实践和生活实践方面的经验，如新知识、新技能、新工艺和新方法等，直接融入职业教育，从而实现课程内容与职业标准对接、教学过程与生产过程对接。这将大大提高学生的岗位适应能力，使学校培养目标和企业需求对接，增强人才培养的针对性和适应性。例如，河源职业技术学院与广东汉能薄膜太阳能有限公司合作开办"学徒制汉能储干班"；与河源巴登新城投资有限公司开办"巴伐利亚储备干部班"，探索现代学徒制育人模式；与广州金霸建材有限公司东源分公司合作成立金霸学院，开办"金霸班"，实施校企协同育人，形成了"金霸模式"；与广东三友集团依托客家文化学院首次开设创新性、公益性的"三友班"，实行企业课程学分置换，对河源市客家文化人才的培养进行了有益探索；与御临门温泉度假村在酒店和旅游管理等人才培养方面开展深度合作，开设了"御临门温泉管理班"；学校乐途数字媒体设计工作室与河源市源森家具有限公司合作，设立"源森家具电子商务部"，联合探索人才培养和技术服务新模式。

（二）校企就业合作

河源职业技术学院通过校企合作办学理事会与企业深入合作，扩大了订单班规模，每年定向就业的学生人数都在增加。例如，河源职业技术学院与河源湧嘉实业有限公司、御临门温泉度假村等签订了订单班培养协议；与河源绰铿电子有限公司共建"SMT 贴片装配车间"，与航嘉（河源）工业园共建"模具开发基地"等"校中厂"；与广州金霸建材有限公司东源分公司共建"金霸学院"，与河源巴登新城投资有限公司共建"巴伐利亚庄园"（巴登庄园）等"厂中校"；每年为合作企业定向输出技术技能型人才，面向社会企业提供教育培训和技能鉴定，获得了良好的社会效益和美誉度。同时，河源职业技术学院通过加强与理事会内高级技工学校等其他院校的合作，逐步实现了理事会内院校学生共享就业信息和资源，并在理事会成员单位内部形成针对毕业环节的"供需洽谈会"常规制等，促进了合作就业新观念的形成，拓宽了就业渠道，创新了合作就业模式，形成了校企合作共担就业新模式，实现了共赢目标。

（三）校企科技合作

校企合作办学理事会以协同创新科技项目合作为重要载体，凸显了理事会在区域的科技合作、管理和运营等领域的优势。

通过校企合作理事会，河源职业技术学院依托相关优势企业，以模具、数控、电子应用、旅游管理等优势专业为依托，把学校的人才、技术、信息、实验设备等优势资源与河源市行业、企业社会资源相结合，推动了区域与行业、企业发展中关键共性技术的研究开发和转化推广，开展了发展战略、规划、管理等重大现实问题的研究，提供了技术或智力咨询服务。

河源职业技术学院以东源县然生化工有限公司为合作主体，共建了"河源职业技术学院—东源县然生化工有限公司快速成型技术研发中心"；以广州金霸建材有限公司、河源富马硬质合金股份有限公司、河源龙记金属制品有限公司、深圳康佳机电有限公司等为合作主体，共建"金属天花吊顶系统工程技术开发中心"；以深圳市攻玉坊数码影像有限公司为合作主体，共建"城市三维数字表现技术研发中心"等。其目标是建设科技开发、推广和服务的基地，高技术应用和职业技能人才培养培训基地以及产学研结合的基地。

河源职业技术学院实施科技特派员分区驻点工作制度，校企联合培养创新人才，联合转化推广科技成果，联合攻克关键技术问题，联合申报各级课题、高新企业、工程中心、科技示范基地、科技孵化器等，协助企业构建科技创新体系。

第五章　职业院校校企协同育人机制的构建

　　校企协同育人模式的产生与发展是建立在工业的高度发展和教育的普及与发展基础上的，与特定时期的时代背景息息相关。西方国家经济与科学技术的飞速发展，政治、法律制度的高度发达，工人地位的崛起，使得教育从精英化走向大众化。正是在这样的土壤下，在政府的积极参与下，企业以主导者的姿态与学校建立校企协同育人模式，并在实践与理论研究中不断发展优化、巩固完善。校企协同育人机制为西方国家的产业发展、社会建设注入了源源不断的动力。我们在借鉴西方国家经验的同时，也应认识到东西方国情、校情的不同。只有根据具体的国情、校情，因地制宜，才能发现校企协同育人机制的内生原因，构建并不断完善校企协同育人机制。

　　健全的校企协同育人机制包括动力机制、运作机制、保障机制、监督机制与评价体系。本章分五节，分别对上述方面进行了介绍。

第一节　校企协同育人动力机制构建

一、多元主体共同参与，共建校企协同育人模式

　　目前，我国正处于经济发展方式转变、产业结构转型升级的关键时期，面临低附加值、劳动密集型、低技术产业向高附加值、技术密集型、高新技术产业的转型问题。为加快发展，政府提出了多项支持政策，反映了政府对高层次、高素质应用型人才的迫切需求。国务院发布的《关于加快发展现代职业教育的决定》和《关于深化产教融合的若干意见》都是面向应用型人才培养的文件，表明了政府鼓励应用型学校、企业和行业共同培养应用型人才的决心。

　　校企协同育人机制是应用型学校、企业、政府和行业组织相互联系、相互协

调，共同实现应用型人才培养的运行机制。应用型学校作为人才输出方，为行业、社会培养市场所需的应用型人才，以服务社会经济发展。企业作为人才需求方，通过校企合作整合校企双方优势资源，弥补单一主体对应用型人才培养的不足，获得所需人才，提升企业竞争力。政府作为引导和监督的角色，发挥政策法规支持、财政支持、组织管理等保障作用。行业组织对企业与市场较为敏感，能够与企业保持密切的联系，在政府与企业之间起到良好的沟通桥梁作用。

因此，形成由政府、行业组织、企业、应用型学校等多方主体参与的校企协同育人机制是必要事项。在多方主体参与的校企协同育人机制下，政府、行业协会、企业、职业院校等组织成立校企合作联盟，设立校企合作专项研究基金，组织开展校企合作教育系统科学研究，提高教育、经济效益，调动各方参与的积极性，不断提升校企合作教育培训质量，提高职业院校校企合作专业水平，为校企合作营造良好的社会环境。

二、政府应提供政策激励与法律支持

政府部门应出台相应的校企协同育人政策，设立校企合作教育专项基金，为积极推进职业院校校企合作教育给予一定的资金补贴和政策优惠，表彰在职业院校校企合作教育中取得良好成绩的团体，提高职业院校与企业合作的积极性；增加财政补贴，通过抵扣税收或财政补贴等形式鼓励企业积极参与校企合作活动，减少企业对校企合作成本的担忧；进一步加强校企合作法治建设，规范校企双方在合作中的责任与义务，激励学生积极参与校企合作教育活动，为推行校企协同育人及确保校企协同育人质量提供法律支持。

三、学校应加强教师技能培训，制定校企合作激励政策

职业院校应加强"双师型"教师队伍建设，为校企协同育人提供人力和智力支持。"双师型"教师一般是指同时具备理论教学能力和实践教学能力的教师，有时也指具备下列条件之一的专业课教师：①具有中级以上职称且具有3年以上实际企业工作经验。②具有不少于5年的实践经验，其中校外实践经验不少于3年，并在相关应用领域取得一定成果，或开发特殊技术和方法。③具有博士学位和科研能力的教师。换言之，"双师型"教师应具有坚实的理论基础及较高的专业能力。

此外，职业院校应对专任教师进行"两种能力"培训，聘请具有扎实技术或丰富管理经验的企业或行业专家担任"双师型"兼职教师，扩大"双师型"教师

队伍规模，形成以团队为导向的教学团队。

在校企合作激励方面，职业院校可通过政策和制度的引导，搭建校企合作平台，支持校企合作教育活动的广泛开展。职业院校可通过制定校企合作激励政策，积极鼓励教师进入企业学习，鼓励科研人员与企业建立科研合作关系，提高教师专业技能，将职称绩效考评与校企合作挂钩，结合教师在专业技能、工作经验、科研水平、产业服务、人才培养等方面的工作表现，对优秀者给予表彰和奖励，肯定科研成果产业化的重大贡献，对孵化项目科研成果给予支持和鼓励。

四、满足企业需求，有效激励企业参与校企协同育人活动

企业在参与校企协同育人活动中的主要动力有：①联合职业院校培养适合企业的高技能应用型人才，满足企业的人力资源需求；②联合科学技术研究机构攻关技术难题，提高生产效率；③与职业院校实现资源共享，推动产学研协同创新，提高企业竞争力。

职业院校应积极回应企业需求，激发企业参与人才培养的动力，提高企业参与校企合作的积极性。首先，职业院校应增进与企业的沟通互访，了解企业的用人需求，为合作的顺利开展奠定基础。其次，职业院校可开展企业宣传或组织学生去企业参观学习等活动，增进学生对企业的了解与认可。职业院校可与优质企业共建"订单班"以提供定向培养服务，满足企业需求。最后，职业院校应提高科研水平，积极与企业开展科研项目合作，共同攻关技术难题，帮助企业提高效益。

五、积极构建校企之间开放共享的交流沟通平台

职业院校校企合作的产生基于职业院校与企业间的需求对接，而交流与沟通是开启合作的第一把钥匙。企业与职业院校之间应建立一种平等、尊重、互惠、共享的交流沟通关系，通过磋商交流教学愿景，分享经验与问题，协商人才培养方式，共享优质知识、技术与人力资源，为各种合作的实现铺好基石。校企之间可建立定期或不定期的交流合作、人才培养研讨、技术研发问题讨论、人员培训等制度，动态把握双方各自的需求，增进彼此的了解，对校企合作协同育人过程进行持续追踪；及时掌握学生动态，解决育人过程中遇到的各项问题，化解分歧，达成共识，保持校企双方协同育人目标一致，形成合力，进入常态化、深入化合作状态，建立富有建设性的合作关系。

第二节 校企协同育人运作机制构建

一、完善校企协同育人制度

有效的管理制度是开展校企协同育人的基础。职业院校要从应用型人才培养定位出发，将应用型人才培养贯穿于人才培养方案设计与实施、专业设置、课程体系、课程内容、教材建设、教学方法设计、教学评估等各个环节，使人才培养逐步与企业对接。校企协同育人既要满足企业的现实人才需求，又要加强对学生科研与创新能力的重视，提高学生职业发展的能力。

职业院校可与企业共同组建校企合作委员会，对校企合作活动进行统筹规划设计与管理。校企合作委员会中除学校领导、企业高管外，还应有学校一线教师、企业一线技术人员等一线工作者，并形成校企合作委员会对各项事务及对接工作的执行管理制度。

完善校企协同育人制度，应明确校企合作活动中企业、职业院校、学生、教师的责任与义务，保障各方权益，使校企合作协同育人各方形成一个有序的自组织，能够自发推动内部的协调运转，构建互利共赢、协同共生的关系，推动校企协同育人机制的良性运转。

二、完善校企协同育人模式

校企协同育人可以采取多种模式，如"订单式"模式、"工学结合式"模式、"特色专业与产业互动合作"模式等。

（一）"订单式"模式

"订单式"模式是学校根据企业实际需求，为企业量身定制人才培养方案的模式。职业院校按照企业对人才的实际要求进行"订单式"培养，校企双方共同组织并参与学员选拔考核、制定培养方案、设计专业课程、反馈与评价等人才培养活动。通过"订单式"模式，学生能够清晰地了解企业的实际需要，学习目标性更强，同时，校企双方共同参与更有利于增进彼此间了解，优化双方资源配置，培养具备企业所需职业能力与素质的高质量应用型人才，为学生进入企业工作打下良好的基础。企业在参与人才培养的过程中也增进了与员工之间的感情，为企业发展提供了人才保障。

当前，"订单式"模式往往只有毕业实习前的学生选拔与毕业实习两个环节，通常在完成学生初选后集中针对企业文化、制度等做少量培训，之后学生进入企业完成毕业实习。问题突出表现在欠缺人才培养方案制订、根据企业需要定制专业课程等环节，合作教育的及时反馈与评价也非常薄弱，企业花了大代价培养却还导致严重的人才流失。因此，"订单式"模式的关键在于企业全程介入人才培养，使学生的知识、技能、素质符合企业人才标准，通过理论与实践相结合，培养适应企业文化与发展需要的高素质、高技能型人才。

（二）"3+1"或"2+1+1"模式

"3+1"或"2+1+1"模式是实现校企合作、工学结合、顶岗实习的方式。该模式的特点是，学生能够集中一段较长的时间进行专业理论学习与实践锻炼，让理论知识的学习和实践技能的锻炼更为系统。比如，在"3+1"模式中，学生在前3年集中学习理论知识，第4学年进入企业进行实践锻炼；在"2+1+1"模式中，学生在第3学年进入企业进行实践锻炼，之后再回到学校进行为期1年的深化专业知识的学习，将实践经验与理论知识相结合，加深对专业理论知识的理解并提高实际运用能力。这样，学生能够将所学专业知识在实践中得到很好的应用，职业院校可以实现应用型人才培养及提高科研水平的目标，企业可以收获符合需要的优质员工。

普遍来看，由于当前顶岗实习制度不够完善，岗前培训、岗位指导与顶岗落实不到位，加之实习时间普遍为2—3个月，学生在极短的时间内无法深度融入岗位工作，不能与企业同频共振，从而导致实习效果不佳。而采取"3+1"或"2+1+1"模式大大延长了学生与企业的了解与适应期，学生长时间的工作沉淀能够较好地将专业知识与实际操作相结合，充分发挥自身优势，提高技能。这种模式的顺利实行，需要对学生顶岗实习的工作内容、专业学习及实习后专业技能的评价体系进行完善设计，保证学生顶岗实习达到预期效果。

（三）其他模式

除上述模式外，校企合作还有其他一些模式，比如企业全程参与式模式、校园虚拟企业式模式、校政合作式模式、行业战略合作式模式等。

不少校企合作模式的核心是"实训—科研—就业"，即以项目研发或技术服务等科研活动为载体，培养学生的专业技术应用及研发能力。

另外，校企合作可通过申请国家项目基金开展纵向课题和横向课题研究，实现人才培养目标，如实施"卓越工程师培养教育"计划，培养具备应用能力的工程型人才；或通过校企共建师资，共享科研成果，实行科研导师制，开展校企联合培养创新型人才的协同育人机制。

三、实现全过程协同育人

（一）校企共建课程，将课程内容与企业职业标准相对接

职业标准是行业、企业对从业人员工作能力提出的规范性要求，是用人单位度量从业者从业资格与能力及选择人才的标准。课程设计应符合企业实际需要，在课程目标、课程标准、课程内容、教学方法、课程评价等方面融入职业标准，从而提高人才培养的适应性。

职业院校与企业在制定人才标准过程中，应综合考虑各选项，明确课程目的，制定水平合理、操作性强的课程教学目标，并按照课程目标、课程标准，设置专业课程，遵照学习规律由易到难、由浅入深的标准来设置。在实践锻炼中，以就业为导向，重点培养学生实际操作能力，按照企业岗位标准，设置实践课程，以培养学生职业技能、职业素质、理论应用能力以及实践及创新的能力。同时校企双方应当共同参与编写教材，从而确保教学质量与教学效果。

（二）课程体系结构符合应用型人才培养需要

基础课程内容应广泛涉猎，以促进学生全面发展为目的，避免过度专业化的局限性。基础课程应兼顾培养学生文化素质，促进学生的全方位协调发展，提高应用型人才的创造性和可塑性。

专业课程需满足校企合作协同育人需要，课程内容应与实践相结合，专业知识应贴近企业生产实际，为投入生产实践做好准备。

校企合作实践课程应丰富化，并与企业生产实际接轨。学生在企业实习实践的态度、价值观、人际交往、能力、反馈等都是实践课程的重要内容。企业应根据学生的实践表现进行综合打分考评。

应增设就业准备课程。准备该课程的目的是为学生寻找适合自己的实践岗位和提高学生的工作能力，内容包括：商务礼仪、求职信函、模拟面试等求职前期基础能力课程；学生进入企业工作的相关课程，如人际沟通技巧、秩序与安全、就职权利和义务等。准备课程应着眼于学生的长远发展，以提高学生的人际沟通能力、面对挑战的素质、职业素养为目的，为学生将来步入社会做准备。

四、提高"双师型"教师队伍实践能力

职业院校应有计划地引进高水平"双师型"教师人才,柔性引进高水平企业专家、技术人员、企业高管、科研人员,安排这些高素质人才从事课程教学、实践指导、毕业设计指导、科研导师等工作,完善校企合作协同育人教师队伍。

职业院校应增加在职教师实践能力培训投入,组织教师进企业学习,或引进企业技术专家、行业前沿专家进校培训,提高教师队伍专业技能和实践能力。

职业院校应增加教师校企协同育人教育方面的培训,提高教师进行校企合作协同育人的能力,可组织教师与行政管理队伍到校企合作示范企业与职业院校学习,吸取成功经验,提高合作育人技巧与能力。

五、构建信息网络系统,实现资源共享与实时互动

职业院校应通过构建信息网络系统,促进职业院校、企业、行业、研究机构等实现资源共享,及时了解最新行业前沿技术及前沿资讯,实现优势互补、跨界合作,推动各方协同创新发展。

职业院校应通过信息网络平台,及时掌握企业需求等各方动态,在合作过程中实现良好互动,帮助各方及时准确获取所需信息,增进交流沟通,及时协调解决合作中遇到的各项事宜。

第三节 校企协同育人保障机制构建

一、政府的政策保障与经费保障

政府作为校企协同育人的有力引导方,应积极出台相关法律法规,借鉴西方国家成熟的校企合作法律法规,逐步完善我国的校企合作法律法规,在保护各方合法权益的基础上,敦促各方积极履行相应责任与义务,为校企合作协同育人提供法治保障。在经费方面,政府可以对参与校企合作协同育人的企业、职业院校、教师和学生给予资金、税收抵扣、贷款等政策支持。同时,政府可以开设校企合作专项基金,对校企合作表现突出的企业、职业院校、个人发放基金。

二、职业院校要大力投入校企协同育人经费,完善配套设施

职业院校应加强校企合作平台建设,经费投入向校企合作项目及校企合作相

关科研项目倾斜，完善人才培养与企业需求相对接的各项实践配套设施，营造良好的校企协同育人氛围；为"双师型"教师提供实践实训设施，支持教师参与企业培训学习、联合技术开发、跨专业实践合作、与企业共建的实验实训中心等，为"双师型"教师队伍建设及校企合作开展提供资金保障。

三、完善应用型人才培养模式

职业院校应联合企业将应用型人才培养建设贯穿于人才培养规划、专业设置、课程建设、教学改革、教学管理、校企合作管理等人才培养全过程中；开设相关实践课程，对接企业岗位知识与技能要求，将学科知识融入企业岗位标准，提高学生岗位认知与职业素质；提高学生应用型科研能力，通过将企业实际项目带入科研开发，培养学生解决生产实际问题的能力，提高学生科研水平；将毕业设计与企业项目衔接，依托企业实践资源，让学生在企业实践中进行毕业设计，进而加深对市场与行业的深入了解，为今后就业打下基础；灵活设置学分、学时，构建多路径的实践课程体系。

第四节　校企协同育人监督机制构建

一、多主体参与监督管理

政府可组织行业协会、企业专家、教育专家等共同建立校企合作育人的专门监督机构，对校企合作活动进行监督管理，监管企业与职业院校在校企合作育人过程中双方职责与义务的履行情况，并对校企合作进行管理，形成完善的监管机制，最大程度确保合作的客观、公正。

职业院校可与企业人员共同组建校企合作委员会，对校企合作活动进行监督与评价，综合采取职业院校、企业、学生、教师、家长等各方评价意见，从而对校企合作活动进行客观总结。另外，职业院校应将校企协同育人评价指标纳入日常教学质量管理体系，构建全过程全方位综合评价体系。

二、构建认证制度

我国可借鉴美国工程和技术认证委员会、美国国家教育认证委员会等校企合作教育认证机构构建我国职业教育认证体系，为校企协同育人制定科学可行的认证标准，保障校企协同育人质量。

在校企合作协同育人认证内容方面，应综合考虑行业、企业、教师、学生的多方参与性，并且对学生参与实践学习的时间进行综合考虑。

校企合作协同教育项目需指派专门教师对学生进行指导，项目要有规模性，形式要有多样性，并具备一定社会影响力。校企合作双方的责任和义务要明确，管理要清晰。同时，要设立合适的认证标准，以确保校企协同育人中的育人目标、职业院校与企业的关系、学习条件、学习效果和项目的有效性。

第五节　校企协同育人评价体系构建

职业院校应联合企业等主体建立科学完善的校企协同育人评价体系，对校企协同育人的成效及项目质量进行评价，确保评价内容可识别、可量化、有价值，评价符合程序，同时能够控制评价成本及质量。

校企协同育人评价主要依赖于大型数据收集方法来进行反馈。在评价过程中，应采用多种数据收集方法，以学生为主体开展多角度评价，注意程序化过程评价，并建立评价反馈封闭系统。在主要学校应构建学生自我评价和用人单位评价以及编制课程评价，并对校企合作教育学生及校企合作教育项目相关部门进行评价。

具体到对学生的评价，涉及如下方面：在校企合作教育开始前，评估学生是否做好了参与项目的充足准备；在实践过程中，评估学生是否增加了专业知识，是否了解岗位工作的基本情况，是否获得技能的提高；在校企合作教育实践后，评估学生是否已明确自己的职业方向和需要提高的能力。以上是对学生学习全过程的综合评价，可以较准确地评估校企协同育人质量。

一、内部评价

内部评价主要包括对参与校企协同育人的学生与教师进行评价。评价学生可以从以下 3 个方面进行：一是，学生对校企合作教育前期准备工作的评价和参加校企合作教育后提交的专业实践报告。二是，在校企合作教育的实践中，学生个人的工作汇报与总结，以及通过信息平台与大家交流讨论校企合作教育中遇到的问题和感受情况。三是，校企合作教育项目结束后的终极调查，关于学生在完成校企合作教育项目后对校企合作教育的效果及感受的评价。

教师评价是指校企协同育人活动中直接对学生参与合作项目进行指导的教师所做的评价。教师评价包含校企协同育人活动前期准备阶段的评价，校企协同育人过程中的评价，以及校企协同育人活动后的评价。在开展校企协同育人活动前，指导教师应讲授一些与校企合作教育相关的准备知识，如职业生涯与规划、面试技巧、商务礼仪等，并进一步了解学生的职业兴趣与能力，评价学生参与校企合作教育的准备情况。在校企协同育人活动期间，指导教师应不定期走访合作企业，了解学生校企合作教育实践情况，并通过访谈掌握学生在实践过程中遇到的问题及思想动态，不断优化调整校企协同育人进程。在校企协同育人活动结束后，指导教师对校企协同育人效果进行评价，检视前期工作成效，反思工作内容与方法，不断完善和改进校企协同育人工作。

另外，职业院校应建立校企协同育人评估部门，对学生和教师的评价工作进行定期检查，与学生和教师充分沟通交流，通过评估来检视和保障校企协同育人效果。

二、外部评价

外部评价主要是指对参与校企协同育人的合作企业进行评价。企业方是校企协同育人活动的最直接的参与者与监督者，对于校企协同育人评价体系的作用至关重要。职业院校应定期走访合作企业，向企业发放调查问卷，掌握学生的实习实践情况，对学生的实习实践情况进行统计分析和综合评价；了解企业在实施校企协同育人活动中遇到的问题及期望，不断优化改进校企协同育人机制。

校企之间应建设高效的"信息反馈"沟通平台，随时掌握企业对学生合作教育情况及人才培养方面的反馈。企业可主动制定学生日常实习实践过程考核机制，并将结果及时反馈给学校，动态调整学生实践计划。企业的考核可作为学生获取实习学分以及最终获取学位的重要依据。职业院校应真正让企业参与到校企协同育人的全过程中去，使学校的课程设置更符合实际需要，人才培养方案更注重学生专业素质能力的提升，发挥出校企协同育人在应用型人才培养上的巨大作用。

第六章　校企协同育人环境下职业院校教师队伍建设

国务院 2019 年印发的《国家职业教育改革实施方案》中指出：到 2022 年，"双师型"教师占专业课教师总数超过一半；职业院校教师每年至少 1 个月在企业或实训基地实训；落实教师 5 年一个周期的全员轮训制度；建立健全职业院校自主聘任兼职教师的办法；推动企业工程技术人员、高技能人才和职业院校教师双向流动。

本章分四节，分别为职业院校教师培养与管理策略、"双师型"和"一体化"教师团队建设、职业教育教学机制的完善、职业院校名师及兼职教师队伍建设。

第一节　职业院校教师培养与管理策略

一、制约教师队伍建设的主要问题

职业院校教师应具有"双师"能力。除具有德育工作能力、专业教学能力外，职业院校教师还应具有与行业、企业沟通的能力，能有效组织和指导学生开展校内外实践教学，并通过行业、企业的实践有效地完善教学内容和方式方法，在教学过程中采用讲练结合等多种理论与实践相结合的方式方法，提高教育教学质量。对于一所职业院校来说，只有有了一流的教师队伍，才能培养出一流的技术技能人才。

（一）教师需具备良好的专业化水平与思想品德修养

专业化教师要求其具有胜任教育教学工作的能力以及具备教师所应有的专业素质。所以，教师职业并不是人人都可以胜任的，应具备专业知识、专业技能和专业态度等多方面的素质，才能符合从教的整体要求。当前，对于进入职业院校学习的学生来说，尽管分数不再是他们的"命根"，但他们仍面临着中职升高职、高职升本科的压力；同时，他们还需要学习多种技术技能。部分学生由于缺乏自信，导致他们对教师的心理认同需求增加。相比于拥有丰富学识的教师，他们更期盼尊重他们的、和蔼可亲的、风趣幽默的、能和他们打成一片的教师，此时教师的思想品德就成为影响他们的一个重要方面。因此，作为职业院校的教师，首先要树立高尚的教师观、立德树人的意识；其次要树立正确的学生观，因材施教，促进人人成才；再次要树立符合职业教育人才培养需要的能力观，不断提高自己的教育教学能力和实践指导的水平；最后要树立科学的学习观，不断学习，终身学习，适应经济社会发展的要求，以培养出更多更好的技能型人才。总而言之，职业院校教师应具备良好的专业化水平和思想品德修养。

（二）实践能力较弱成为教师发展的短板

目前，职业院校师资队伍建设取得了可喜的成绩，教师专业教学能力和实践教学能力不断提高，服务企业的能力也不断提高，教学能手、技术能手不断涌现。但由于我国职业院校的教师主要来自各师范学院和大学，以及各工科类学院和大学，他们进入职业院校的方式主要通过笔试、答辩和技能测试等统一招聘方式，经验的缺乏使得他们在教育教学中明显存在技术、技能、科研等能力不足的问题。且职业院校教师的实践能力较低，这也是制约职业教育发展和学生技能水平提高的一个重要原因。

有些教师虽然在学校期间考取了技能等级证书，但含金量普遍不高，更没有企业实践经历，岗位技能水平较差，且不了解企业生产实际情况，实践能力较弱，无法承担技术技能人才培养的任务。另外，为了增强教师实践能力，职业院校会从企业引进一批生产和服务第一线的技术人员充实教师队伍，或是选聘大赛获奖选手留校担任实训指导教师。但他们教育教学方法、教学理论知识也相对匮乏，对于进一步培养学生综合职业能力还有一定的差距。

（三）教师在校企合作、产教融合中需要转变观念

如何培养高素质技能型人才是职业教育教学改革中的热点和难点问题。针对职业教育实践性较强的特点，教学中需要贯彻"做中学、做中教、做中练、做中说、做中评、做中思"的教学理念，而做好这"六步"的关键是培养教师的专业教学能力和实践能力。因此，职业院校教师必须通过校企合作、工学结合培养人

才和尊重技术技能人才的理念。通过走进企业，职业院校教师可以进一步了解行业、企业知识，包括企业的生产组织方式、工艺流程、产业发展趋势等基本情况，熟悉企业相关岗位职责、操作规范、技能要求、用人标准、管理制度、企业文化等，学习所教专业在生产实践中的新知识、新技术、新工艺、新材料、新设备、新标准等。在课堂教学中，职业院校教师可以针对学生实际，创设情境性学习环境，让学生在学校就能感受到企业的生产情境、管理要求和企业文化，了解自己未来的工作性质和特点，提前做好职业生涯规划。

在校企合作、产教融合过程中，行业、企业应给予职业院校教师学习和锻炼的舞台。在"产中学、学中产"的教学模式要求下，职业院校教师一方面要更新相关的理论知识，另一方面要提升自身技能水平，进而达到"双师型"教师的标准。同时，职业院校可以开展科技服务与开发活动，这既能加强与生产科研部门的联系与合作，也可以为教师创造参与生产实践、提高技能水平的机会。

二、立德树人是教师发展之本

教育的根本问题是：培养什么人、怎样培养人、为谁培养人。职业院校教师面对的学生大多是未成年人，他们还没有成熟的品德观、道德观，具有很强的模仿欲和模仿力，明辨是非的能力较弱，且缺乏对不良风气和行为的免疫力，教师的日常行为、言论都会对他们产生较大影响。因此，教师要关爱学生，严谨教学，淡泊名利，自尊自律，要以人格魅力和学识魅力感染学生，做学生健康成长的指导者和引路人。

（一）师德是教师立足之根

师德是教师在教育教学活动中应当遵守的道德规范和行为准则，以及应当具备的道德观念、情操和品质。教师是人类文明知识的传播者、人类灵魂的塑造者。教师的一举一动都影响着学生的成长，学生会把师德高尚的教师或喜爱的教师作为学习的榜样，模仿其态度、情趣、品行乃至行为举止、音容笑貌、板书笔迹等。要想培养学生良好的行为习惯，教师必须严格要求自己，用自己高尚的道德和人格魅力感染、影响学生。所以师德是对教师最基本也是最重要的要求，影响着教师如何理解职业和自己的工作岗位、如何对待学生，以及如何在工作中成长与发展。

职业院校教师要如何立德树人、如何为人师表？关键的是要关爱学生、尊重学生、信任学生；要富有爱心、责任心；要乐观向上、举止文明；要践行社会主义核心价值观，把立德树人作为职业教育的根本任务。可以说，教师的师德建设是关键中的关键，是"师魂"所在。

（二）做师德高尚的教师

1.师德是教师素质的首要标准

教师应弘扬和践行社会主义道德和中华优秀传统美德，自觉成为一名以德立身、以德立学、以德施教的品行之师。师德高尚的人，一定是内心充满爱的人：爱生活，懂得珍惜和感恩；爱事业，对待事业热情钻研、严谨认真；爱学生，理解、包容、引导学生，让学生的人生能够变得更美好。这样的人，一定是一个堂堂正正的人，衬得起"学高为师，身正为范"这八个沉甸甸的字。

2.有爱才有责任

好教师应该懂得，选择当教师就选择了责任，就要尽到教书育人、立德树人的责任，并把这种责任体现到平凡、普通、细微的教书育人之中。正是因为爱教育、爱学生，很多教师才有了一辈子备一堂课、一辈子在三尺讲台默默奉献的力量，才有了在学生遇到危难时挺身而出的勇气，才有了敢于攻克新知新学的锐气。可见，教师责任心有多大，人生舞台就有多大。

3.身教胜于言传

师德主要体现为敬业爱生，即热爱教育事业、关爱每一个学生。教师面对的对象与其他职业不同，是学生、是未成年人，对于职业院校的教师来说，面对的学生更具有挑战性。教师不仅要传授给学生知识，而且要在传授知识的过程中，帮助学生树立正确的人生观、价值观和世界观，帮助学生树立良好的职业道德观念，培养学生养成良好的职业素养和职业精神。要想培养学生优良的行为习惯，教师就必须严格要求自己，因为"身教胜于言传"。这就要求教师在日常教学中，上课不迟到，下课不拖堂，课堂上与学生平等相待、尊重学生的意见，课堂下认真批阅学生的作业；生活中注意自身的穿着打扮、言谈举止，给学生树立榜样；用自己高尚的道德和人格魅力感染、影响学生。

（三）"传、帮、带"是感化年轻教师的有效途径

对于年轻教师来讲，他们的经历基本上是从学校到学校，他们大多有着积极向上的一面，同时也有自己的个性。职业院校可以聘请一些勤勤恳恳、任劳任怨、踏踏实实、长期工作在一线的老教师担任青年教师的师傅，进行"传、帮、带"，

用老教师的爱岗敬业、无私奉献的精神来教育、感化年轻教师，使年轻教师思想和业务水平得到提升。

教师要爱岗敬业，把自己的职业理想、道德信念、思想品德与教育教学联系起来，在日常的教学中通过自己的一言一行展示人格的魅力，做到以言传道、以行垂范，用真理、真言、真行教化学生，用真情、真心、真诚感化学生。

年轻教师毕业到学校工作，往往对于师德的要求比较陌生。学校通过安排年轻教师与一些师德高尚的老教师结对，在日常工作中就可以对他们起到潜移默化的影响。老教师的举动可以影响年轻教师，特别是一些老教师严谨认真、一丝不苟、兢兢业业的工作作风会对年轻教师起到教育的作用。

具体来讲，如何开展好班主任的工作，如何对待每一个学生，如何用真情、真爱去关心学生，如何在教学过程中因材施教、备好课、上好课等一系列活动都是教育、引导年轻教师的良好事例。

（四）教师的专业精神——工匠精神

工匠精神是一种能够经受时代考验的职业态度和宝贵品质，代表着从业者坚守本行业的优秀职业素养。总体而言，工匠精神体现为爱岗敬业、专业专注以及务实创新等。良好的师德师风既是职业精神的体现，又是工匠精神的内在要求。通过学习工匠精神，可以使教师自觉形成爱岗敬业、精益求精的精神品质；通过培养教师爱岗敬业的核心价值观，可以为教育教学提供动力支持和精神保障，使教师成为具有工匠精神的教育引导者和精神塑造者。

职业院校可以引导教师深入企业，号召教师在提高技术技能的同时，学习企业工人的敬业精神、工匠精神；也可以根据不同专业，把教师送到相关企业进行锻炼。教师到企业实践主要学习以下几方面的内容：

①了解企业的文化精神、经营理念、生产组织方式、工艺流程、产业发展趋势等基本情况。

②熟悉企业相关岗位职责、操作规范、用人标准及管理制度等内容。

③学习所教专业在生产实践中的新知识、新技能、新工艺、新方法。

④结合企业的生产实际和用人标准，不断完善教学方案，改进教学方法，积极开发校本教材，深化职业院校实践教学，提高技能型人才的培养质量。

职业院校通过安排教师进行跟岗学习、顶岗学习等活动，可以使教师做到"下得去车间，开得动设备"。在以往的教师进企业过程中，一些教师没有在思想上引起重视，抱着到企业实训就是走过场的心态——即"企业管不着我，师傅我不理你，知识少懂点，技能少会点"，结果走马观花似的到车间走了一圈就算参加企业锻炼了，盖个章就回学校交差了事。这部分教师尽管到企业实习过，但依旧不了解企业的岗位流程、规范和管理，到了课堂上依旧如故，提高不了教学效果。因此，应对到企业锻炼的教师进行严格的考核，力争取得实效，促使学习企业工人精益求精、爱岗敬业、吃苦耐劳的工作作风。

总之，"师德为先"要求教师热爱职业教育事业，立德树人，自尊自律，关爱学生，团结协作；以人格魅力、学识魅力、职业魅力教育和感染学生，做学生知识、技能的指导者和健康成长的引路人。

三、强化教师专业能力的培养，提高教师综合素质

一般来讲，教师的专业能力主要包括教学设计能力、实践教学能力、实习实训组织能力、班级管理与教育能力、教育教学评价能力、沟通与合作能力、教学研究与专业建设能力等。对其专业能力提出了如下要求：

①教师应以学生为主体，以学生能力培养为目标，以让学生主动参与到教育教学中为思路进行教学设计。

②教师应参与校本教材开发，运用理论与实践相结合的方法促进教学改进与提高。

③教师应参与实习实训，督促学生养成良好的职业素养，帮助学生掌握岗位知识与技能。

④教师应运用多元评价，鼓励学生积极参与到教育教学中来。

⑤教师应积极开展教育科研，提高分析问题、解决问题的能力。

⑥教师应参与到校企合作、产教融合中，提高专业建设和课程建设的能力。

综上可知，职业教育对教师的能力要求涵盖了职业教育教学活动的全过程，教师必须是一个"多面手"，才能胜任教学、实训、管理、评价与科研等各个环节的教育教学工作。下面介绍一下教师需要具备的教学设计能力和实践教学能力。

（一）教学设计能力

教学设计能力是指教师为了实现教学目标，依据教育教学原理、教学艺术原理和学生认知规律，对教学过程、教学内容、教学组织形式、教学方法和教学手段确定采取何种教学策略的能力。教学设计是对"教什么""怎样教""怎样学"

以及"达到怎样的教学效果"的总策划。这就要求教师改变传统的教学方式，开展以学生为主体的教学设计，引导学生主动参与、亲身实践、独立思考、合作探究。教学设计主要由以下几个方面构成。

1. 教学设计理念

在教学设计理念方面，首先要加强教学的针对性、实效性和时代性，贴近学生、贴近生活、贴近专业、贴近企业，培养学生基本的科学文化素养，服务学生专业学习和终身发展的课程教学改革目标。其次要贯彻现代教育思想和教学理念，充分利用信息技术、数字化资源和信息化环境，在教师角色、教学内容、教学方法、互动方式、考核与评价等方面有所创新。最后要注重岗位技能培养和综合实践活动环节，提高学生学习兴趣，提升学习效果。

2. 教学设计内容

在教学设计内容方面，可通过课堂教学、实习实训教学及网络教学等不同方式对教学内容进行设计。设计内容一般包括授课的年级、专业、学生人数和授课时间，授课使用的教材，教学内容和教学目的及要求，授课类型，学情分析，教学方法和教学环境设计及资源准备，教学重点、难点和关键点，教学过程及时间分配，教学反思等。

教学设计是在现代教育理论指导下，为了促进学生学习和发展而设计的解决教与学问题的一套系统化程序，即教学策划。它是为促进学生的学习而对教材、教学过程和学习资源进行的系统安排。

3. 教学设计方案

教学设计方案包括课程内容特征分析、学生特征分析、任务分析、教学目标、设计思路或意图、教学过程、课堂小结（含板书设计）、教学评价（教学反思）、教学资源链接等。

4. 教学设计方案评价

教学设计方案评价通常包括教案总体结构、学习者特征分析、教学目标分析、教学重点难点分析、教学方法选择、教学媒体选择、教学评价设计等。

5. 课程实施

课程实施一般表现在课堂（含实验室、车间）上，教师要针对课程标准中的目标要求，认真解析教材内容，努力将教材内容有效地转化成学生的职业知识和能力。因此，驾驭好课堂教学的关键是教学内容和策略的设计，教学内容要体现启发性、探索性、开放性和艺术性。

（二）实践教学能力

实践教学是根据专业理论教学的需要，安排学生到企业或学校车间进行参观和实践，学生通过实习实训将所学的专业理论与实践相结合，获得专业技能，达到应用、巩固和提高的效果。实践教学是学校课堂教学的延续，同时也是教师提高实践教学能力的有效手段。教师的实践教学能力主要表现在以下几个方面：

①实习实训计划的制订。计划是保证实习实训效果的关键，职业院校和教师应认真制订周密的实习实训计划。实习实训计划包括实习实训的目的、要求、内容、任务、时间、地点、学生安置情况等，且该计划要合理、可行。职业院校和教师应根据实习实训条件合理安排学习项目和任务，培养学生的职业精神，使学生感受到企业工人爱岗敬业和吃苦耐劳的精神，体验企业的管理和文化，了解本专业未来的企业生产岗位实际情况。

②组织管理。学生在学校学习知识与技能是在教师管理的情况下进行的，然而企业管理较为松散，造成一些学生到企业后在车间随意走动、打闹，还有些学生头脑里根本没有产品质量意识，更没有成本意识和安全意识。因此，教师必须全程指导，及时提醒学生、教育学生，并设置完善的惩罚措施。

③岗前专题教育。学生在学校学习过程中，往往体验不到企业生产的安全问题，思想上没有引起足够的重视。在进入企业实习实训之前，教师要反复强调企业的岗位安全问题，必要时请企业分管安全的相关人员进行专题教育。专题教育主要包括纪律教育、常规教育、安全教育、实习实训管理制度教育等，这可以使学生在实习实训前就做好充分的实习实训心理准备。另外，教师必须加强学生的职业道德素质教育、就业思想教育和创业教育。

④实习实训责任与分工。实习实训是重要的教学形式，对学生的技术、技能的形成起到决定性的作用，而保障实习实训教学有效进行的关键是实习实训的指导教师。指导教师必须明确自身的责任，必须遵守相关实践教学规范，做好分工安排。

⑤实习实训反思指导。教师要及时对学生实习实训的情况进行总结和反思，

总结出好的地方和存在的问题，反思实践教学方法和企业管理的具体要求以及质量考核评价标准等存在的不足。

第二节 "双师型"和"一体化"教师团队建设

一、"双师型"和"一体化"教师的内涵

（一）"双师型"教师

"双师型"教师是指"双素质型"教师，即教师应具备理论教学的素质，也要具备实践教学的素质；既强调教师持有"双证"，又强调教师具有"双能力"。职业院校"双师型"教师应同时具备以下几个方面的素质、能力：

①良好的职业素质。"双师型"教师既具有教书育人的能力，又具有进行职业指导等方面的素质和能力。即应具备与讲授专业相对应的行业、职业素质，具备深厚的行业和职业基本理论、基础知识和良好的实践能力。

②较强的综合能力。"双师型"教师既要有较好的通识性知识、教学设计能力、实习实训组织能力、教育评价能力，又要有教学研究和专业发展能力。

③企业生产实践能力。职业教育离不开行业、企业，没有行业、企业参与的职业教育活动不可能培养出高素质劳动者和技能型人才，与行业、企业的紧密结合是职业教育区别于普通高中教育的最大特点，这个特点决定了职业院校教师要积极配合和推动学校与企业建立合作互助的关系，促进校企合作。通过校企合作，教师到企业实践，了解行业发展动态和前沿技术，熟悉企业生产经营方式方法和岗位所需知识、技能与职业素养，从而提高返校后指导实践教学的能力，才能更好地提升课程教学质量。

（二）"一体化"教师

"一体化"教师是指教师将专业理论教学、实践技能培养融为一体，既能进行理论教学，又能指导专业技能训练，将专业理论知识与专业实践能力整合为"一"。

一体化课程以国家职业标准、行业和企业岗位标准为依据，以综合职业能力培养为目标，以岗位工作任务为载体，以学生为中心，按照工作过程的顺序和学生自主学习的要求进行教学设计并安排教学活动。一体化课程可以实现理论教学

与实践教学融通合一、能力培养与工作岗位对接合一、实习实训与顶岗工作学做合一。

二、制约教师实践能力提高的主要原因

目前，我国职业院校教师的师资状况难以满足完善校企合作人才培养模式的需要。有的教师理论功底较为深厚，实际操作技能则比较薄弱，不能有效指导学生的实习实训，这在一定程度上制约了校企合作人才培养模式的实施，致使个别学校仅仅将该模式挂在嘴上，不能真正实现人才培养模式的目标。造成教师实践能力不高的原因主要有以下几个方面。

1. 教师培养机制和考核机制限制了教师实践

目前，职业院校教师的主要来源是各师范学院、大学，以及各工科类学院、大学，由于大部分本科院校并不是专门培养应用型技术技能人才的，因此，毕业生在这方面的能力普遍不高。尽管有些师范院校重视实践能力的培养，但由于不重视实践考核而导致学生技术技能水平也普遍不高。另外，由于社会上存在着歧视体力劳动者的不良现象，大部分学生在校期间不愿参加企业实践活动，所以，一旦他们被选进职业院校成为教师后就带着"先天不足"的缺陷，影响着实践教学质量。

2. 学校对教师实践能力培养缺乏统一的顶层设计

由于职业院校普遍存在教师紧缺的问题，新教师到校后一般先安排上课，有的年轻教师一周上十几节、甚至二十几节课，导致其根本无暇参加企业生产学习。到了暑期安排教师实践时，由于教师都忙了一个学期，希望借假期休整一下，因此，即使个别院校安排教师进企业学习，也只是走走过程，根本达不到预期的目的，由此造成了教师对于岗位标准、岗位能力要求、岗位知识与技能缺乏分析和调研。

3. 教师考核评价机制没有到位

对于教师的实践能力，许多职业院校缺乏考核激励机制，对教师进企业没有规定学习的内容和要求，没有认真地组织考核评价，所以造成了教师对实践的不重视。在这种情况下，教师到企业锻炼基本上是走走过程，看一看，问一问，很难深入岗位开展跟岗生产，更谈不上学习岗位的基本技能和技术要求以及体会企业的管理方式和纪律要求。特别是许多教师虽然拿到了中级工、高级工、技师等职业资格证书，但真正技能水平还达不到要求。另外，许多职业院校很少去组织

测评教师真正的技能水平，对于达到技能水平的教师也没有进行过奖励，造成了教师对实践学习的懈怠。

三、搭建教师企业实践平台

之所以校企合作、产教融合没能得到有效开展，在某种程度上是由于教师不理解企业生产与管理的流程，更不了解所学专业与企业生产之间的联系。由于缺乏企业经历，一些职业院校教师在专业技能课的教学中，往往凭着自己的理解去讲授和演示操作步骤，有时教授的是错误的内容，书本上的知识技能与岗位生产实际上产生了背离，造成了学生的技能水平偏低，严重地影响了教学质量。因此，搭建一个实践锻炼的平台尤为重要，并且应结合企业生产特点，不断调整课程内容和评价标准是职业院校目前急需解决的问题。

培养"双师型"教师的关键是在提高教师理论教学能力的同时，为教师提供工作、实践的机会，使他们通过校企合作不断提升自身的实践技能。校企共建教师工作站、实训基地等措施是建设一支政治素质好、业务水平高、实践能力强的"双师型"教师队伍的关键。目前，职业院校对新入职的教师普遍要求有 3 年的企业工作经历，这样一来，职业院校的教学质量有了一定的保障。

1. 校企合作培训是培养"双师型"教师的突破口

教师企业实践的主要内容包括了解企业的生产组织方式、工艺流程、产业发展趋势等基本情况，熟悉企业相关岗位职责、操作规范、技能要求、用人标准、管理制度、企业文化等，学习所教专业在生产实践中的新知识、新技术、新工艺、新材料、新设备、新标准等。

2. 教师企业实践要与专业教学结合起来

职业院校应根据教师教学实践和教研科研需要，确定教师在企业实践中的重点内容，促使其掌握专业建设和课程建设的动态，强调生产项目教学化转换与企业教学资源的建设，推动教育教学改革与产业转型升级衔接配套。在这个过程中，教师可以深入企业主要业务岗位，了解岗位职责、业务流程，进行一定时间的岗位工作记录、业务操作实践，获得较高的技能水平，并能在多岗位之间轮岗实践；教师还可以了解企业培训的步骤和流程，参与了解岗位分析、业务流程分析、人员级别分析、关键能力定义等。另外，企业实践也可以培养教师的教学方法设计、课程开发、授课技巧、教学评估等方面的工作能力，使教师深入了解企业人才培养方法。

3.大力推行科技服务与开发

科技服务与开发是职业教育的重要组成部分，对一所学校可以产生多方位辐射效应，促使教师向"双师型"发展。开展科技服务与开发活动，既能够加强职业院校与生产科研部门的联系和合作，又能够为教师创造生产实践和继续提高的机会和条件，帮助其开阔眼界，了解市场需求，从而加快教学内容更新和教学改革。

4.开展实践性生产活动，进一步提升教师实践能力

教师专业技能培训和下厂锻炼对于初级阶段教师实践能力的培养具有较好的效果，但随着教师技能水平的提高，这种被动的培训对教师的技能提升空间不大。因此，必须让教师主动参与生产实践活动的全过程，从图样分析开始，到价格谈判、制定工艺、操作加工、产品质量检验和最终交货等，只有参与到这一系列生产性环节中，教师才能逐渐"成熟"。开展生产性实训是提高教师岗位能力的有效途径，也是提高教师技术、技能、企业生产能力的有效途径，但它区别于传统的实习实训。

学校可以通过与多家企业联系，接收到适合学校生产的企业订单，然后按照企业生产的要求，在规定的时间内完成生产任务，且质量必须达到规定的要求，一旦产品合格率达不到要求，所造成的损失将主要由完成该任务的教师自己承担。具体实施步骤如下：在接到订单后，生产性实训指导教师首先要对订单做工业用样板设计，对该产品进行工艺过程分析，然后根据任务的紧迫程度，确定学生参与设计、改进样板的程度。设计好后先由指导教师试做，产品通过检验合格后，总结出生产工艺的具体要求，制定好相应的工艺流程、质量检验标准，做好学生的分工安排，最后开始生产，教师要在现场做好指导。通过生产性生产之后，教师才能真正体验到企业管理的严格要求、岗位的规范要求和质量的标准要求等，才能在此过程中不断地成长。经过一段时间的锻炼后，教师才能真正为企业服务，在教学中才能真正地明白学生应该掌握哪些知识、技能，应该具备哪些职业素养。

通过生产性实训，教师可以把产品生产按照项目的要求，结合课程分解成若干个小的任务，把任务与产品生产结合起来，提醒学生在整个生产过程中应当注意的地方和单件产品生产的难点，从对设备的使用到整个产品的制作，给学生带来更加直接的认识。

开展生产性实践活动是考核教师企业生产能力和教学能力的有效途径。在以往的学校实训过程中，教师对学生的项目考核往往比较模糊，考核要求也不高。

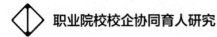

因此刚开展生产性实训的时候，废品率会较高，生产效率会较低，但随着生产过程的深入，废品率也会逐步降低，最后在企业要求的范围内，效率也会不断提高。通过生产锻炼，教师会对生产工艺、产品质量的控制方法有新的认识和提高，在进行教学实训时，教师就会知道哪些是必须规范、哪些与企业产品的质量有关。同时学生在实训结束后，水平也会有一个质的飞跃，逐步接近企业的需求。

5. 企业管理是提高教师管理素养的有效手段

职业素养是学校日常实践教学的短板，主要原因是教师和学生不知道企业管理的标准，因此，引进企业 5S 管理运行模式是提高教师和学生职业素养的有效手段。

①整理（Seiri）。整理是将车间等工作场所中的任何物品区分为必要的与不必要的，必要的留下来，不必要的彻底清除。

②整顿（Seiton）。整顿是将车间里不必要的东西分门别类地放置在规定的位置，明确数量并加以标示。

③清扫（Seiso）。清扫是将车间等工作场所内的脏污清扫干净，并防止脏污的再次发生，保持工作场所干净整洁。

④清洁（Seiketsu）。清洁是将整理、整顿、清扫等制度化与规范化，并予以贯彻执行及维持提升。

⑤素养（Shitsuke）。素养是指使学生养成良好习惯，依规定行事，培养其积极进取的精神。

教师在引领学生按规章行事的同时，自己必须先做到。指导教师则更要兼顾教师和职工的双重身份，做到教学做合一。

6. 建立特聘专家工作站

随着校企合作的深度融合，企业对一线技术技能型人才的要求越来越高。随着新技术、新材料、新工艺的应用，企业对学生的岗位能力要求不再停留在操作层面上，而是要求学生具有一定工艺分析能力、工艺设计能力以及创新能力，即要求学校培养出来的学生是技术技能人才，既是技能工人又是工程师。因此，骨干型教师在具有技师能力的同时也要有工程师的能力，做到教师、技师、工程师三位一体。职业院校要想培养教师的技师技能、工程工艺能力和设计能力，除了企业实践之外，更重要的是建立校内教师培养工作站。例如，职业院校通过开展劳模进校园活动，成立劳模工作室，对应不同的专业开展特色活动。学校校长亲自为劳模颁发聘书并安排相应的拜师仪式，教师在劳模专家的指导下系统地学习专业的知识、理论，完成培训项目和科研课题，参与项目的开发设计，逐步成长为一名合格的企业工程师和高素质教师。

第三节　职业教育教学机制的完善

职业院校师资队伍的建设，离不开教学机制的完善。

一、教学评价方案设计

（一）生产性实训评价

生产性实训是培养学生岗位能力的重要手段，是职业院校教学过程的一个重要环节。它通过对专业人才的能力培养和基本技能训练，使学生深入理解并运用理论知识解决实际问题，同时提升学生团队合作意识，提高学生职业素养。按照教学计划要求，学生必须完成全部生产性实训任务，并进行生产性实训考核，才能取得相应学分，才可以参加下一个阶段的考核评价。

1. 主要评价内容

（1）过程性评价（70%，每项占10%）

过程性评价重在日常的操作考核，目的是让学生了解企业生产要求和岗位能力要求，培养学生养成良好的职业素养。包括以下内容：

①安全操作规范。安全操作规范包括积极参加三级安全教育、强化安全操作步骤、提高防范意识以及熟悉安全预防措施。

②行为规范与职业操守。其中包括出勤、着装（按规定穿戴工作服、工作帽、工作裤、工作鞋、防护眼镜等）、学习用品准备、课堂纪律、礼貌修养、安全环保、情感态度与价值观、工作责任心和遵守实训场所规章制度等。

③知识技能。包括资料查阅收集、图表和手册的使用、基本的计算能力、熟悉流程、自学能力、前后知识联系能力、提出问题、解决问题的能力等。

④实训态度。例如学习态度、学习主动性、团队合作情况、实训参与度、劳动态度等。

⑤实训操作。例如基本操作、正确读数、规范记录、常见简单故障判别及排除、实训设备维护情况、实训环境清理整顿等。

⑥作业情况。包括完成企业文化学习、实训日志、实训总结报告等情况。

⑦学生自评与学生间互评。以课堂纪律情况、活动参与情况、作业笔记情况、职业素养为主要评价内容。

（2）综合产品质量评价（30%）

综合产品质量评价是指产品或项目完成所用时间、质量情况以及车间管理情况。

2. 评价标准

生产性实训成绩按优秀、良好、及格和不及格四级记分制评定。各个评定项目可以参照如下评分标准。

①优秀（9—10分）。能很好地完成生产性实训任务，达到实训计划中规定的全部要求；能对实训内容进行全面、系统总结，并能运用学过的理论对某些问题加以分析；在考核时能比较圆满地回答问题，对问题有独到见解；实训态度端正，无违纪、旷课行为。

②良好（7—8分）。能较好地完成实训任务，达到实训计划中规定的全部要求、能对实训内容进行比较全面、系统的总结；考核时能比较圆满地回答问题；实训态度端正，无违纪、旷课行为。

③及格（5—6分）。实训态度端正；能完成实训的主要任务，达到实训计划中规定的基本要求；能够完成实训报告，虽不够完整、系统，但内容基本正确；考核中能回答主要问题；实训中虽有一般违纪行为但能深刻认识、及时改正。

④不及格（0—4分）。凡具备下列条件之一者，均以不及格论。

a. 未达到实训计划规定的基本要求，实训报告马虎潦草或内容有明显错误；考核时不能回答主要问题或有原则性错误。

b. 未参加实训的时间超过全部生产性实训时间 1/3 以上者。

c. 实训中有违纪行为，经教育不改，或有严重违纪行为者。

（二）课堂教学评价

根据教学质量检测与控制要求，相关机构或部门应定期或不定期听取不同教师和不同班级的课程，同时对教育活动现实的或潜在的价值做出判断。

1. 课堂教学评价的方法

（1）绝对评价法

将评价对象与客观标准进行比较，以是否达到标准作为主要依据进行评价。

（2）相对评价法

在评价对象中选择一个或若干个群体作为基准，然后把各个评价对象与基准进行比较并做出评价。

（3）个体内差异评价法

将评价对象的现在与过去相比较，或将其自身若干侧面相比较的评价方法。

（4）量化评价法

在评价过程中，采用数学方法作为手段或将评价标准、评价结果用数量表示，一般包括测验法、问卷法、实验法等。

（5）质性评价法

通过文字、图片等描述性手段，对评价对象的各种特质进行全面充分的分析与揭示。

（6）自我评价法

评价者按一定的评价标准对自身做出评价的方法。

（7）他人评价法

一般适用于上级对下级、教师对学生、社会对学校的教育评价。

2. 评价教学过程

评价教学过程主要包括评价教学内容的安排和整合、教学方法的选择和优化、教学媒体的运用和组合、教学目标的达成和体现、教学信息的反馈和调控等。

3. 评价教学方法

评价教学方法时要重视启发式教学、现场教学、案例教学、项目教学、模拟教学或仿真教学等。在教学效果上要强调学生能基本掌握所学内容，使其能力和职业技能有所提高。评价者的评语要能够表达自己的意见和建议，要着重评价课堂教学特点和存在的主要问题。

4. 评价教学思想

评价教学思想时要着重把握以下 3 个方面：

①教师的主导与学生的主体并重。教师的主导作用主要体现在科学准确地建构教学内容，依据实际选好教法、设计学法；要精心设计教学过程，指导学生总结学习方法，点拨知识疑难，实现教学的目标；课堂上，教师要引导、鼓励学生，激发学生强烈的参与学习欲望。

②研究教材知识与研究学生并重。课堂教学应是民主的，是师生"群言堂"，应杜绝教师"一言堂"。课堂是学堂不是讲堂，教师是主导而不是主讲。教师应

注重研究学生的学习兴趣、学习态度、学习方法、学习效率。

③传授知识与培养能力、指导学法并重。教师在课堂教学中应培养学生的思维能力，如概括能力、分析能力、对比能力、发散思维能力、应用能力、表达能力等；引导与启发学生的学习方法，如怎样读书、怎样练习、怎样分析等。这些都是评课的重要内容。

5.评价教学内容

教学内容方面的评价要强调理论知识必需、够用、实用、重能力与技能的培养训练。

①评价要看教师是否认真研究学生，是否从学生实际出发建构教学内容，是否面向全体学生开展自主学习、合作学习和探究性学习，是否让所有的学生都参与讨论、实验、训练等活动。

②评价授课内容是否正确，是否过易、过难，是否符合学生认知心理和已有的知识水平。

③评价教学是否做到了重点突出、难点突破、疑点突明、教育点突现。

④评价要看教学在完成既定目标后，是否又引起学生新的思考，进而产生新的问题，激发起学生新的思维兴趣。

6.评价课堂结构

①课堂引入是否吸引学生的注意力，是否激发学生的思维，是否与将要教学的内容有密切关系。

②课堂讲解是否适时、适度、实效，是否导多灌少，是否引发学生的思考，是否创设起良好的教学情境。

③练习讲评是否体现了学生主体与教师主导，是否注意思维能力的培养，是否有针对性和规律性。

④课堂时间分配是否恰当，学生活动时间是否给够（学生自主活动时间应不少于10—20分钟），教与学的环节是否环环相扣。

7.评价教学艺术

①评价教师是否能依据学生情况和课程特点、课型等实施有效的教学策略。

②评价教师的教法是否有益于激活学生思维，是否引发学生产生认知冲突，教师是否与学生一道化解难点、突出重点、揭示规律、总结方法。

③评价教师的教学机制，重点观察其对偶发事件的处理。

④评价教学特色。一堂有特色的课凝聚了从教者的大量心血，闪烁着教师个人独特的艺术光芒，甚至可能孕育出教学理念的创新火花。

8.评价学生职业能力

评价学生职业能力要着重做好以下几个方面的工作：

①建立与"工学结合"评价体系相适应的岗位技能模块化课程体系。

②引进企业人员参与制定相关评价标准。

③实现评价方式的多样化，如成绩评价的过程化、评价方式的多样化、评价主体的多元化、评价过程的规范化。

（三）理实一体化课堂教学评价

理实一体化教学是将理论教学与实践教学有机结合，打破传统学科体系和教学模式，建立"五合一"的培养模式（教师和师傅合一、学生和学徒合一、作品和产品合一、教学和生产合一、教室和车间合一）。理实一体化教学根据职业教育培养目标要求重新整合了教学资源，体现了能力本位的特点。这种教学模式可以较好地解决理论教学与实践教学脱节的问题，更加增强教学的直观性，充分体现学生的主体参与作用，有助于教学质量的提高和高素质人才的培养。总而言之，它改变了传统教学方法，强调以技能训练模块为主干，以理论知识为辅助，实现了模块化教学，在"项目引领，任务驱动"为宗旨的教学理念引导下，开展并完成教学活动。理实一体化教学按照"导入激发—讲解演示—讨论模仿—操作实践—评价巩固"五步进行教学。

1.传统教学存在的问题

通常，职业院校的学生文化基础较差，学习普遍感到困难，因此缺乏学习兴趣。他们之所以在初中阶段的学习分数比较低，主要原因是不适应初中应试教育的教学方法，没有人或很少有人去分析理解他们，批评和白眼成了他们的家常便饭，因此，在学习方面，不少学生有自暴自弃的想法。我国当前的职业教育课程大多采用"三段式"课程模式，即文化课、专业基础课、专业课，将理论教学与实践教学分开进行，理论教师注重理论知识的讲解，实习教师偏重实际操作。这种传统的课程比较符合传统教学规律及师生习惯，可以使学生扎实掌握理论知识，并保证了其知识体系的系统性、完整性。但这种模式造成了理论与实践教学严重脱节，忽视了学生综合能力的培养，学生动手操作能力得不到提高，不能适应学生个性发展需要、满足市场要求，也影响了教学质量的提高和技术技能型人才的培养。

2. 以校企合作、产教融合引导当前职业教育改革

当前，校企合作、产教融合要求职业教育必须以培养学生综合职业能力为主线，以服务为宗旨，以促进就业为导向，以能力为本位，以岗位需要和职业标准为依据。因此，我们的职业教育教学必须与企业的需求紧密联系起来，以企业岗位能力培养来引领职业教育教学改革。如何针对当前职业教育普遍存在的专业课程理论与实践脱离问题，应按照实际工作任务、工作过程和工作情景开展实践课程，开发专业教学标准，形成以任务引领型课程为主体的职业教育课程体系，这些都是当前摆在职业教育面前的重要问题。

职业教育课程改革应该从岗位或岗位群的能力要求出发，反向推出需要的课程；文化课、专业课和职业道德要根据岗位能力重新构建、重新组合，以此为岗位能力服务；在岗位能力体系的基础上，建立职业教育的课程体系。按照这样的体系展开教学，教学内容才能与工作岗位需求一致，学生具备了某一岗位的能力，才能满足企业需求。课程体系的建设是以岗位能力培养为基础的，因此课堂教学必须把理论知识的讲解与实践结合起来，做到理论和实践的有机结合。

3. 开展理实一体化教学

（1）理实一体化教学法概述

理实一体化教学法即理论实践一体化教学法。它有效地解决了理论与实践相脱节的现象，且教学环节更加集中。它强调充分发挥教师的主导作用，通过设定教学任务和教学目标，让师生双方边做、边教、边学，全程构建素质和技能培养框架，丰富课堂教学和实践教学环节，极大提高了教学质量。在整个教学环节中，理论和实践交替进行，直观和抽象交错出现，没有固定的先实后理或先理后实的要求，而是理中有实、实中有理。同时也突出强调学生动手能力和专业技能的培养，充分调动和激发学生的学习兴趣。

理实一体化教学模式的特点如下：理论教学与实践教学两个环节是连续的或融为一体的；理论教学与实践教学在场所上统一，在教学组织上一体化，理论教师与实践教师一体化——由专业教师指导实验。

开展理实一体化教学是通过任务引领型课程进行的，校企共同开发教材，将企业生产项目教学化，考核管理企业化。它打破了传统的专业教学学科型体系与课程模式，确立了以项目教学为主线，以职业能力培养为核心，以一体化教育为手段的职业教育新模式。在理实一体化教学过程中，贯彻任务引领型项目教学为主的指导思想，注重培养学生实际操作能力，提高学生的学习兴趣，挖掘学生潜能，增强学生掌握技能的实效。总之，理实一体化教学通过创设职业教学活动的情境，以学生为主体，以教师为主导，以岗位技能培养为主线，培养学生综合职业能力，充分发挥学生主观能动性和创新精神。

通过开展理实一体化教学改革，将理论、实验、实训等教学内容一体化设置，将讲授、演示、听课与实验、操作等教学形式一体化实施，将教室、实验室与车间、实训场地一体化配置，将知识、技能与素养等职业要求一体化训练，有效实现学生能力培养与工作岗位对接合一。

（2）校企共同开展理实一体化课程改革

在进行理实一体化课程改革时，要重点做好以下5个方面的工作：

①生产任务引领。以企业生产任务引领职业知识、技能和素养的培养，让学生在完成工作任务的过程中学习相关知识，提高学生的综合职业能力。

②结果驱动。通过完成企业生产任务教学后所获得的成果，激发学生的成就感。学生也可通过完成典型产品或服务，来获得某项工作任务所需要的综合职业能力。

③突出能力。课程定位与目标、课程内容与要求、教学过程与评价都围绕职业能力的培养进行，涵盖职业技能考核要求，体现职业教育课程的本质特征。

④内容实用。紧紧围绕工作任务的需要来选择课程内容，不特别强调知识的系统性，而注重内容的实用性和针对性。

⑤做学教一体化。打破理论与实践二元分离的局面，以企业生产教学化为中心实现理论与实践的一体化教学。由此形成融合知识传授、能力培养和素质教育于一体的一体化课程模式。

总之，理实一体化课堂评价应在以上原则指导下进行。

二、职业教育教学研究与实践

教师进行课题研究是教师专业成长的需要。教育发展到今天，由于社会需求的变化、学生个体身心状态的变化以及课程改革的推进等，出现了很多新问题。要解决这些问题，就需要教师从事教育科研活动，借助研究找到解决问题的新途径、新方法。而职业院校教师借助课题研究开展教育科研活动，对于解决职业院校的实际问题、提升教师的教学水平、促进学校的可持续发展具有更加重要的作用。

（一）提高课堂教学质量

如何提高课堂教学质量？首先，遵循职业教育理念，加强课堂教学管理，规范课堂教学，把学习的主动权还给学生，充分发挥学生的主体地位，发掘学生潜能，实现学生个性化发展。其次，加强课堂教学改革，主要包括教学内容、教学方法、教学手段等方面的改革。在教学内容方面，要将行业标准和企业岗位要求、真实工作任务、典型工作过程体现在课堂教学改革中。在教学方法方面，坚持"教学有法、教无定法"的原则，结合专业、课程、学生实际，创造性地采取多元化的教学方法。在教学手段方面，充分利用"互联网+"时代提供的丰富的多媒体网络教学资源和信息化手段，推进课堂教学改革。总之，既要坚持课堂讲授方法，又要实现信息技术与课程的整合、信息技术与课堂教学的整合。

教师面对基础较差又不想学习的职业院校学生时，是放弃还是引导、鼓励？答案肯定是后者。教育的目的就是引导每一个学生通过自己的努力获得成功。

1. 当前职业院校课堂教学中面临的尴尬

①学生学习的积极性普遍不高。在经历了3年的初中或高中生活后，进入职业院校的学生们普遍存在这样一个想法："混"。学生的学习积极性普遍不高，不爱学、不想学、学不会等问题突出。

②学生看不到毕业后的希望，对毕业后的职场缺乏根本的认识。

③教学方法不当，造成了学生听不清、听不懂，转而睡觉、玩闹。

④学生的思想品德、职业素养、安全素养、心理素养等有待引导、教育、提高。

2. 坚持规范先行，能力为本

教育最根本的是要全面贯彻党的教育方针，解决好"培养什么人、怎样培养人、为谁培养人"这个根本问题。因此，职业院校应当加强课堂日常的教学规范，为学生营造一个和谐、温暖的课堂氛围，以学生能力培养为主线开展课堂教学改革。倡导学生自主学习，即以学生为主体，以教师为主导，培养学生的综合职业能力。但在实施过程中，学生从小到大接受的都是传统的以教为主的教学模式，即学生早已习惯了"教师讲，学生听"的模式，当学生成为课堂的主体时，绝大部分学生不知所措，而教师长期的教学工作模式也都是以教为主的模式，很多教师对以学生为主体的模式缺乏实施经验。因此，通过推进"规范先行，能力为本"教育教学改进活动，有助于提高课堂教学质量。其主要措施包括以下几个方面。

（1）加强学生思想品德教育

加强学生社会主义核心价值教育，将思政工作贯彻教育教学始终，让学生理解学习与工作之间的关系，通过开展班主任、任课教师、老毕业生等多种形式的引导活动，帮助学生从行为习惯开始一点一滴做起，逐步培养学生良好的学习习惯。

（2）规范课堂教学

①学生课堂学习基本规范。在课堂上要做到有书、有本、有笔记，听讲、守纪、不睡觉；课堂教学结束后做到听懂、学会、能完成作业。

②教师课堂教学基本规范。对于每一个教师的基本要求是在课堂上要做到有德、有爱、有教案，教懂、教会、批作业；关爱每一个学生，让每个学生参与到课堂教学中。

③改进教学方法与评价方法，积极开展"六做"活动，即"做中学、做中教、做中练、做中说、做中评、做中思"，做到做学交融、分层训练，在做的过程中让学生感受到成功的喜悦，增强其自信心。

④加强规范课堂教学的宣传力度，让教师充分认识到课堂教学关系办学质量，关系学校的发展。学校可在每学期结束后，结合检查结果和学术委员会听课记录结果进行综合考评，评选出课堂规范优秀班级、课堂教学规范优秀教师，颁发证书，给予表扬。

⑤走进课堂，开展课堂规范检查。安排值班人员，在工作日每天检查一次，做好检查记录，检查结果由值班领导签字后，送往教务处，教务处统计后转给学管处保存。检查结果应记入班级、教师学期考核成绩之中。

⑥开展公开课、展示课活动，教师之间通过交流观摩，取长补短，共同提高。

（3）教师与学生角色转变

课堂教学是要把知识与技能传授给学生，但更重要的是发展学生的思维——把教师的"教"转变为学生的"学"，把"教师教""教师传授知识"变成"学生学""学生自己学习"。虽然我们进行了多年的课堂教学改革，但是一些教师总是习惯"讲"，为了完成教学任务不停地讲，偏颇地认为只有讲才能把自己的东西输送给学生，似乎不讲对不起学生。但是教师这样做考虑了学生的感受吗？考虑了学生的接受程度了吗？

美国学者、知名的学习专家埃德加·戴尔1946年发现并提出了"学习金字塔"理论，这是美国缅因州的国家训练实验室的一项研究成果。它用数字形式形象地显示了采用不同的学习方式，学习者在24小时以后还能记住多少内容（平均学习保持率）。

第一种学习方式是"听讲"，也就是教师在上面说、学生在下面听。这种是我们最熟悉、最常用的方式，学习效果却是最低的，24小时以后学生能记住5%的内容。

第二种学习方式，通过"阅读"的方式学习，24小时以后学生能记住10%的内容。

第三种学习方式，用"声音、图片"的方式学习，24小时以后学生能记住20%的内容。

第四种学习方式是"示范"，采用这种学习方式，24小时以后学生能记住30%的内容。

第五种学习方式采用"小组讨论"，24小时以后学生可以记住50%的内容。

第六种学习方式是"做中学"或"实际演练"，24小时以后学生可以记住75%的内容。

第七种学习方式采用"教别人"或"马上应用"，24小时以后学生可以记住90%的内容。

埃德加·戴尔提出，学习效果在30%以下的几种传统方式，都是个人学习或被动学习，而学习效果在50%以上的，则是团队学习、主动学习和参与式学习。

由上面七种学习方式，我们不难看出：应当改变过去课堂教学满堂灌的模式，要让学生自主地、主动地学习，学校也应为学生营造一个自主学习的环境，引导学生自己去探索、去研究、去讨论、去实践，学会提出问题和解决问题，从而培养学生创造思维和创造能力。

（4）加强课堂教学管理，构建和谐课堂

职业院校应加强课堂学生管理，做好上课睡觉、不听课、打闹学生的管理和思想工作，让教师和学生在一个和谐、愉快的氛围中授课和学习。课堂教学管理对于普通高中来讲问题不大，但对于职业院校的学生来讲，特别是分数偏低的学生来讲，难度还是比较大的。因此，需要家长、班主任、任课教师、学生管理部门、教学管理部门等共同发力，让学生一入校就开始接受强化管理，对于个别确实身体不好或执行有困难的学生，通过沟通之后仍然无效的，要及时劝退，以免影响其他学生。

（5）加强学生学习能力培养

首先，让学生主动参与到课堂教学中，通过参与提高自身能力。其次，任课教师要通过提高课堂教学效率来提高学生的学习能力。

（二）在提高课堂教学质量中寻找课题

1. 生源质量影响课堂教学

课堂教学情况关系着学生未来的发展。当前，面对职业院校大部分厌学的学生，要想提高教学效率，除了改进教学方法外，更需要教师走近学生，与学生交朋友，真正了解他们的内心世界和需求。对于进校分数较低的学生来讲，他们长期厌学，上课无精打采，不想听，听不进，课后不想做作业，不会做作业。那么，如何在短时间内改变他们的学习习惯成为许多教师重点关注的问题。他们学习习惯差的原因有的是家庭环境因素导致的，父母离异单亲的比较多，这对很多学生产生了很大的影响。还有一部分学生是外来务工人员子女，这部分学生家庭经济条件较差，父母工作负担较重，几乎没有时间过问孩子的学习情况。除此之外，大多数学生没有任何专业基础，家长又对专业知识了解甚少，几乎没有任何辅导的能力。因此，课后布置的作业的反馈情况经常不尽如人意，学生在课堂上做作业的时候又比较拖拉，做不完的作业课后草草了事，这样对专业技能的提高起不到真正的作用。

2. 提高课堂效率，重视教学过程

针对职业院校学生的特点，如何提高课堂教学效率，如何让学生将教学任务当堂学、当堂清，在多年的教育教学探索中，我们总结出一套无课后作业的教学方法：在所教的课程中，首先告知学生该课程没有任何课后作业，让学生有更多的时间参加各种社团活动；然后再告知学生，既然没有课后作业，那么课堂上的每一分钟都不能浪费，听课要集中精力，做作业的时候要全神贯注，这样所有的作业均可以在课堂时间内完成。在课堂上完成作业的优势在于，有教师现场指导，遇到问题可以及时解决，课后把更多的时间留给其他学科作业和学生的业余爱好。这样一来，学生课堂听课的质量好了很多，上课几乎没有开小差的，能够较好地掌握课堂知识与技能，课堂作业时间也极少有拖拉现象，无形中帮学生养成了良好的学习习惯。这对于学生今后实习就业和提高学习工作效率是很好的方法。

3. 重视过程考核，重视备课质量

如果只是单纯布置课堂作业，仍会有部分学生不重视作业质量，不按时上交作业。如果将学科分数构成比例设为期末60%、期中30%、作业10%，这种比例分配也很容易让学生出现平时懒懒散散，只在考试前进行突击学习的现象。但是某些专业通过短期突击是达不到技能要求的，必须依靠平时扎实的学

习。针对这种情况，我们可适当调整学科分数构成比例，即平日作业占总分数的70%～80%，考试分数只占总分的约20%。这样，将每一次作业均计入总成绩，平日作业质量不高的总分肯定不会高，平时不完成作业的总分肯定会出现不及格现象，不及格的学生补考后还需要补齐所有的作业，这会使学生更加认真完成每一次作业。

方法的改变对教师课堂教学来讲要求更高，需要精炼专业课讲授内容，精心准备课堂练习的题目，增强专业知识的趣味性，以及提高快速应对学生在学习中提出的各种难题的能力。因此，不能一味地按部就班地按照课本来进行知识的讲授，需要整合教材，甚至需要自己编写教材。

搞好课堂教学是每一个教师面对的课题，教师可从问题入手开展研究。

（三）教学研究是教师进步的阶梯

苏联知名教育家瓦西里·亚历山德罗维奇·苏霍姆林斯基说过："如果你想让教师的劳动能够给教师一些乐趣，使天天上课不致变成一种乏味的义务，那你就应当引导每一位教师走上从事研究的这条幸福的道路上来。"实践中也发现，教研是提高教学质量和教师自身成长的源泉，是提升教师教学能力的重要手段之一。

1. 教师开展课题研究的重要性

由教引思，由思而研，由研而变，由变而升，一个没有教研的学校，就没有发展的后劲。加强教学研究是促进教师专业化发展的重要途径，教师只有一边从事教学实践，一边进行教学研究，才能形成自己的教学风格，成为既有教学能力，又有科研能力和人格魅力的优秀教师和教学专家。

一个不进行课题研究的教师，就缺少前进的动力。建立教学研究的平台，能够促进教师开展教学相关问题的研究，促进教师之间以及教师与行业、企业技术人员之间的学习交流，为教师的专业化成长提供较大的空间，也为培养高素质技术技能型人才奠定基础。

2. 课题研究的范围和内容

①专业建设与改革方面的研究。结合国家和省重点产业、新兴产业和区域支柱产业，调整专业设置，优化专业结构和布局，开展专业群建设的研究。

②人才培养目标定位的研究。职业教育是培养高素质技术技能型人才的教育，因此，如何根据企业需求确定专业培养目标、培养规格是目前职业教育研究的热点和难点问题。

③人才培养方案和人才培养体系的研究。建立与人才培养目标相适应的人才培养体系是专业建设与改革的重要内容。课程体系的优化、系统化课程开发、教学内容的改革、企业参与培养方案的制订等都是职业教育研究的问题。另外，要注重技术技能培养，结合生产实际，突出职业教育特点以及对与岗位要求和职业技能标准对接的研究。

④人才培养模式改革研究。在人才培养模式上，通过专业与企业岗位、专业课程内容与职业技能标准、教学过程与生产过程的紧密对接，积极推进现代学徒制和"1+x"证书制度实施，使职业教育更加适应产业需求、职业需求。

⑤全面推进素质教育，加强对提高学生综合素质的研究。坚持德育为先，以提高学生人文素质和职业素养为重点，建立课内课外、校内校外相结合的综合素质培养体系。

⑥"双师型"教师队伍建设研究。

a."双师型"教师培养体系的研究。

b.教师评价与管理机制创新的研究与实践。

c.教师教学能力发展研究。

d.教师的社会服务能力提升研究。

e.技能大师工作室建设与兼职教师的聘任及管理研究。

f."教练型"教学名师和专业带头人的培养研究。

⑦课程建设与教材建设方面的研究。职业院校应邀请企业参与课程改革，共同开发专业课程和实践性课程，积极探索有利于学生能力培养的项目教学、行动导向教学、混合式教学等方法，加强信息化教学手段的应用。

⑧实践教学体系改革的研究。

a.实践教学体系建设研究。根据以能力培养为重点的实践教学目标，建立科学完善的实践教学体系，包括制定实训内容、建设生产性实训基地、进行顶岗实习、实行实践教学运行模式、建设教学做一体化实训室等。

b.实践教学运行模式研究。根据专业特点，积极试行"多学期、分阶段、项目化、协同式"的教学组织模式。

c.顶岗实习的运行与管理研究。包括顶岗实习的内容设计、强化顶岗实习的管理、顶岗实习信息化管理平台的建立、专兼职指导教师队伍建设、进行顶岗实习的质量监控等。

d.生产性实训基地建设和运行机制的研究、虚拟仿真实验中心建设研究。

⑨教学管理与学生管理方面的研究。对建立内部教学质量监控和保证体系进

行研究，包括建立各教学环节质量标准，建立内部系列教学诊断、质量报告和质量改进制度等方面的研究，以及实施内部质量诊断与改进等。

三、创新教师考核评价机制和激励机制

职业院校要调动教师的积极性，一方面要加强考核，另一方面要建立健全各种激励机制。

（一）创新教师考核评价机制

在教师考核评价中，既要关注学生的反馈，又要关注同行教师的反馈，既要有对教学质量的评价，又要有对教学态度的评价，包括教师在培训中的表现。

在教师培训过程中，如何加强对教师的考核是影响教师培训质量的重要因素之一。许多教师在培训中往往是走形式，关心的是吃、住、玩怎么样，把培训费交完之后，剩下的工作就是等着拿证，还有的教师假借外出培训之名忙于自己的事情。因此，必须创新传统教师考核评价机制，从根本上保证教师培训质量。例如，教师培训必须建立考核跟踪体系，在培训过程中给每一个人建立一个档案，内容包括入学考试、中期考试和结业考试成绩，以及平时学习情况和每天出勤情况等；培训结束后，加大考核力度，引入行业考核或第三方考核；最后，培训部门或企业要把教师培训档案上交有关主管部门后转到教师所在学校，其成绩将作为考核评聘的依据。

（二）以人为本，建立教师激励机制

在学校管理层面上，根据不同成熟度、不同类型、不同成长期对教师制定不同的激励措施。一方面通过建立外在的督促机制，使专业教师达到规定的要求；另一方面以政治待遇激励、心理情感激励和经济待遇激励等建立内化的能动机制，提高专业教师参与培训进修的自觉性。

在地方政府管理层面上，从教师的专业标准、专业制度、专业培训和专业待遇等方面，加强对教师的宏观管理，以促进其专业化发展。同时，在政策上给予职业院校教师一定的倾斜。各职业院校在推荐人选时，专业课教师应占一定比例，其中"双师型"教师、专业技能突出的教师或大赛成绩优秀的教师可优先推荐。这些政策都极大地调动了教师的积极性。

加强"双师型"教师队伍建设是提高职业教育实践教学质量的关键，并逐渐成为职业院校高度重视的问题。让企业和行业中具有丰富实践经验的技术人才进入职业院校成为实训指导教师，不乏为一项有效措施。由于职业院校的教师大都

直接来自学校，实践经验较少，进入学校后又由于教师的缺编被安排了大量的教学任务，使其很难抽出时间到企业实践，只有到了暑假和寒假才有可能进入企业实践。而且在短时间内让教师跟岗学习也有困难，往往是走马观花，走过场，总之，表面上教师进行了企业实践学习，实际上技能水平与企业技术人才相差很远。而企业人才进入学校又需要国家有配套的政策，只有这样才能吸引大批企业技术技能人才和真正具有能力的企业技术工匠进入职业院校，而不用被学历、文凭、职称所限制。从职业院校的角度来看，要创造有利于教师发展的环境，应积极开展产教融合、校企合作人才培养模式，创造校企"双主体"育人环境。

第四节 职业院校名师及兼职教师队伍建设

一、职业院校名师工作室的建设与管理

名师工作室是由少数几个人组成的，以完成教学项目为目标的教学组织。名师工作室要坚持创新、协调、绿色、开放、共享的发展理念，以问题和需求为导向，以师德师风建设为核心，以促进教师专业成长为重点，以校企合作共建为路径，打造以名师为引领、结构合理、专兼结合、教科研水平高的名师工作室团队。职业院校名师工作室以职业院校品牌专业、特色专业、骨干专业和职业院校人才贯通培养专业为载体，由名师——专业骨干教师和行业、企业技术专家引领的教育教学和科技创新团队。通过名师工作室建设，可以促进资源共享、协同研修、全员提升，培养造就一批师德高尚、素质优良、技艺精湛、创新能力强的高素质专业化的"双师型"教师。

（一）名师及名师工作室

1. 名师

名师是指师德高尚，学识渊博，在一定范围内具有一定知名度和影响力的教师。他们具有精湛的教育教学工作能力、先进的教育思想理念、专家型的教育研究眼光，同时具有相当的示范性和影响力，对团队有引领作用。而且名师既有一定的理论储备，又有丰富的实践智慧。

2. 名师工作室

名师工作室是由一定区域内的名师引领组建的教师专业发展的共同体，是优

秀教师共同学习、互勉共助、集体成长的平台。名师工作室的成员主要来自教育教学一线，是一个"自愿组合"的团队。名师工作室的主持人应该做到理念先进，能主动进行教育教学改革，具有较强的教育教学能力及研究能力，基本形成了自己的教学风格和教育艺术，教育教学质量高，有一定的管理、组织能力；工作室的成员应该有自我完善、自我突破、自我发展的愿望。名师工作室能够充分发挥名师的示范、辐射和指导作用，有助于实现资源共享、全员提升的目标，培养一批师德高尚、造诣深厚、业务精湛的教师。

3. 名师工作室的定位

"引领"是关键，"发展"是核心，"研究"是内涵。作为引领专业发展的名师工作室，应该围绕"引领"做文章，以"教师专业发展"为核心概念，以"学习""研究""发展"为关键词定位角色。名师工作室都有着较高的发展起点，工作的着力点应该放在"拓宽""挖深""拔高"上。

名师工作室的组织架构采用"主持人＋合作成员"模式，而非"导师＋学员"模式，"主持人"和"合作成员"之间为合作者、同行者、分享者的关系，并非"导师"与"学员"之间的指导者与被指导者的关系。合作者可以参与领衔人主持的项目，也可以自主主持教育科研、技术开发项目。名师工作室采用共同愿景和个人愿景相结合的发展方式：主持人和合作成员约定工作室章程以及共同制订工作室的周期规划与年度计划；主持人和合作成员在工作室的周期规划与年度计划的基础上制订个人周期规划与年度计划；在工作室章程的框架内支持主持人和合作成员的自主发展规划。

（二）名师工作室的主要任务

名师工作室实行"6+X"模式，其中"6"指工作室必须完成的工作任务，"X"指工作室根据自己的特点、能力和需求可选择完成的特色工作。

1. 注重根植课堂

名师工作室要基于课堂，多上课、多听课、多议课、多赛课，把名师的教学思想在课堂中体现出来。名师工作室主持人每学期至少要对每位成员进行一次课堂诊断，至少开设一次面向全校教师的开放课堂；同时应走进不同学校，深入学生课堂。

2. 注重思想交锋

名师工作室每年应至少安排一次成员外出培训，拓展教育视野，更新教育理念，研讨教育教学难点和热点问题；不定期举办研讨会，邀请具有代表性的不同区域的教师参加，交流思想与困惑，在不同的思想观点的碰撞、辩论中产生智慧的火花。

3. 注重读书交流

名师工作室成员应不断钻研教育教学理论，树立先进的教育教学理念，建设学习共同体，共同撰写读书笔记；同时每学期至少开展一次读书沙龙活动，积极交流读书心得及实践体会。

4. 注重示范引领

名师工作室每学期应至少举办两次"名师课堂"公益讲座，结对帮扶一所农村学校；每学期至少组织一次送教活动，在教学模式诊断、高效课堂打造、教师专业发展等方面给予必要的帮助；每位成员要积极开展本区域或本校的传帮带活动和公益教育活动，打造名师工作室品牌。

5. 注重教育科研

名师工作室应注重教育科研，以引领成员提高科研能力、提升教学水平为核心，在成员间营造浓郁的教科研氛围，努力构建研究性教科研共同体，激励每位成员在各级各类专业刊物上发表教育教学论文，扩大区域学术竞争力和影响力，努力打造工作室的特色和品牌。

6. 注重网络辐射

名师工作室要注重网络辐射，通过教师教育信息平台、微博、微信等及时发布工作室动态；建设教育教学资源库，共享优质资源；定期组织工作室团队网上答疑，加强互动交流，给予广大学生、家长及青年教师指导。

7. 校企合作开展育人

名师工作室教学应将企业项目、学校课题研究、学生创新计划、创业工程等项目融入课程，以真实项目、真实岗位营造真实的生产性教学环境，使学生在"学中做、做中学"的过程中学习和掌握专业知识、专业技能，提高职业素养和综合职业能力。

（三）名师工作室的具体要求

1. 加强师德师风建设

全面贯彻党的教育方针，落实立德树人的根本任务，将"四有"好教师标准、四个"引领人"和四个"相统一"等要求贯穿于教书育人全过程；以德立身，以德立学，以德立教，模范践行社会主义核心价值观，志存高远，淡泊名利。

2. 培育优秀教师团队

充分发挥名师和行业、企业专家传帮带的作用，以名师为引领，以中青年教师和企业一线技术能手为骨干，以校为主、校企结合，深入开展学习、交流、研究、合作，增强人才培养、科技研发、社会服务能力和水平，形成结构合理、梯次有序、理论知识扎实、技术技能过硬的优秀教师团队，培养造就职业教育的"教练型"教学名师、专业带头人、技能大师和专业技能创新示范团队。

3. 深化专业教学改革

聚焦专业方向，优化资源配置，提升整体专业发展水平，创新人才培养模式，推进现代学徒制试点，强化校企协同育人，健全技术技能人才培养体系。加强共享型专业教学资源库、精品资源共享课和理实一体化课程建设，深入推进混合式教学模式改革。健全创新创业教育体系，搭建创新创业实践平台。开展职业院校人才贯通培养模式改革，开展理实一体化课程（教案、说课稿、课件、讲课视频）建设，开展校本课程教材、数字化教学资源建设等。

4. 开展教研科研活动

坚持问题导向，围绕职业教育教学改革与人才培养中的重点和难点问题，开展教育教学研究，并将研究成果广泛应用于教学过程，不断提高人才培养质量。发挥名师工作室成员协同优势，与企业共同开展技术攻关、工艺改进及研发活动，及时将最新科研成果融入教学，推动名师工作室整体教科研水平不断提高。

5. 强化协同研修与创新

组织中职和中高职衔接专业的教师开展团队研修和协同创新，广泛开展中高职教师团队研修和技艺技能传授活动，以优质研修资源吸引并引领校本研修模式，打造一批定期研修、协同研究、常态合作的职业院校研修团队，促进职业院校教师实践教学能力、科研教研能力、团队协作能力、技术应用与创新能力协同提升。

6. 提高社会服务能力

以名师工作室为依托，强化指导教师队伍建设，着力培养技术技能过硬的优秀指导教师，以此服务于学生实践技能和创新创业能力的提升，以及指导学生进行创新创业实践活动。发挥名师工作室服务功能，积极开展校际、校企协作，为企业职工培训和社区教育提供信息咨询、技术指导等服务，提高对区域经济和社会发展的贡献度。

7. 完善管理保障机制

制定管理和考核制度，建立内部运行管理机制和激励约束机制，实施目标管理和计划管理，定期对团队成员开展考核。建立链接校园网站的名师工作室专栏，动态反映建设成果，提升建设水平。

（四）名师工作室的建设着力点

1. 着力做好师德师风建设

名师工作室主持人必须是师德师风建设楷模，能以榜样的力量引导工作室成员形成健康向上的人格、积极乐观的态度和勇于担当的工作作风。工作室成员应当在自己的工作岗位上严于律己，立德树人，成为学生心目中的好教师。

2. 着力做好课堂教学改革

名师工作室成员按照知识、技能的学习过程，引导每一个学生学会"说"与"做"。在教学方式上，要因材施教，适时奖励；在学习环境上，要关怀学生的情绪、疏解学生生活、学习和心理问题。

3. 着力做好教学改革研究

教研是教学质量提高和教师自身成长的重要源泉。名师工作室通过搭建平台，引领教师积极参加教研课改活动；同时指导编写教材、撰写论文、课题立项研究，提高教师的科研水平。不断进行的教学模式改革，使名师工作室成为教师研究的平台、成长的阶梯、辐射的中心。

4. 着力做好信息技术应用

信息化技术革命浪潮正以惊人的速度改变我们的学习和生活方式，因此，如何促进信息技术与课堂教学的深度融合，如何推动教学模式从以教师为中心到以学生为中心的转变成为当前教学改革的热点和难点问题。因此，名师工作室应通过信息化课堂教学设计，不断提高课堂教学内容的有效性。

5. 着力做好校企合作工作

以名师工作室为平台构建一支技术研发团队，积极参加企业技术项目的研发；通过校企合作，为教师创造企业实践条件，打造"双师型"教师团队；聘任企业专业技术、技能人才为学校兼职教师，形成优势互补，提升团队的专业实践能力和社会服务能力；充分发挥学校场地、设备的优势，开展社会化培训活动。

6. 着力做好青年教师的培养

①理想教育。将职业理想教育与推动教师专业成长紧密结合起来，通过大

力宣传职业教育、树立先进人物典型、引导职业生涯发展等综合措施，使青年教师坚定自己的职业方向，更加爱岗敬业、热爱学生，不断增强从事职业教育的荣誉感、使命感，以人格魅力和学识魅力感染学生，做学生健康成长的指导者和引路人。

②专业引领。以名优教师、"双师型"教师、实习指导教师培养为重点，量身为青年教师制订培养规划，健全青年教师培养激励机制，重点建设一支素质优良、技能突出、结构合理的青年教师队伍。从骨干教师建设、专业带头人建设等方面入手，通过对青年专业教师和实践指导教师进行实践能力培训，如合理安排时间进企业顶岗工作或实践锻炼、与企业加强产学研合作、参加技能大赛、进职业院校或赴国外进修培训等多种途径，加强教师队伍建设，不断提升青年教师的综合素质和职业教育能力。

（五）校企合作开展名师工作室建设

校企合作开展名师工作室建设的重点是校企联合开展育人活动，通常包括以下几方面的内容。

1. 校企共同制定教学标准

以专业为依托，名师工作室和合作企业共同制订专业教学标准和人才培养方案，制定专业核心课程和实习教学的课程标准，开发专业课程和实习教学的教材及其他教学资源。

2. 校企联合实施教学

通过校企合作，由合作企业和名师工作室共同组织实施教学活动。由名师工作室的企业兼职教师或学校专任教师承担专业课教学和实习教学任务，同时承担学生的实践性学习活动指导工作，课余时间的实践性学习活动的指导工作，以及承担职业技能大赛的辅导工作。通过名师工作室可以将企业的真实任务作为教师技术研发课题、技能竞赛培育项目、学生生产性实训内容，把学生的学习过程变成完成企业生产任务的过程，进一步促进教师和学生技能水平的提高。

3. 校企共同进行教学评价

名师工作室的企业兼职教师和专任教师共同对学生的专业核心课程和实习成绩进行考核。企业参与育人的每一个环节，以教学组织实施为主，开展课堂教学，进行实习指导和技能竞赛指导，为学生的课余技能实践提供便利和指导，评价学生的学习效果和职业技能等级。

4. 校企共同开展社会化服务

名师工作室要主动面向社会，提升自我，服务于人才培养。一方面，开展社会化服务，对接区域经济需求，加强与企业的联系，针对名师工作室教师的特点为企业开展不同的产品研发活动。另一方面，为学生实训提供更多的岗位和机会，组织学生开展不同的社团活动，培养学生的创新和创业能力。名师工作室不仅是教师技能提升的平台，还是学生学习专业知识和技能的平台，更是企业进行产品研发和提升质量的平台。企业提供项目，有利于其提高产品的科技含量和竞争力；教师进行产品研发，有利于拓展自身发展的空间；学生进入工作室接受技能培训，有利于提高就业能力和创业能力。

5. 校企共同构建名师工作室的管理机制

在育人的过程中，充分发挥名师工作室在校企合作过程中的作用是非常重要的。双方可以合作共同制定工作室管理制度，共同签订合作协议，对合作企业的合作条件、合作内容、合作投入、权利与义务、合作期限、合作方式等进行约定和规范。名师工作室管理制度将教师的工作职责、个人业绩、成果转化与个人收入相结合，引导教师主动服务于企业开展技术研发，促进教师面向企业进行项目开发，为教师的专业成长和发展提供动力。同时，职业院校对企业参与的专业核心课程的教学、实习教学、技能指导等进行规范，让企业有偿承担教学任务；将名师工作室教学纳入教学督导和学生评价之中；对企业兼职教师和专任教师的课堂进行跟踪记录，检查教学情况，考核评价结果并将其作为奖励的依据。

总之，通过名师工作室建设，可以明确校企合作的基本标准、责任、义务以及奖励机制等，逐步形成校企合作名师工作室运行机制，保障校企合作教学活动高效有序进行。

二、兼职教师队伍建设

面对现代职业教育在快速发展中所提出的新要求，加强职业教育师资队伍建设是应对的关键。应造就一支数量足够、素质优良、结构合理、专兼结合的"双师型"职业教师师资队伍，以此推动职业教育科学发展。

《国务院关于深化产教融合的若干意见》中指出：支持企业技术和管理人才到学校任教，鼓励有条件的地方探索产业教师（导师）特设岗位计划，允许职业学校和高等学校依法依规自主聘请兼职教师并确定兼职报酬。

兼职教师是职业院校教师队伍的重要组成部分。职业院校要充分发挥政策和资金的引导作用，主动选聘行业和企业中德才兼备的能工巧匠到学校兼任专业课教师或实习指导教师，并签订兼职聘用协议，用于解决学校专业教师数量不足、能力不够的问题。

（一）兼职教师的任职条件

兼职教师应具有良好的政治思想品质和职业道德，热爱教育事业，尊重、爱护学生；有严谨的治学态度和丰富的知识，能服从学校的管理及规定，认真履行职责。对兼职教师提出以下要求：

①兼职教师原则上应具有中职教师资格证书，有较强的教学组织能力，能按照要求进行教学并接受教学检查考核。

②理论课兼职教师一般要求具有本科以上学历、中级以上专业技术职称，所学或所从事工作专业与所聘用专业相同。

③实训课兼职教师一般要求具有大专以上学历，取得中级以上专业技术职称或高级工以上技能等级证书，或是实践经验丰富的能工巧匠，且具有5年以上相关专业工作经历。

④身体健康，精力充沛，能满足聘任工作岗位的职责要求。

（二）兼职教师的工作任务

兼职教师作为职业院校教师队伍的一部分，对职业院校稳定教学秩序、加强校企合作、深化课程教学改革、提高教学质量、培养高素质技能型人才具有重要意义。兼职教师主要的工作任务如下：

①按照职业院校教学常规管理的要求，认真完成好日常教学任务，做到治学严谨。

②主动参加教研活动，积极参与专业建设；积极参加职业技能大赛的辅导工作和生产性教学活动，积极参加现代学徒制教学工作以及校企合作、产教融合等工作。

③主动接受院校教学系统的质量检查；按照学校要求备课、上课、指导实习实训、辅导学生、批改作业等。

（三）兼职教师的管理

对兼职教师的管理提出如下要求：

①职业院校教务处要建立兼职教师业务档案，各专业系部要加强对兼职教师的日常管理，向兼职教师宣传学校教学管理制度，通报学校教学工作安排及课程

教学要求。各专业系部开课前按时将课程、教学及实践指导要求等通知给被聘教师，将课程标准（教学大纲）、教材、课程表、教师教学手册、教学进度表等交给兼职教师，明确相关要求。

②各专业系部落实对兼职教师的指导责任，开展听课活动，召开学生座谈会，将学生的合理意见以合适的方式反馈给兼职教师，指导兼职教师提高教学质量。

③对已聘任的兼职教师结对帮教，并将其编入相应的教研组，共同参加教研活动。

④教务处以及各专业系部对兼职教师的教学质量进行监控和检查，并将考评结果作为是否续聘的依据。

⑤每学期结束时，各专业系部应对兼职教师进行综合评价，同时根据工作需要决定是否续聘。

第七章　职业院校校企合作案例

校企合作是职业教育发展面临的重要课题，不断推进和完善行业、企业参与职业院校校企合作的体制与机制，是发展职业教育的重要途径。行业、企业参与办学不仅可以提高职业教育人才培养的水平和质量，还可以促进就业、促进企业发展。职业教育的生存和发展离不开行业、企业的参与。从职业教育的发展历史看，行业、企业的人才需求催生了职业教育，从社会实现情况看，行业、企业的人才需求是职业教育发展的基本动力。本章介绍了职业院校校企合作的几个案例。

第一节　"校企合作，协同发展"案例

河池市地处广西西北边陲、云贵高原南麓，是大西南通向沿海港口的重要通道。河池市人民政府充分发挥区位优势，将汽车产业打造为脱贫攻坚、全面建成小康社会的支柱产业之一。

河池市职业教育中心学校围绕河池市经济社会发展、产业转型升级需要，将汽车运用与维修专业确定为国家中等职业教育改革发展示范学校建设的重点建设专业之一，对汽车运用与维修专业人才培养模式进行了进一步的深化改革。河池市职业教育中心学校坚持"瞄准河池汽车产业调整汽车专业，将专业建立在汽车产业链上"的理念，对汽车专业链进行"撤、补、建、强"改革，推动汽车"产业—专业"集群式发展。在改革过程中，采取政府引导、市场指导、校企合作、协同培养的方式，创新汽车运用与维修专业的人才培养模式，校企共同确定人才培养目标、共同制订人才培养方案、共同开发课程体系、共同进行教学管理、共同制定人才评价标准、共同推荐就业等。河池市职业教育中心学校通过引企入校，开办校内教学工厂，开展订单化培养，深化工学交替，实现了课堂与企业的完美对接，使汽车运用与维修专业的学生将知识和技能真正运用于企业实际生产中，提高了本专业人才培养的质量。

一、创新校企协同模式

（一）构建"三精准四协同"人才培养模式

2013年12月，经校企双方协商洽谈，河池市职业教育中心学校汽车运用与维修专业与河池市泰安配件销售有限公司维修厂达成长期合作协议，在校内成立了河池市泰安职教中心汽车服务有限公司实训基地。实训基地以汽车运用与维修专业为试点，先后与河池市外企业、行业协会及广西现代职业技术学院开展深度合作，并形成了"三精准四协同"的人才培养模式。"三精准"是指校企行校之间精准融合资源、精准培养师资及精准合作教学；"四协同"是指学校、行业、企业和高职院校协同培养人才。

河池市职业教育中心学校作为第一承担单位，主要负责实训基地的申报、组织协调以及搭建校企合作平台、安排学生实习和项目验收鉴定等工作，并提供本项目所需的自筹资金以及相关实习培训的软硬件设施等。河池市泰安配件销售有限公司维修厂作为合作单位，主要从实训基地的共建共管，工学交替、顶岗实习、学生就业的校企共管，专业课程（体系）的校企共同开发，专业技术人员与教师的相互培训与兼职，日常教学的共同管理与监督，人才培养质量的共同评价，以及校企共建校园文化等专业领域给予支持。

（二）构建基于典型工作项目的课程体系

河池市职业教育中心学校根据汽车维修行业、企业对人才的能力素质要求，与企业共同制定了汽车运用与维修岗位人才职业能力标准和专业规范，共同构建了基于典型工作项目的课程体系，使生产性的教学内容与岗位上的工作内容相一致，确保教学内容与岗位工作任务的无缝对接；充分调动学生学习积极性，坚持以学生为主导；将理论和实践有效衔接，制定《汽车发动机维修》等5门与岗位能力契合的核心课程标准；营造了校内企业文化氛围，让学生参与汽车维修的典型工作任务，推行项目教学法。

（三）做实"订单培养，工学交替"

①认知阶段。第一学年，每学期安排学生（以班级为单位）到快修厂参加为期2周的学习和体验。学习和体验主要包括3个过程：一是由快修厂员工对学生进行为期1天的企业文化培训，让学生能快速感受企业文化内涵和熟悉企业规章制度；二是为期7—8天的轮岗见习，学生按照快修厂的岗位群设置分为机电维修组、业务接待组、汽车美容组、钣金组、涂装组（每组5—8人）依次进行轮

岗见习，通过轮岗见习使学生对岗位能力、岗位知识、岗位素质获取初步的认识和了解；三是学生在见习结束后根据轮岗见习情况进行总结。学生通过以上3个步骤，会具有对职业和企业文化的初步认知。

②认同阶段。第二学年，在学生完成轮岗见习、部分专业理论课以及专业技能课学习的基础上，对学生采用在快修厂开展为期2周的轮岗实训和2周课堂学习的方式进行生产教学。在实训过程中，学生不仅要完成理论知识学习的任务，还要完成由企业技术骨干员工作为指导教师指导进行的企业实际生产任务，以此形成工学交替的教学模式。

③熟练阶段。第三学年，根据订单培养的模式，针对企业的人才需求，开展企业课程学习：一是学生在校完成企业基础课程的学习；二是根据企业实际情况安排学生到企业进行培训；三是顶岗实习，学生到企业进行实际生产工作，由专业教学教师和企业指导教师共同考核评价，帮助学生研习职业技能。

二、完善实训基地建设

河池市泰安职教中心汽车服务有限公司从成立之初，便以市场化的标准进行规划和建设，确保了项目不仅合格地承担起学校汽车运用与维修专业教学与实训的任务，而且经过市场的严格检验，自身获得了快速的成长和发展，赢得了良好的口碑。目前，河池市泰安职教中心汽车服务有限公司已经建立起了一套完整的实训系统，具备了汽车维修作业必需的设施、设备、人员、质量管理、安全生产、环境保护和流动资金等条件，确保了在完成校企合作项目方面拥有良好的工作基础和条件。

（一）人力资源丰富

通过整合河池市泰安配件销售有限公司、河池市职业教育中心学校双方的人力资源优势，与行业内各主机厂配套企业紧密合作，开展人才引进工作，河池市泰安职教中心汽车服务有限公司在汽修标准化操作、汽配信息采集、网络宣传推广等方面，打造出了一支储备丰富、专业结构合理、技术水平较高的维修技术人员队伍和专业的市场营销团队。

（二）汽车维修设备齐全

河池市泰安职教中心汽车服务有限公司为实训基地配备了整套通用设备、专用设备和检测设备，包括钻床、电气焊设备、空气压缩机、换油设备、轮胎轮辋拆装设备、车轮动平衡机、总成吊装设备、悬架试验台、喷烤漆房及设备、声级计、侧滑试验台、制动检验台、车速表检验台、底盘测功机等现代化的汽修设备。

（三）规章管理制度明细化

河池市泰安职教中心汽车服务有限公司遵照企业标准，建立起了一整套完整的规章管理制度，保证了公司的正常运行以及日常教学的效率。这套管理制度包括安全生产管理制度、配件材料管理制度、人员培训制度、车辆维修档案管理制度、设备管理及维护制度、维修质量管理制度、设备管理及维护制度、安全生产管理制度、配件材料管理制度、人员培训制度、车辆维修档案管理制度、设备管理及维护制度、维修质量管理制度、设备管理及维护制度等。

（四）服务能力较强

河池市泰安职教中心汽车服务有限公司从成立开始，就以市场化手段开展汽配行业的销售服务工作，在销售、技术指导、中介咨询、质量检测、信息网络等方面为广大客户提供服务，赢得了客户的广泛赞誉，提高了公司在河池地区业界的知名度和影响力。同时，公司通过不断改进服务在汽车维修方面积累了较丰富的经验。

三、改革成效显著

（一）校企协同，人才培养模式改革成效显著

在这次改革中，采取了"订单培养，工学交替"人才培养模式，成效显著。汽车运用与维修专业的学生学到了扎实的专业知识和技能，人才素质普遍提高。学生的技能鉴定通过率高，毕业生岗位适应能力强、工作上手快、后劲足且能吃苦，深受企业青睐。

（二）以"校办工厂"为载体，课程体系改革成果初显现

在这次改革中，以"校办工厂"为载体，在汽车行业、企业专家及职教专家的共同指导下，校企共同编写了《汽车发动机构造与维修》《汽车维护》两门优质核心课程建设，编写并公开出版了《汽车发动机实训指导书》《汽车底盘实训指导书》《汽车电气设备实训指导书》三本"项目化"特色教材。同时，河池市泰安职教中心汽车服务有限公司充分利用行业、企业优势，整合企业优质资源，与河池市汽车维修行业协会、河池市泰安汽车配件销售有限公司等组织合作完成了专业教学资源库建设，并参与了由广西壮族自治区教育厅组织的广西汽车运用

与维修专业资源库联合开发项目。教学资源库包括专业多媒体教学资源库、兼职教师信息库、行业信息资源库、专业标准资源库以及专业电子书籍等，资源丰富，为教师教学实施与学生自主学习提供了便利条件。教学资源库建设颇具广西特色，容易激发学生的学习兴趣，适合学生职业能力的培养。

（三）校企联动，专业建设实力明显提升

在这次改革中，创新了"订单培养，工学交替"的人才培养模式；构建了基于典型工作项目的课程体系；打造了一支专兼结合、具有"双师型"教师素质的优秀专业教学团队；建成了"融教学、生产、培训、鉴定和技术服务为一体"的校内实训基地和校外实习基地；提升了社会服务能力，为区域经济发展、汽车产业转型升级做出了突出贡献。

（四）社会服务能力进一步增强

在这次改革中，积极发挥了专业教学团队师资优势，依托自治区示范性汽车维修技术实训基地设备优势，积极开展技术培训、技术服务。学校在服务与贡献的过程中也使自身获得了更大的发展，提升了社会服务能力。学校主动与河池市扶贫办、人力资源和社会保障局以及企业联手，组织开展社会培训服务（由学校组织实施），面向企业在职员工、贫困村劳动力转移人员及返乡农民工等群体开展职业技能培训服务。2012年7月以来，汽车运用与维修专业培训人数达15 340人次，为河池市脱贫致富工程做出了突出贡献。2021年2月，自治区人民政府表彰学校为"脱贫攻坚先进集体"。

第二节 "工学交替，校企互嵌"案例

重庆电子工程职业学院实施了"工学交替，校企互嵌"的人才培养模式。

重庆电子工程职业学院的总体思路是以电子行业职业岗位需求为依据，以素质培养为基础，以技术应用能力为核心，构建基于工作过程的课程体系，并遵循理论知识"必需、够用"、专业技能"先进、实用"的原则，注重职业能力的培养。

在课程设计方面，学院对专业核心课程的构建采用"电子测量技术行业专家确定典型工作任务—学校专家归并行动领域—电子测量技术行业专家论证行动领域—学校专家开发学习领域—校企专家论证课程体系"的"五步工作机制"（"五环相扣"），实现校企专家共同参与课程体系设计。同时，学院采取"三阶段分析法"设计基于工作过程的课程体系和教学内容，即通过工作任务归并法实现典

型工作任务到行动领域的转换，通过工作过程分析法实现从行动领域到学习领域的转换，通过工作任务还原法实现从学习领域到学习情境的转换。

一、工学交替

（一）工学交替的基本概念、特点和适用范围

工学交替就是把整个学习过程分解为学校学习和企业工作两个过程并交替进行。工学交替是在校企双方联合办学的过程中逐步形成的，其实质是产学合作、联合育人，利用学校与企业两种教育资源和教育环境，将学生的理论学习与实践操作有机结合起来。工学交替的特点如下：一是，学校学习与企业实践交替进行，学用紧密结合；二是，企业参与了育人的过程；三是，学生具有双重身份既是学生也是员工；四是，具有两个教学场所。

工学交替适用于如下范围：从企业的角度考虑，适用于企业所需的工种，一般以技术含量较低的岗位为宜；从学生的角度考虑，主要适用于家庭贫困的学生，同时也适用于在校学习目的不明，没有学习兴趣而想暂时离开学校的学生；从学校培养人才的角度考虑，适用于技术要求比较高，学生需要较长时间的企业实习才能掌握生产实践技术的专业。

要深入实行工学交替，就必须有深入、长期和稳定的校企合作作为基础。

（二）工学交替的意义

工学交替有助于学生的职业成长；工学交替是让学校教师了解企业、认识企业最有效的方法之一；工学交替能够促进学校进行教学内容的深化改革；工学交替能够让企业了解职业学校、认识职业教育，进而支持职业教育；工学交替能够促进师资队伍建设。

教师在带领学生开展工学交替时，也有利于保持自己的知识和技能与时代同步；对于家庭贫困的学生来说，工学交替的方式可以减轻他们完成学业的负担。

二、校企互嵌

以重庆电子工程职业学院"五环相扣"的工学交替人才培养模式为指导，微电子技术专业依托重庆微电子产业园区，与富士康科技集团、美国Xilinx（赛灵思）公司及入园企业合作，共建"微电子学院"；并遵循"校企利益共享、基地资源共管、实训任务共担"的原则，与企业共同建立校内生产性实训基地，形成校企"共建、共管、共享"的实训条件建设机制和顶岗实习管理机制，打造"校企互

嵌"的基础平台。

在"校企互嵌"的基础上，微电子技术专业坚持以企业需求为中心，针对工作岗位解析职业能力，基于工作过程重构课程体系，形成了"以岗定课"的课程体系。针对企业岗位知识技能需求和社会对学生的技能鉴定要求，微电子技术专业在教学中植入相关课程内容以实现"课证融合"；与富士康科技集团、美国Xilinx公司等企业共建校内生产性实训基地，入园企业为教师和学生提供顶岗实习机会，从而形成良好的"实训平台"，顺利完成核心技术课程的一体化教学；培养和引进相结合，打造了一支"双师型"结构合理的专业教学团队。通过以上措施，该校微电子技术专业成为了在行业内具有较高知名度的品牌专业，微电子产业园区成为重庆微电子高技能紧缺人才培养基地。

（一）创新"校企互嵌"人才培养模式

重庆电子工程职业学院通过"把企业引进学校，把基地建在企业"的方式，建设形成了"校企互嵌"的人才培养模式，使"校内培养与企业顶岗"有机结合，帮助学生实现"学生—学徒—准工人—高素质技能型专门人才"的"角色渐变"，实现学生毕业与就业的无缝衔接。

校企深度合作是工学交替的根基。在本案例中，"校企互嵌"体现在以下7个方面。

1. 嵌入人才培养环节

由学院的相关系部与企业的技术专家共同确定"工学交替"的培养环节，学生在第一、二学期学习，第三学期工作，第四、五学期学习，第六学期工作。

2. 嵌入课程体系

按照"订单式"培养思路，由学院和企业共同来进行课程的设置，如嵌入了《SMT表面贴装工艺应用技术》等技术要求较高的课程，做到课程面向企业实际，实现了"所学即所用"的目的。

3. 嵌入校内生产性实训基地的建设

由学院提供场地和部分设备，企业提供全部或部分设备，共建校内生产性实训基地，由企业提供业务方案和管理支持，达到共享、共赢的效果。

4. 嵌入课程教学

在第三和第六学期，由企业负责生产线上的实践教学，学院负责学生日常管理；在第五学期，技能课程由企业直接派出工程技术人员担任教师，其他知识课程由学院教师教学。另外，学院还聘请了企业的部分人员担任学院的客座教授。

5. 嵌入优质核心课程

由企业生产一线的骨干和学院教学一线的骨干共同合作，将生产技术和职教经验有机地结合起来，打造优质专业核心课程，通过该课程的教学，企业可以培训员工，学院可以培养学生。

6. 嵌入技能鉴定

面向职场需求实施技能鉴定。由学院组织学生参加普通工作所需要的技能鉴定，如无线电装接工职业资格认证等；由企业组织学生参加如版图设计师、SMT工程师、FPGA 助理工程师等企业专项技术资格认证。

7. 嵌入学生的就业

学生按此培养模式毕业后，大部分可以进入企业工作，实现毕业与就业的"零距离"对接，其他学生会由学院和企业共同推荐至与专业相关的其他企业。

（二）课程体系及教学内容改革

学院联合企业创新"校企互嵌"的人才培养模式，构建"以岗定课，课证融合"的人才培养方案。学院应密切联系行业、企业，依据职业岗位要求，与一线工程技术人员和技术能手共同规划专业优质核心课程，确定教学内容，加大专业优质核心课程的"工学结合"特色建设力度，打造《集成电路版图设计》《IC 制造应用技术》《SMT 表面贴装工艺应用技术》《FPGA 应用开发实用技术》4 门优质核心课程，并制定课程标准，建设配套特色教材和课件；同时积极探索融教、学、做于一体的教学方法，加强教学过程管理与质量监控，提高整体教学质量。

（三）实习实训基地建设

学院按照"依托行业、企业共建实训基地，立足真实环境组织一体化教学"的思路进行实习实训基地建设。学院通过与富士康科技集团、美国 Xilinx 公司等知名企业深入合作，采用企业赠与、校企双方共同建设等方式，在校内新建 3 个实训室、1 条 SMT 生产线和 1 条 LED 产品生产线，加强内涵建设，建成了以通用技能实训室、专项技能实训室、校内生产性实训工厂"三位一体"的、"理实一体化"的、共享性强而辐射面广的微电子技术实训基地。同时，学院增设了 10 个校外实习基地，完善顶岗实习管理运行机制，确保校外实习基地长期有效运行，保证学生校外顶岗实习签约率达 100%。通过校内外实习实训基地建设和教学实施，学生的综合素质和职业技能得到提高，为学生的"角色渐变"提供了保障。

（四）专业教学团队建设

微电子技术专业现有专任教师 10 名，其中教授 1 名，副教授（包括高工）4 名，讲师 4 名，助教 1 名，骨干教师 7 名，"双师型"素质教师 8 名。同时，微电子技术专业在重庆汇贤科技有限责任公司、重庆深渝电子有限公司、重庆普天通信设备有限公司等企业聘用兼职教师 8 名。此外，学院计划根据微电子技术专业的发展方向，培养专业带头人 2 名；培养 FPGA 应用开发方向、芯片制造封装方向骨干教师 10 名；通过企业顶岗实践、企业技术开发等渠道，提高教师的综合职业素养和实践教学能力，培养"双师型"素质教师 15 名；聘任行业、企业一线技术骨干若干人担任兼职教师。总之，学院在师资方面要打造一支实践能力强、教学水平高的专业教学团队。

第三节　以"任务包"带"课程包"案例

武汉职业技术学院对行业、企业需求进行了广泛的调研，在了解行业需求、职业需求和岗位需求的基础上，结合中部地区和湖北省的区域经济特点，确定了面向计算机网络技术专业的 3 类职业岗位，即"网站建设""网络组建与管理"和"网络安全布署"；并召开实践专家研讨会，分析 3 类职业岗位的典型工作任务，通过教学研讨会的形式组织专家们对典型工作任务进行梳理、归类、整合、提炼，将其转化为学习领域课程。专家们根据认知及职业成长规律，按照由简单到复杂的顺序将所需的理论课程、实践项目和职业资格考证融合成相应的"工作任务包"，从而形成本专业的课程体系（"课程包"）。在此基础上，专家们将学习目标、内容进一步细化并选择合适的载体，对学习情境进行设计，按照"资讯、计划、决策、实施、检查、反馈"的过程，设计每门课程的学习情境内容。

一、确立了工学结合、证书认证的课程教学"任务包"

（一）"网站建设"岗位工作任务包

专家们按照"网站建设"岗位要求，归纳和整合得到了"网站建设"岗位的 3 个典型工作任务分别是"网页图像、动画处理"、"静态、动态网页设计"和"网站自主创业"，对其进行教学分析后得到了 5 门学习领域课程是"网页图像处理"、

"网页动画设计"、"网页设计"、"网络数据库"和"网站运营"。专家们将这5门课程和企业真实项目实战以及 CIW 网页设计师认证集成为"网站建设工作任务包"。

学院通过案例驱动的教学模式，培养学生熟悉网站建设的基本流程，培养其网络自主创业意识和网站前台页面设计和网站后台数据库设计的能力，并以获取 CIW 网页设计师证书作为评价标准。

（二）"网络组建与管理"岗位工作任务包

"网络组建与管理"岗位涉及的 3 个典型工作任务为"网络组建"、"网络平台配置"和"网络故障排除"，相对应的有 5 门学习领域课程为"计算机网络基础"、"网络工程技术与实践"、"网络设备配置与管理"、"网络操作系统"和"网络测试与故障诊断"。专家们将这 5 门课程和企业真实项目实战以及网络应用工程师认证集成为"网络组建与管理工作任务包"。

学院通过任务驱动的教学模式，培养学生熟悉中小型网络组建流程及网络管理方法，培养其网络安装与设备调试、网络管理与故障诊断能力，并以获取国家信息产业部颁发的网络应用工程师证书为评价标准。

（三）"网络安全布署"岗位工作任务包

按照"网络安全布署"岗位要求，专家们将"风险安全审计"、"系统安全保障"和"攻击防御"3 个典型工作任务转换为 5 门学习领域课程，具体为"网络安全基础"、"安全审计与风险分析"、"操作系统安全"、"数据备份与灾难恢复"和"网络攻击与防御技术"。专家们将这 5 门课程和企业真实项目实战以及 CIW 网络安全工程师集成为"网络安全布署工作任务包"。

学院通过项目驱动的教学模式，培养学生熟悉网络安全管理的方法与流程，培养其掌握一般的防黑客技术及防病毒技术的能力，掌握主流操作系统安全机制的能力，以及对信息安全分析与实施的能力，并以获取 CIW 网络安全工程师证书为评价标准。

二、根据课程教学"任务包"设计相应的"课程包"，并开展项目实战

（一）"课程包"的内容

每个"课程包"包含 12 项内容，分别是：①课程理论教学大纲；②课程实

践教学大纲；③课程考试大纲；④课程教材及辅导书；⑤课程实践指导书；⑥课程设计、实训任务书；⑦课程负责人情况；⑧任课教师情况；⑨多媒体课件；⑩试卷（题）库；⑪课程教改记录；⑫企业参与课程建设记录。

（二）项目实战

武汉职业技术学院在完成前期"课程包"的基础上，安排了网站项目实战，即大型动态商业网站设计与制作。该项目实战是在学生前期能力构建的基础上，按照行为引导（行动导向）教学方法、分角色实施教学进程。网站项目实战的分组方式是 2007 级计算机网络技术专业各个班级学生按照特长以及宿舍分布进行的自由组合，每个学生在小组项目开发过程中承担不同角色，可以在开发过程中锻炼自身的沟通和协调能力。分角色参与的任务分配情况见表 7-1。

表 7-1　分角色参与的任务分配表

序号	对应企业岗位	角色任务	对应课程名称
1	平面设计师、美工	网站图像绘制、切片	网页图像处理
2	Flash 动画设计师	网站动画设计	网页动画设计
3	网页设计师	网站综合设计	网页设计与网站建设
4	数据库管理员	数据库备份、导入	网络数据库
5	PHP 开发工程师	网站程序开发、维护	PHP 程序设计
6	网站运营经理、DIV 架构工程师	DIV 架构、网站运营	网站运营

学生在网站项目实战结束后，会以小组为单位提交商业网站策划书、网站源程序、数据库、网站项目实战论文等。

通过课程体的改革，学生通过"网页设计师能力模块"形成了图像处理能力、Flash 动画设计能力、网站模板制作能力、网站程序设计能力、网站运营能力。特别是通过参与"网页设计师能力模块"最后的网站项目实战，即大型动态商业网站设计与制作，多方面的能力得到了提高。

表 7-2 是武汉职业技术学院 2007 级计算机网络技术专业学生在实施 3E 人才培养模式第一阶段前后的能力对比情况。通过对比我们可以看到，学生从"课程包"教学体系改革中得到了实惠和收益。

表 7-2　学生在 3E 人才培养模式第一阶段前后的能力对比情况

网页设计师职业能力	实施前	实施前教学情况	实施后	实施后教学情况
静态网页设计能力	熟悉	《网页三剑客》	熟练掌握	《网页设计》及实训
Flash 动画设计能力	了解	《网页三剑客》	熟练掌握	《网页动画设计》及实训

网页设计师职业能力	实施前	实施前教学情况	实施后	实施后教学情况
动态网页设计能力	了解	《网络数据库》	熟练掌握	《PHP程序设计》及商业网站项目实战
图像处理能力	熟练掌握	《Photoshop》	熟练掌握	《网页图像处理》
模板制作及切片能力	不了解	无	熟练掌握	《网页图像处理》及商业网站项目实战
网站标准化重构及网站运营能力	不了解	无	熟练掌握	《网站运营》及商业网站项目实战
技术文档的编写能力	了解	实施前学生要通过毕业设计达到	熟练掌握	大二上学期，在商业网站项目实战中撰写了1万多字的网站策划书、网站项目实战论文

第四节　"订单式"人才培养案例

荆州职业技术学院与湖北省粮油食品进出口（集团）公司合作开办了"湖北粮油班"，通过"订单式"人才培养模式进行全面探索，构建了产学研合作新模式，进一步拓展了就业途径，为学生职业发展搭建了平台，实现了学校、企业和学生的共赢。

一、构建"模块式"课程体系，加强核心课程建设

由企业专家和荆州职业技术学院有关专业教师共同组成的专业教学改革指导委员会，根据就业岗位的专业技能要求和企业生产要求，积极探索，将专业课程整合化、模块化、最优化，融专业知识、职业岗位技能和职业综合能力培养为一体，通过"教、学、做"的一体化改革和开发教学，以"职业为先、岗位为重、素质为本"的原则构建了"模块式"课程体系。

荆州职业技术学院根据畜牧兽医人才培养标准和畜牧业生产与管理工作过程的要求，结合学生认知规律，从感性到理性，从简单到复杂，从具体到抽象，构建了"模块式"课程体系。其中，生产性课程是指畜禽饲养方面的理论课，主要有《养猪技术》《养牛与养羊技术》《养禽技术》等课程，以品种识别、饲养管理技术等内容为教学重点，采用现场教学、企业培训、岗位指导等方法，在校内养殖实训场、校外实训基地完成教学任务。技术性课程是指畜牧业生产、疾病防治中技术技能性较强的课程，主要有《家畜繁殖实用技术》《兽医临床诊断技术》

《家畜外产科技术》等课程。《家畜繁殖实用技术》以母畜发情鉴定、人工授精、妊娠检查、分娩接产等程序化、工艺化操作技术等内容为教学重点，采用技术工种培训鉴定的教学方法；《兽医临床诊断技术》和《家畜外产科技术》则以实例教学法为主，按照技术操作规程指导学生反复训练直至熟练掌握，注重对新技术的应用与新设备的操作。

二、以行业为背景整合专业课程内容，有利于学生适应职业岗位

职业院校专业课程要体现职业教育的属性，注重理论的应用形态，强调专业技术内容的针对性和实用性。职业院校在设定专业课程时应以行业为背景，突出行业的特点和职教的特色，这样才能使学生更好适应经济社会发展，才能为职业岗位提供人才，为职业岗位做好服务。

荆州职业技术学院以行业为背景整合专业课程内容，改变了以往片面追求专业知识的完整性、系统性和理论知识深度的弊病。学院将专业课程的教学内容、学生未来的应职方向和岗位紧密结合起来，体现针对性，突出应用性，凸显实用性，从以往的学历本位转向能力本位，这样有利于学生更好适应职业岗位的要求。按照新设置的课程内容培养出来的学生大多能主动适应职业岗位，满足生产的需要，能更好地为畜牧业的生产和发展服务。

在专业课程改革中，学院邀请了湖北省粮油食品进出口（集团）公司的专家和管理人员参与，并根据企业生产要求，增加了《畜产品加工》和《动物性食品卫生检验》两门课程，以适应企业今后产业发展的需要。可见，新设置的教学内容更贴近生产实际。

三、以生产为主线开发专业课程，增强学生就业能力

对专业课程的改革必须以生产为主线，也就是说，要按职业生产岗位所需的综合能力安排教学内容，岗位需要什么知识和技能就安排什么教学内容。教学内容要反映新知识、新技术、新工艺和新方法，以满足经济和企业发展的需求，否则就会出现"用昨天的知识培养今天的人才"的情况。比如，"禽流感"最新的防治技术，也被安排到《养禽与禽病防治》课程的教学内容中，让学生也能掌握该病防治的新知识及新技术，以便今后能够应用于生产，提高学生的就业能力。

同时，学院在课程开发中嵌入了相关职业资格培养内容，将职业工种鉴定纳入专业教学计划和教学大纲。如将家畜饲养工、畜禽繁殖工纳入"养猪技术"

和"养牛与养羊技术"的教学及考核中，将家禽饲养工纳入"养禽技术"的教学及考核中，将兽医防治员、宠物医生、动物检疫检验员、动物防疫员纳入"动物普通病防治"的教学及考核中，将饲料检验化验员纳入"饲料配制与检测技术"的教学及考核中。

四、理论课与实践课综合化，提高学生应职能力

职业院校学生应重点掌握从事本专业领域实际工作的基本能力和基本技术。为了达到这个目的，必须解决目前职业教育课程设置最突出的两大矛盾：有限的学时与就业适应能力的矛盾；有限的学时与未来社会要求劳动者掌握多元技术的矛盾。所以，课程综合化是解决以上问题的有效手段。

改革前的课程设置可使学生获得系统的知识，但需要较多的学习时间，忽视了实践教学的重要性，缺乏与实践教学的有机衔接，缺乏知识的实用性和应用性，造成学生的应职能力不高。比如，改革前畜牧兽医专业将家畜遗传、育种、繁殖等教学内容分为《家畜遗传育种》和《家畜繁殖》两门课程，很明显地将理论课与实践课、教学与生产、学习与应用分开，教学上不仅需要耗费大量的时间，而且效果也不理想。而改革后，荆州职业技术学院将以上相关课程进行综合化，改为《家畜遗传繁育》，在课程中精选内容，保证重点，剔除过深的理论知识，增加实践教学，这样不仅节约了课时，而且极大地提高了学生的技能操作水平，同时也提高了学生的应职能力。

五、突出实践教学，提高学生解决生产实际问题的能力

职业教育是一种职业特征明显的应用型教育。在教学中，应突出实践教学，只有这样，才能提高学生的技术应用能力和解决生产实际问题的能力。

在改革试点中，荆州职业技术学院扩大了实践教学的内容和时间，比重达到了55%—60%。其中的实践教学包括课程的教学实习、生产实习、专业综合技能考核、工种技能培训与考核、毕业（顶岗）实习、饲养活动等。

第五节　专班、工作室人才培养案例

一、专班人才培养模式

专班是校企合作的结晶，是开展订单式培养的有效载体。专班以岗位需求为

导向，以技术能力和服务技能等职业能力培养为核心，以适应岗位需求为目标，构建了一个以岗位需求为主和以企业需求为主的高级实用型人才培养模式，有效地缩短了人才培养的实际效果与企业需求之间的距离，实现了学生的"零距离"就业。

专班把行业内先进企业的用人标准引入教学培养过程中，根据企业文化和企业岗位要求，专门为企业培养适用型员工。专班的学生，如果能够提前认知企业，适应企业要求，增强适应能力，就业竞争力就能得到明显提高。专班在人才培养过程中与企业紧密联系，使企业管理、文化和职业能力深度融入教学活动和学生日常管理中，打造符合企业岗位需求的课程体系。专班在日常管理中将职业素质、企业文化教育深入课堂内外，深入学生的实践活动，使学生在学习、实践活动中锻炼自己，提高自己的沟通能力、表达能力、团队协作能力、创造能力和实践能力。专班在日常管理中创新"工学结合"班级管理模式，突出学生职业能力训练，提高学生的职业素养和职业技能，实现了与就业岗位的"零距离"对接。总而言之，以专班为模式建立"校企合作，工学结合"的运行体系和长效机制，可以实现学校、企业和学生的共赢。

专班在培养学生的过程中，引入了企业的工作规范，渗透了企业文化。专班一般采用互动式讨论课堂，让学生成为课堂的主人；在教学过程中注重对学生的启发和引导，依托企业项目，实现基于实际工作过程而进行的教学。

专班管理模式以提高学生职业能力为出发点，而进行管理模式包括班级团队组建、班级纪律规定、班级活动组织、班级考评体系等；班级管理重点锻炼学生的表达能力、沟通能力、自我管理能力、时间管理能力、目标管理能力、团队合作精神和服务意识等。总之，专班的管理模式以提高学生的职业素质为目标，通过个性化管理，给每个人充分展示的舞台。专班丰富多彩的团队活动也会使学生的团队精神、沟通能力、表达能力等职业素质得到进一步提高，为将来的就业打下坚实的基础。

二、工作室人才培养模式

对教学来说，除了涉及的程序及方法论的研究外，更要强调相关知识的有机联系，尤其针对学生所普遍缺乏的实践环节，如市场调查与分析、实习设计、工程技术设计、市场推广等环节，而这是传统的课程内容难以实现的，仅凭增加相应的交叉性课程也很难达到预期的教学目标。那么，如何解决这一难题，如何实现学生职业能力的提高是职业院校教育必须考虑的内容。

工作室制与企业化模拟管理为人们提供了一条探索的新路。工作室制是源于西方美术教学的体制，在我国艺术专业类高等院校也有着悠久的历史，但在职业院校中还很少见。

工作室一般是由一个人或几个人建立的，形式多种多样，大部分具有公司模式的雏形，且许多工作室是为了同一个理想、愿望、利益等而共同努力的集体。

工作室的教学以课题为中心，辅以相关的讲座，并让学生参与部分实际工程的设计实践与管理，为学生搭建了一个综合"实践"的平台。

三、专班和工作室职业养成教育的特点

山东日照职业技术学院在人才培养方面尝试实行专班、工作室人才培养模式。这种职业养成教育的特点如下。

（一）企业深度参与

关于人才培养方案的制订，由企业技术人员、行业专家和教师参与的校企合作论坛会定期召开，共商人才培养规划。企业利用技术优势，帮助学院进行专业论证、审定教学计划，为学院专业人才的培养提供全方位的支持。企业专家参与专业建设，使教学计划更具针对性和实用性，培养的学生也更具竞争力。学院在与企业的不断交流中，可实现人才培养方案和教学计划的不断完善。

企业的参与有利于学院在教学过程中确定人才培养质量的定位和标准，有利于课堂教学随时反映职业技术、技能的发展变化，有利于学院及时调整和更新教学内容，体现课程建设的实用性和前瞻性。

学生的日常管理及考核机制可以在企业的指导下完成，这有助于形成"职业文化进课堂，职业氛围进校园，职业考核进学习"的一套完整的学生职业能力培养体系。

（二）一体化

一体化指的是职业养成教育在整个教学过程中，从理论教学到实践教学，从课堂教学到课外教学，从校内教学到社会教学，从学校教学到实习基地教学，都对其进行统一和全程规划，使理论与实践相互结合。学院领导、专业教师、学生辅导员、班主任都应加强对教学的关注，全员关注，分工合作，形成职业养成教育的完整体系。

（三）全程化

全程化即从学生进校第一天到离校最后一天，自始至终贯彻职业养成教育，逐渐培养学生的职业意识、职业道德、劳动态度、专业能力、职业行为习惯等，就业后仍然延续跟踪，并获取反馈信息。学院应注重课堂、课余和社会教育的结合，走出固有的以课堂教育为主的模式，充分利用校内课余时间，变学生食宿空间为职工的生活社区，利用学校公益劳动、文体活动和文明校园建设的一切机会和环境，积极地引导学生走向社会，并鼓励学生利用节假日、暑寒假到相关合作企业中参加各类技术开发及技术支持工作，以此进行全面的锻炼。

（四）融通化

融通化是指将教学与职业养成教育全面融合，即在各门课程教学中注重实践，结合实际安排实践内容，安排必要的职业指导及教育课程，融通课程及职业。通过多年的理论探索与实践，学院在学生职业培养过程中逐渐形成了"职场体验、实景训练、顶岗历练"的职业教育人才培养模式。专班和工作室是培养学生职业素质的有效模式，能够帮助学生提高职业素质，使学生尽快适应岗位的要求并具备可持续发展的动力；学生良好的职业素质会反过来促进职业院校实训基地、就业基地的建设。学院专班和工作室的经验也为全国其他职业院校以及本科院校学生培养担供了借鉴思路。

参 考 文 献

［1］高晓琛. 高职院校校企合作体制改革实践研究［M］. 北京：中国纺织出版社有限公司，2020.

［2］于万成. 校企合作创新之路［M］. 北京：机械工业出版社，2020.

［3］武汉市中职学校准企业化管理环境下育人模式的实践研究课题组. 准企业化管理环境下育人模式的实践与探索［M］. 北京：中国地质大学出版社有限责任公司，2013.

［4］王文槿. 教产结合课程改革实践研究：高、中职院校电子信息类能力本位课程［M］. 北京：海洋出版社，2010.

［5］宋赫南. 中职物流服务与管理专业校企合作存在的问题及探讨［J］. 中国储运，2021（07）：171-172.

［6］郭晓云. 基于现代学徒制的校企合作育人模式探索与实践：以中职旅游专业为例［J］. 现代职业教育，2021（26）：20-21.

［7］周晓阳. 校企合作机制下中职学前教育专业学生职业习惯养成教育的研究［J］. 现代职业教育，2021（26）：56-57.

［8］梁颖怡，何明月，张雪莉. 校企合作模式下活动策划课程的探索与实践［J］. 现代职业教育，2021（26）：230-231.

［9］刘文超. 基于校企合作人才培养模式的中职物流教学管理研究［J］. 成才之路，2021（18）：56-57.

［10］聂鑫科，蒋东霖. 校企合作背景下中职机械制造工艺基础课程教学内容改革研究［J］. 长春师范大学学报，2021，40（06）：144-147.

［11］ 吴德胜. 基于1+X证书制度下的中职计算机专业课程体系和教学改革［J］. 现代职业教育，2021（25）：18-19.

［12］ 李英. 1+X证书制度下中职计算机专业人才培养模式研究［J］. 现代职业教育，2021（25）：146-147.

［13］ 卿琳. 校企合作背景下的中职院校应用型人才培养模式探究［J］. 职业，2021（11）：45-46.

［14］ 李景娟，张玉燕. 中职校企合作"课堂—工作室—实训基地"三位一体教学模式的研究与实践［J］. 现代商贸工业，2021，42（19）：163-164.

［15］ 姚峰. 中职机械类专业教育校企深度合作的路径与对策［J］. 河北农机，2021（06）：80-81.

［16］ 张斌. 中职汽修专业多元化校企合作的开展思考［J］. 汽车实用技术，2021，46（10）：170-172.

［17］ 刘林. 校企联动机制在中职财会专业教学中的应用［J］. 现代职业教育，2021（21）：208-209.

［18］ 祝志勇. "岗前训练、顶岗实践、就业"三位一体校企合作模式实践研究［J］. 中国大学教学，2009（09）：62-64.

［19］ 宋涛. 浅谈中职院校人工智能创新实验室建设的实践研究［J］. 电脑知识与技术，2021，17（14）：172-173.

［20］ 曾瑜. 关于职业教育校企合作法律保障机制的探讨［J］. 法制与社会，2021（14）：147-148.

［21］ 廖小亮. 三维共建的中职汽修专业现代学徒制实践［J］. 汽车维护与修理，2021（10）：49-52.

［22］ 徐云霞. 校企合作背景下中职英语教学的发展模式探究［J］. 职业，2021（09）：90-91.

［23］ 傅毅峰. 中职院校现代学徒制试点项目建设方案实践与探索［J］. 计算机时代，2021（05）：88-90.

［24］ 胡小英. 校企合作背景下中职学校基层护理人才培养的创新与实践［J］. 科学咨询，2021（05）：209-210.

［25］ 赵益平. 校企融合背景下中职电子商务专业人才培养途径改革探索［J］. 现代职业教育，2021（18）：226-227.

［26］ 张帆. 校企合作模式下的中职新能源汽车教学模式创新［J］. 发明与创新，2021（04）：180-181.

［27］ 代玉峰. 试论中职教育现代学徒制的探索与实践［J］. 安徽教育科研，2021（12）：30-31.

［28］ 王益琳. 中职建筑专业基于合作创新提升教师教学能力的有效策略［J］. 现代职业教育，2021（17）：50-51.

［29］ 黄晓锋. 基于产教融合的中职化工类专业校企合作联盟建设与实践：以集美工业学校化工类专业建设为例［J］. 福建轻纺，2021（04）：15-19.

［30］ 王薇薇. "互联网＋"背景下中职动漫专业产教融合教学的优化研究［J］. 现代职业教育，2021（16）：34-35.

［31］ 陈维鹏. 校企融合背景下中职机电专业课程建设［J］. 现代职业教育，2021（16）：54-55.

［32］ 曾碧玲. 基于中职学校校企合作、协同育人教学模式的探索［J］. 现代职业教育，2021（16）：224-225.

［33］ 孙逾东. 基于校企合作人才培养模式下中职实训基地建设的思考［J］. 现代职业教育，2021（16）：96-97.

［34］ 陈太波，石兵. 中职汽修专业校企共育人才培养模式的实践探索［J］. 汽车维护与修理，2021（08）：57-59.

［35］ 陈丽，贺凌霄. 校企合作、产教融合背景下中职院校电气工程专业"双师型"教师培养对策研究［J］. 职业，2021（07）：47-48.

［36］ 熊家迎. 校企合作下中职机械类专业技能型人才的多元融合培养体系［J］. 就业与保障，2021（07）：109-110.

［37］ 陆喜欢. 中职酒店专业学生实习管理优化研究与实践［J］. 试题与研究，2021（11）：86-87.

［38］ 冯宏霞，林海波. 基于校企合作模式下的中职体育课程改革［J］. 体育教学，2021，41（04）：37-38.

［39］ 韩莉，刘玲. 中等职业教育中医药专业课程课堂教学初探［J］. 卫生职业教育，2021，39（07）：51-52.

［40］徐刚，郁冬，许江平．中职机电技术应用专业"3+4"衔接课程体系的开发与实施［J］．职教通讯，2021（04）：105-110.

［41］王蕊．"1+X"证书制度对中职教学的影响探究：以"网络系统与运维"证书为例［J］．电脑与信息技术，2021，29（02）：86-87.

［42］柳德攀．中职电商专业教材选用"诊改"研究：基于 L 中职学校的实践［D］．秦皇岛：河北科技师范学院，2021.

［43］伦世超．中职学校开展顶岗实习存在的问题及对策研究：以新乡市 G 中职学校为例［D］．新乡：河南科技学院，2021.